MUC-NRC

Management des Unités Commerciales
Négociation et Relation Clients

Études de cas

BTS

Le Guide

ABC
BTS

Marie-Noëlle Étienne
Agrégée d'économie et gestion
Professeur au lycée Le Mans-Sud

Maurice Gabillet
Agrégé d'économie et gestion
Professeur au lycée Le Mans-Sud

Nathan

Réalisation éditoriale : Roselyne MESSAGER
Conception graphique : Jehanne-Marie HUSSON
Édition : Catherine MAUGÉ
Mise en page : ALINÉA
Schémas : CORÉDOC

ISBN : 2-09-182606-5 pour la précédente édition

MODE D'EMPLOI

Ce *Guide ABC BTS cours + exercices* est conçu pour vous aider à acquérir des bases solides en BTS MUC et NRC. Son contenu de qualité, sa présentation claire et structurée faciliteront votre travail et guideront vos progrès tout au long de l'année. Il vous permettra d'aborder avec confiance le jour J !

COURS

- Le cours présente **l'essentiel** à savoir. Il est structuré en **courtes séquences** d'une double page, qui faciliteront la révision.

- Chaque séquence comporte un rappel des **mots-clés**, expliqués dans le lexique.

SAVOIR-FAIRE

- Cette double page présente de manière simple les **techniques** propres à la discipline, qu'il faut savoir réutiliser dans vos devoirs.

ÉTUDES DE CAS

- La rubrique **Exercices d'entraînement** propose des exercices simples d'application du cours.

- La rubrique **Sujets de type BTS** propose des sujets construits comme ceux de l'examen.

CORRIGÉS

- Des corrigés complets et **entièrement rédigés** sont donnés en fin de chaque chapitre.

LEXIQUE

- Le lexique regroupe les termes à connaître et à savoir réutiliser dans vos devoirs.

Sommaire

1

La réponse aux besoins du consommateur

1 Les besoins

Le besoin peut se définir comme un sentiment de privation, d'inconfort, de nature physiologique ou psychique, qui conduit l'individu à rechercher un produit (bien ou service) susceptible de le faire cesser.
Il s'éteint donc par la consommation.

1. Les différents types de besoins

• **La classification économique** distingue :

– les besoins primaires ou vitaux, c'est-à-dire nécessaires au maintien de la vie : nourriture – habillement – logement ;

– les besoins secondaires ou de civilisation, qui correspondent à des habitudes de confort, de bien-être, de culture, de loisirs : transports, communication, santé, entretien et équipement du logement, spectacles, loisirs, coiffure, restauration, etc.

• **La classification de Maslow** distingue :

– les besoins physiologiques, relatifs à la survie et à la reproduction de l'espèce (alimentation, par exemple) ;

– les besoins de sécurité, de protection, relatifs à l'intégrité tant physique que psychique (santé, assurances, systèmes d'alarme…) ;

– les besoins d'appartenance, relatifs à l'intégration de l'homme au groupe social (adhésion à une association, un parti politique, un club…) ;

– les besoins d'estime, relatifs à la reconnaissance par le groupe et à la recherche d'un statut social.
Il n'existe pas de biens directement conçus pour satisfaire ces besoins, mais plutôt des biens qui, par l'intermédiaire de l'image qu'ils véhiculent, sont associés à différentes fonctions ou classes sociales : automobile, maison, vêtements ;

– les besoins d'auto-expression, relatifs à l'accomplissement de soi, à la considération (besoins purement psychiques) : même remarque que précédemment.
Selon Maslow, l'individu n'a de préoccupation de niveau « n » que dans la mesure où les besoins de niveau « n – 1 » sont totalement satisfaits.

La pyramide de Maslow

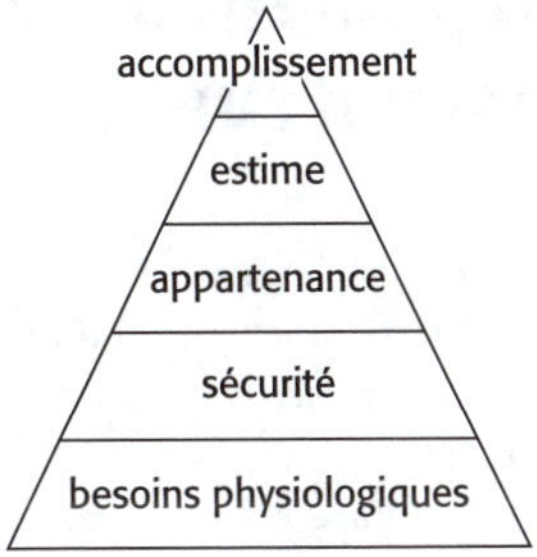

2. La satisfaction des besoins : la consommation

- Le désir éprouvé pour un bien ou un service conduit l'individu à se le procurer.
Lorsqu'il l'obtient en échange du paiement d'un prix, on parle de consommation individuelle.
Lorsqu'il l'obtient grâce aux services gratuits (ou à tarifs réduits) offerts par les administrations, on parle de consommation collective.

- La connaissance des besoins des consommateurs est donc le point de départ de toute activité mercatique : l'entreprise ne doit pas vendre ce qu'elle produit, mais produire ce qui se vend.
Cette connaissance des besoins insatisfaits conduit l'entreprise à proposer sur le marché des biens susceptibles d'être achetés par le consommateur, et donc de générer chiffre d'affaires et marge.

- L'entreprise présente sur un marché doit donc répondre aux questions suivantes :

– Qui est le consommateur et comment se comporte-t-il ?

– Quels sont les produits susceptibles de se vendre ?

– Quel est le volume du marché potentiel ?

– Quelle est la situation de la concurrence sur ce marché ?

– Les atouts de l'entreprise lui permettent-ils de s'y procurer un chiffre d'affaires générateur de bénéfices ?

Les mots-clés

besoin, pyramide de Maslow ▶ *lexique* p. 281

2 Le comportement d'achat du consommateur

Le comportement d'achat est l'ensemble des manières d'agir ou de réagir d'un acheteur entre le moment où il est conscient du besoin et celui où il prend la décision d'acheter un produit identifié à un fournisseur identifié. Il dépend :
– des motifs d'achat, de nature rationnelle,
– des motivations, qui relèvent de l'irrationnel.

1. Les motivations et les freins dans le processus d'achat

- Les motivations et les freins s'opposent dans le comportement d'achat.

- **La motivation** est une pulsion positive qui pousse à l'action et, en mercatique, à l'achat.

Classification de Joannis
– Motivations oblatives (objectif : faire plaisir aux autres).
– Motivations hédonistes (objectif : se faire plaisir).
– Motivations d'auto-expression (donner aux autres, à travers les produits et services consommés, une certaine image de soi).

- **Les freins** sont les pulsions négatives qui poussent l'individu à ne pas agir, et donc, en mercatique, à ne pas acheter.

Classification
– Peurs : difficultés réelles ou non, liées à l'emploi d'un produit.
– Inhibitions : motivations réfrénées par le consommateur, par auto-censure, parce que jugées honteuses ou dévalorisantes.
Peurs et inhibitions sont très souvent associées à un environnement culturel et / ou religieux, et varient dans le temps et dans l'espace.

2. Les intervenants dans le processus d'achat

- L'individu consommateur est influencé dans ses choix par un certain nombre d'intervenants extérieurs au processus :
– l'entourage familial (influence relative des époux, des enfants) ;

– les prescripteurs : vendeurs en magasin, professionnels intervenant dans la satisfaction de certains besoins (enseignants, architectes, médecins, esthéticiennes…) ;
– les leaders : l'opinion, les conseillers, les rumeurs…

Exemple : Typologie de la clientèle des particuliers et lieux d'achat

Types de bricoleurs	Caractères principaux	Lieux d'achat	%
Pros	Suivent les conseils des vendeurs ; achètent aux GS spécialisées, GS de bricolage, GM, grossistes, comités d'entreprises.	Leroy-Merlin, Castorama, Obi, Gimm, Bricocentre, Lapeyre.	31
Artistes	Revenus de 915 à 2 600 €, font des travaux simples. Hypers, Supers, GM. Recherchent le rapport qualité-prix et la décoration.	Ikéa, Castorama, Leroy-Merlin, BHV, entreprises de placards.	24
Occasionnels	Les 15 à 24 ans et les plus de 60 ans. Revenus modestes, vivent en ville, recherchent le choix, le prix, le conseil. GS spécialisées, GM.	Jeunes : Castorama, Lapeyre, Leroy-Merlin. Plus âgés : Ikéa, peut-être les menuisiers.	11
Insatisfaits	Habitent en zone urbaine. CSP élevées, revenus de 1 295 à 2 600 €. Veulent des zones d'exposition. Recherchent la décoration, la pose, les accessoires. Insatisfaits par le menuisier.	Ikéa, Habitat, MD, menuisiers, entreprises de placards.	27
Allergiques	Jeunes de 15 à 24 ans utilisant peu de meubles. Plus de 45 ans : ne touchent à rien. Revenus de 762 à 915 € et de plus de 2 600 €.	Menuisiers, entreprises de placards.	7

3. Le déroulement du processus d'achat

• Le processus d'achat suit le déroulement d'un processus décisionnel (succession d'opérations nécessaires à la prise de décision) : formulation d'un problème, collecte et traitement de l'information, choix, exécution, et contrôle pour adaptation.

Les mots-clés

Cas Placard-Plus BTS Action Co

consommateur, comportement d'achat

▶ *lexique* p. 281

3 Les facteurs explicatifs du comportement d'achat

Les facteurs explicatifs du comportement d'achat du consommateur sont de plusieurs ordres. On distingue les facteurs individuels et les attitudes, d'une part, et les facteurs sociologiques et culturels, d'autre part.

1. Les facteurs individuels et les attitudes

- Les facteurs individuels, ou caractéristiques personnelles, et les attitudes expliquent le comportement d'achat.

- **Les caractéristiques personnelles** sont : le sexe, l'âge, la taille et la personnalité, c'est-à-dire l'ensemble des comportements, aptitudes, motivations, dont l'unité et la permanence constituent l'individualité, la singularité de chacun.

L'étude de la personnalité des consommateurs permet de proposer des produits qui, *a priori*, sont susceptibles de correspondre à leurs attentes et d'utiliser, dans les actions de communication, des archétypes efficaces auxquels un type de personnalité s'identifiera.

- **Les attitudes** sont des prédispositions mentales propres à l'individu et qui le conduisent à réagir face à une situation ou à un objet, en fonction d'éléments qu'il a assimilés. Elles sont la résultante de trois composantes :

– les croyances (élément cognitif), fondées sur les éléments de connaissance que l'individu possède sur le produit (ce qu'il en sait) ;
Utilité mercatique : il faut ATTIRER son attention.

– les sentiments ou émotions (aspects affectifs), fondés sur la sympathie ou l'antipathie que lui inspire le produit (ce qu'il en pense) ;
Utilité mercatique : il faut SUSCITER l'intérêt, PROVOQUER le désir.

– les prédispositions à agir (aspects conatifs), découlant de la personnalité de l'individu, de son éducation, de son mode de vie, et qui le conduiront à agir (ou non) pour se procurer (ou pas) un produit.
Utilité mercatique : il faut DÉCLENCHER l'action.

Les attitudes sont régies par un principe de cohérence (théorie de la dissonance cognitive).

2. Les facteurs sociologiques et culturels

- **La situation familiale** est un critère en fonction duquel les besoins varient considérablement. On parle de « cycle de vie familiale » : célibataires jeunes, couples de jeunes mariés, couples avec jeunes enfants, avec enfants d'âge scolaire, avec grands enfants, couples âgés sans enfants, veuf(ve)s…

- **La profession et la catégorie sociale** sont des regroupements d'individus occupant une position identique dans la société, et étant donc susceptibles de présenter une certaine similitude de comportement.

- **La culture**, très difficile à cerner, regroupe des éléments dont la connaissance est indispensable : nationalité, religion, traditions régionales…

3. Les courants socioculturels et les styles de vie

- **L'approche par les courants socioculturels**, née aux États-Unis, s'inspire des recherches effectuées en sciences humaines sur les valeurs dominantes qui caractérisent une société. Ces valeurs sont définies comme des préférences collectives en faveur de conduites ou de formes d'existence déterminées : tendances à l'intégration, à la métamorphose, à l'hédonisme, au naturel, au matérialisme, à la modélisation…

- **L'analyse du style de vie** permet de réaliser, au niveau d'une ou plusieurs catégories sociales, économiques ou démographiques, une classification par groupes caractérisés par des modes de vie, des attitudes et des valeurs différents. Son objectif est de saisir les critères qui sous-tendent les activités quotidiennes, les loisirs, les centres d'intérêt, et d'en tirer des implications dans le domaine de la mercatique.
En France, le CCA (Centre de communication avancée) distingue 12 styles de vie, regroupés en 4 mentalités dominantes : les activistes, les recentrés, les décalés et les égocentriques.
Intérêt mercatique : ces approches fournissent des connaissances qualitatives de la demande, utilisables dans de nombreux domaines – la conception et la mise au point de produits nouveaux, la segmentation d'un marché, la stratégie de communication et le choix des canaux de distribution…

- Des enquêtes menées sur les activités, les centres d'intérêt et les opinions permettent de répartir la population en sous-groupes homogènes par rapport aux critères choisis.

Les mots-clés

attitudes, styles de vie ▶ *lexique* p. 281

4 L'offre

Le marché se caractérise par la confrontation de l'offre et de la demande. L'offre de produits (biens et services) provient des entreprises.

1. La connaissance de l'offre

- L'entreprise doit se donner les moyens de connaître, aussi bien pour le marché du produit que pour les marchés voisins, complémentaires ou de substitution :
  – les produits offerts sur le marché : caractéristiques techniques, prix, image… ;
  – les offreurs : nombre, taille, enseignes, images, stratégies, le taux de couverture importations / exportations…

- Cette étude doit aboutir à caractériser le marché (monopolistique, oligopolistique, atomistique, concentré…). Elle permet à l'entreprise de se situer (rang sur le marché, part de marché) et de se fixer des objectifs et une stratégie face à la concurrence.

2. Les marchés du produit de l'entreprise

- **Marché potentiel et marché actuel**

<table>
<tr><th colspan="4">POPULATION TOTALE</th></tr>
<tr><td>Non consommateurs absolus</td><td colspan="3">Marché potentiel théorique</td></tr>
<tr><td rowspan="3"></td><td rowspan="2">Non consommateurs relatifs</td><td>Marché de la concurrence</td><td>Marché de l'entreprise</td></tr>
<tr><td colspan="2">Marché actuel de la profession</td></tr>
<tr><td colspan="3">Marché potentiel de l'entreprise</td></tr>
</table>

- **Marchés voisins et / ou concurrents**

Il s'agit de marchés que l'entreprise se doit de connaître afin de ne pas faire preuve de « myopie mercatique ». Ces marchés de produits sont en effet susceptibles de favoriser un élargissement de son domaine d'activités (marché complémentaire) ou de menacer ses ventes (marché substitut).

Le marché complémentaire est lié au marché du produit par des caractéristiques techniques, tenant au produit lui-même, ou comportementales, tenant au consommateur (*ex.* : compact-disc et platine laser ; vidéocassette et magnétoscope ; shampooing et après-shampooing).
Le marché substitut offre des produits pouvant satisfaire le même type de besoin (*ex.* : SNCF et vols intérieurs Air France).

REMARQUE
L'étude de la concurrence s'effectue de deux façons :
– étude documentaire et professionnelle (données économiques permettant d'évaluer le marché et de situer les concurrents) ;
– observation de la concurrence : analyse des produits, des circuits de distribution et des stratégies, à travers notamment les rapports de la force de vente, la visite des salons, la « pige » des documents.

3. Les indicateurs de mesure

- Après avoir défini les contours du marché, il est important d'apprécier la position de l'entreprise à l'aide de plusieurs indicateurs.

- **Le chiffre d'affaires en volume** correspond aux quantités physiques de vente d'un produit au cours d'une période donnée (année, mois, semaine, jour). On retiendra la valeur du chiffre d'affaires en monnaie constante (euros constants), c'est-à-dire corrigée de l'inflation.

- **Le chiffre d'affaires en valeur** correspond au produit des quantités physiques vendues par le prix moyen (non corrigé de l'inflation) d'un produit.

- **La part de marché** correspond au rapport entre le chiffre d'affaires de l'entreprise, pour un produit donné, et le chiffre d'affaires total du marché.

- **Le taux de fidélité** mesure le réachat de l'entreprise ; il correspond au pourcentage d'acheteurs du produit de l'entreprise à la période t qui ont continué à le consommer en $t + 1$.

- **Le taux d'attraction** mesure les gains sur la concurrence et correspond au pourcentage d'acheteurs du produit de l'entreprise de la période $t + 1$ qui avaient consommé un produit concurrent en t.

Les mots-clés

marché potentiel, non consommateur relatif, non consommateur absolu

▸ *lexique* p. 281

savoir-faire

Analyser le marché de l'entreprise (1)

Ce qu'il faut faire

1 - Analyse quantitative de la demande

- **Détermination du marché actuel et du marché potentiel**

Plusieurs cas de figure peuvent se présenter.

a) Le produit est déjà sur le marché; dans ce cas, il faut analyser:

– le volume de la production ou chiffre d'affaires des entreprises présentes sur le marché,

– les statistiques d'organismes officiels et / ou professionnels (Insee, INC, ministères, syndicats professionnels, presse professionnelle...).

b) Il s'agit du lancement d'un produit nouveau, ou bien l'entreprise recherche des informations sur un marché plus local. Dans ce cas, il faut évaluer la demande à partir d'éléments connus:

nombre d'acheteurs	×	quantité moyenne achetée par individu

ou

revenu disponible	×	dépenses consacrées à ce type de produit (coefficient budgétaire)	×	indice de disparité de consommation (régional ou local)	×	indice de richesse vive (représentatif des disparités régionales de revenus)

ou, s'il s'agit de biens durables:

taux d'équipement (% de la population possédant le produit)	+	taux de 2e équipement (valable pour certains produits: téléviseur, automobile)	+	taux de renouvellement (achats de remplacement)

Le chiffre obtenu est à diminuer éventuellement des données correspondant au marché de l'occasion.

- **Prise en compte des variables sociodémographiques et économiques**

Cet aspect de la connaissance de la demande est fourni :
– soit par des informations exploitées par des instituts économiques ou des études spécifiques de consommation,
– soit par des informations recueillies par une enquête dans le cadre d'une étude de marché spécifique.

Lorsque le marché est composé de ménages, on étudie leur répartition par âge, sexe, niveau de revenus, CSP, région, type d'habitat... S'il s'agit d'entreprises, on étudie leur répartition par taille et type d'activité.
Si les deux marchés coexistent, il faut effectuer les deux études.

- **Analyse de l'évolution de la demande**

a) Évolution dans le temps

Elle s'analyse à partir de données quantitatives portant sur plusieurs années. Elle permet de calculer un taux de progression ou de régression de la demande, et de comparer ce résultat à la progression des ventes de l'entreprise. Il convient, pour calculer ces taux, d'éliminer l'inflation et de tenir compte des fluctuations saisonnières (voir p. 44-45).

b) Évolution dans l'espace

Il s'agit ici de caractériser la répartition géographique de la demande. Cela est particulièrement précieux pour les entreprises qui possèdent des marchés à l'étranger.

c) Évolution par clientèle

Au cas où une entreprise possède plusieurs types de clientèles (ménages et professionnels, PME et grandes entreprises, petits commerçants indépendants et grand commerce...), il est opportun qu'elle mette en évidence la répartition de la demande entre ces différentes catégories.

2 - Analyse qualitative de la demande

- **Objectif**

Ce type d'analyse doit conduire à dresser une liste de caractéristiques propre à préparer différents éléments du plan de marchéage, en particulier la présentation du produit, le choix du canal de distribution et des moyens de communication. Elle s'effectue, pour l'essentiel, à partir d'études menées auprès des consommateurs (enquêtes de motivation, panels).

L'analyse quantitative doit permettre de connaître :
– le profil type du consommateur (variables personnelles ou comportementales),
– ses habitudes d'achat (fréquence, circuit de distribution),
– ses habitudes de consommation,
– son comportement d'achat (motivations, freins),
– son type de sensibilité médiatique,
– la nature de ses besoins.

- **Questions à poser**

– Qui consomme ? Variables personnelles (personnalité, situation familiale) et variables comportementales (nationalité, culture, groupes d'appartenance).
– Qui achète : l'homme, la femme ?
– Qui prescrit : un professionnel (médecin, architecte, professeur), autre (un club sportif, une association...) ?
– Qui influence : l'enfant, un membre de la famille, un groupe d'appartenance... ?
– Quoi ? Quel(s) marque, modèle et conditionnement ? Sous quelle présentation ? Pour quel(s) usage(s) ?
– Où ? Où achète-t-on ? Où consomme-t-on ?
– Quand ? Quand achète-t-on ? Quand consomme-t-on ?
– Comment ? Habitudes d'emploi, habitudes d'information (lectures, radio, télévision, fréquentation d'expositions, foires, salons...).
– Pourquoi ? Besoin satisfait, motivations.

- **Segmentation de la demande**

L'étude qualitative de la demande peut conduire à discerner le caractère non homogène d'un marché.
Pour que la stratégie mercatique de l'entreprise soit efficace, il faut diviser le marché en segments distincts et homogènes en fonction de critères discriminants, afin d'appliquer à chaque segment un programme mercatique spécifique.

Les critères traditionnellement utilisés sont :
– démographiques (sexe, âge, CSP),
– économiques (revenus),
– géographiques (lieu de résidence).

Depuis plusieurs années cependant, ces critères se sont révélés insuffisants et les recherches se sont orientées vers des critères psychosociologiques (style de vie, motivations), plus explicatifs mais difficilement mesurables…

Pour justifier la mise en œuvre d'actions mercatiques particulières, un segment de marché doit être : mesurable, accessible (physiquement et psychologiquement), d'une taille suffisante, en croissance, et si possible, peu concurrentiel, c'est-à-dire insatisfait – ou mal satisfait – par l'offre existante.

3 - Analyse de l'offre

- **Structure du marché**

Deux situations sont fréquentes en ce qui concerne la consommation :

– il existe seulement quelques offreurs face à de nombreux demandeurs : on parle de structure oligopolistique ;

– il existe une multitude d'offreurs : on parle de marché concurrentiel ou atomistique.

- **Produits**

Le recensement des différents produits offerts sur le marché par la concurrence conduit à identifier les différents segments de marché et le positionnement des concurrents.

Les informations à recueillir sont :

– le degré d'innovation technologique (matériaux, processus de fabrication) présenté par les produits et leurs conditionnements,

– l'étendue des gammes,

– l'image des produits dans l'esprit des consommateurs : marque, qualité, prix, durée de vie, conditions d'utilisation…

Exemples de questions d'examen

Voici le type de question qui peuvent être posées dans une étude de cas :

– *« Analysez le marché du produit. »*

– *« Caractérisez l'évolution du marché du produit. »*

– *« Analysez la situation de l'entreprise sur son marché. »*

ÉTUDES DE CAS

Exercice d'entraînement

Câble SA

La société Câble SA est un « câblo-opérateur » qui a une double fonction :
– construction de réseaux câblés ;
– exploitation commerciale de ces réseaux.

La direction décide de réaliser une opération de prospection systématique sur le secteur Sud-Ouest de Clermont-Ferrand.

TRAVAIL À FAIRE

Le directeur commercial vous demande de mesurer le marché que représente le secteur Sud-Ouest de Clermont-Ferrand. Vous devez lui préciser :
– le marché potentiel de l'entreprise,
– le marché réel ou actuel de l'entreprise,
– le marché réel ou actuel de son principal concurrent,
– le taux de pénétration de Câble SA sur ce secteur,
– ainsi que le potentiel de foyers à conquérir sur ce secteur.

Appuyez-vous sur les annexes.

▶ *Corrigé* p. 24

➡ **Annexe 1**

DÉTERMINATION DU POTENTIEL DU SECTEUR SUD-OUEST

Pour le secteur Sud-Ouest, on dispose des données suivantes :
• Actuellement, 7 % des foyers du secteur possesseurs d'un téléviseur ont déjà été raccordés au câble par l'entreprise.
• Il apparaît que 42 % des foyers de la zone possesseurs d'un téléviseur ne peuvent pas être raccordés au câble.
• Une étude a été réalisée sur les besoins des foyers du secteur équipés en téléviseurs : elle a conclu à l'existence de 4 % de foyers équipés en téléviseurs et susceptibles d'être câblés, qui ne souhaitent accéder définitivement ni au câble, ni à Canal+ (chaîne cryptée), pour diverses raisons.

➡ **Annexe 2**

INFORMATIONS FOURNIES PAR LE SERVICE MERCATIQUE

• Le taux d'équipement des foyers l'année N en téléviseurs est de 98 %.
• On considère qu'il y a, en moyenne, 2,17 personnes par foyer.
• 20 % des foyers équipés sont abonnés à Canal+ (chaîne cryptée) qui se présente comme étant le principal concurrent du câble dans la région.

➡ **Annexe 3**

DÉCOUPAGE DE CLERMONT-FERRAND EN SECTEURS DE PROSPECTION

Secteurs	Nombre d'habitants
Nord	20 734
Nord-Ouest	15 502
Sud-Ouest	10 633
Centre	15 394
Montferrand	11 659
Est	13 050
Sud	11 889
Sud-Est	17 468
Ouest	19 852
Total	136 181

CORRIGÉS

Câble SA

Le secteur Sud-Ouest regroupe 10 633 habitants. Pour trouver le nombre de foyers, on divise le nombre d'habitants par le nombre moyen de personnes par foyer :
10 633 : 2,17 = 4 900 foyers.
98 % des foyers sont équipés de téléviseurs, soit :
4 900 × 0,98 = 4 802 foyers équipés de téléviseurs dans le Sud-Ouest.

• Marché potentiel de l'entreprise
Pour trouver le marché potentiel de l'entreprise, il faut soustraire du total des foyers ceux ne pouvant être raccordés au câble (42 %), puis du résultat obtenu les non-consommateurs absolus (4 %).
4 802 – (4 802 × 0,42) = 2 785
2 785 – (2 785 × 0,04) = 2 674 foyers.

• Marché réel ou actuel
Le marché réel ou actuel est constitué des foyers possesseurs d'un téléviseur du secteur déjà équipés par l'entreprise, soit 7 % :
4 802 × 0,07 = 336 foyers.

• Marché réel du concurrent principal
20 % des foyers équipés de Canal+, soit :
4 802 × 0,20 = 960 foyers.

• Taux de pénétration
– Pour le marché total :
(336 : 4 802) × 100 = 7 %.
– Pour le marché potentiel :
(336 : 2 674) × 100 = 12,6 %.

• Potentiel à conquérir
Il recouvre les foyers équipés d'un téléviseur non encore équipés par l'entreprise, soit :
2 674 – 336 = 2 338 foyers (ou 1 378 si on retire les 960 abonnés de Canal+).

2

L'étude du marché par l'entreprise

1 L'étude de marché

L'étude de marché est l'ensemble des travaux (enquête, analyse…) qui permettent de recueillir toutes les informations pertinentes sur les possibilités de vente d'un produit (offre et demande) :
– telles qu'elles se manifestent dans un espace géographique donné à une époque donnée,
– telles qu'elles sont susceptibles d'évoluer dans un avenir plus ou moins éloigné.
C'est donc à la fois un outil de diagnostic, d'analyse d'une situation (étude du présent), et un outil d'aide à la décision permettant d'élaborer stratégie et plans d'action (prévision du futur).

1. Les différents cas de figure

• Le type d'étude à mener varie en fonction du type d'activité de l'entreprise et du type d'action menée.

• L'entreprise peut être :
– de type industriel ou commercial,
– présente sur le marché à la consommation, présente sur le marché industriel ou prestataire de services.

• Les principaux types d'action qui justifient l'étude sont :
– le lancement d'un nouveau produit,
– la connaissance de la position de l'entreprise face à son marché,
– l'adaptation du produit à la demande,
– la connaissance de l'image de marque,
– l'implantation d'un nouveau point de vente,
– le choix d'un circuit de distribution,
– l'exportation.

2. Les différentes études de marché

• On peut schématiquement classer les études de marché en deux catégories : les études quantitatives et les études qualitatives.

• Les **études quantitatives** répondent à la question : « Quelle est l'ampleur du marché ? »

Elles sont réalisées sur de grands échantillons (supérieurs à 200 personnes). Les résultats obtenus doivent pouvoir être généralisés à la population mère avec un risque d'erreur faible.

• Les **études qualitatives** répondent à la question : « Quelles sont les caractéristiques de la demande ? »
Elles sont réalisées sur de petits échantillons (inférieurs à 50 personnes). Les résultats obtenus, qui ne prétendent pas être représentatifs, visent à recenser les composantes d'un problème, à rechercher les motivations d'achat, à formuler des hypothèses…

Nature de l'étude	Informations recherchées	Méthodes utilisées
Quantitative	Qui ? Où ? Quand ? Combien de produits ? Quel produit ?	Études documentaires sondages panels
Qualitative	Pourquoi ? = motivations Dans quelle intention ? = image Comment ? = attitudes	Observations sur les lieux de vente entretiens tests

• L'objectif est donc double : estimer quantitativement le marché (ou un segment du marché) et déceler ses composantes qualitatives.

• Outre les études strictement quantitatives, on peut distinguer :
– les études de comportement : elles établissent les comportements d'achat, d'utilisation de produits et / ou de services, de fréquentation des points de vente… ;
– les études d'image : elles visent à établir les attributs et la force de l'image d'une marque, d'un produit, d'une entreprise ;
– les études de motivations : elles visent à déceler, classer, hiérarchiser les motivations des individus composant un marché ;
– les études de notoriété : elles mesurent le degré de connaissance, par les individus, d'un produit, d'un marché ou d'une entreprise.

Les mots-clés

étude de marché, étude d'image ▶ *lexique* p. 281

2 Les différentes méthodes d'études de marché

Ce sont les différents procédés et outils utilisés pour obtenir des informations sur le marché d'un produit.

1. La recherche documentaire

- La recherche documentaire consiste à rechercher des informations secondaires, c'est-à-dire préexistantes, et qui devront être adaptées au problème à résoudre.

- Elle est réalisée par le système d'information mercatique de l'entreprise sous la forme de :
  - consultation de bases de données,
  - consultation de revues professionnelles,
  - consultation d'ouvrages, documentations…,
  - recherches sur Internet (sites de l'Insee, du Crédoc).

2. Les panels

- Un panel est un groupe représentatif d'une population donnée (ménages, points de vente) dont les membres sont interrogés à intervalles réguliers.
Il présente donc un caractère permanent et permet d'étudier l'évolution d'un phénomène (la demande d'un produit par exemple) dans le temps.
Le panel possède une structure permanente par rapport à certains critères (âge, CSP par exemple).
La taille du panel est élevée : de 1 000 à 6 000 unités. Les individus ou distributeurs le composant sont interrogés périodiquement.

- Il existe deux classes de panels : panels de consommateurs et panels de distributeurs.

- **Les panels de consommateurs** sont des échantillons de ménages qui donnent régulièrement des informations sur leurs achats, notamment : influence des marques, conditionnement, quantités achetées, périodicité de réachat, prix payé, type de fournisseur, habitudes en matière d'informations. Ils permettent d'étudier, entre autres, le comportement des consommateurs et le degré de réussite des produits concurrents.

Il existe des panels scannérisés : données recueillies par lecture optique de codes-barres et transmises par télématique.
Panels existants : Sécodip, Sofres… ; *panel scannérisé :* Infoscan.

• **Les panels de distributeurs** sont des échantillons de points de vente représentatifs, à un moment donné, d'un univers commercial.
Ils permettent principalement de suivre l'écoulement des produits de grande consommation à travers les différents circuits de distribution, de mesurer le poids des différents types de points de vente, d'observer l'évolution des parts de marché des concurrents, de contrôler la mise en œuvre des actions promotionnelles.
Panels existants : Nielsen, Intercor, Erim…

• **Le fonctionnement** d'un panel se fait en deux temps :
– le recueil des données : il est réalisé par questionnaires auto-administrés, Minitel ou autre système électronique (audience TV par exemple) auprès des panels de consommateurs, et par inspecteurs, scanners des terminaux caisses auprès des panels de distributeurs ;
– la diffusion : les informations recueillies sont fournies régulièrement aux entreprises abonnées au panel.

3. Les enquêtes

• **Les enquêtes collectives** sont réalisées pour le compte de plusieurs entreprises qui en partagent les frais de réalisation. Elles peuvent prendre plusieurs formes :
– les enquêtes par souscription : plusieurs entreprises, intéressées par un même sujet, font réaliser une enquête dont elles partagent les résultats ;
– les enquêtes omnibus : plusieurs entreprises se regroupent pour faire réaliser une enquête, chacune abordant un thème qui lui est propre et restant seule destinataire des réponses aux questions posées sur ce thème.

• **Les enquêtes spécifiques** ou sondages ou *ad hoc* : une entreprise réalise ou fait réaliser une enquête pour son propre compte, sur un échantillon de personnes (physiques ou morales) appartenant à la population étudiée. Les interviewés sont interrogés à l'aide d'un questionnaire et les réponses obtenues sont traitées, puis analysées.

Les mots-clés

étude documentaire, panel ► *lexique* p. 281

3 L'échantillon

Un échantillon est une fraction représentative d'une population. Dans le cadre d'une étude de marché, il s'agit de la fraction représentative de la demande sur le marché étudié.
L'échantillon est censé représenter l'ensemble de la population étudiée. Dans la pratique, différentes méthodes sont souvent combinées.

1. Choix de la taille et de l'échantillon

- Un recensement consisterait à interroger toutes les unités de base du sondage, c'est-à-dire la totalité des individus ou entreprises constituant la population de base. Dans la pratique, cette situation n'existe pas.
Ainsi, la taille de l'échantillon résulte d'un compromis entre le budget, le degré de fiabilité souhaité, la nature de la population et du problème étudié.

- Un sondage est considéré comme exhaustif lorsque sa taille est supérieure au 1/7 de la population de base. Cette situation se rencontre rarement, sauf dans le domaine industriel.

- Le sondage sera d'autant plus valable que la taille de l'échantillon sera grande. En effet, la validité statistique d'un sondage est davantage liée à la taille absolue de l'échantillon qu'au rapport existant entre la taille de l'échantillon et la taille de la population totale.

- Les mathématiques permettent de calculer la taille de l'échantillon en fonction du degré de précision souhaité :

$$n = \frac{t^2 \, p \, (1 - p)}{\varepsilon^2}$$

t = constante correspondant à p, liée à la fonction de Laplace-Gauss
p = seuil de confiance
ε = erreur maximum acceptée.

- Un échantillon est représentatif d'une population si on peut extrapoler les réponses obtenues à la totalité de la population.

2. Les méthodes d'échantillonnage

- Selon **les méthodes probabilistes**, l'échantillon est constitué en tirant au hasard des individus conformément à un des modes suivants :

– tirage systématique : on tire le premier au hasard (n° 24, par exemple), puis tous les autres en suivant une progression déterminée (124, 224…) ou une progression arithmétique (*ex. :* raison 13 ; (24) + 13 = (37) + 13 = (50) + 13 = (63)…) ;

– utilisation d'une table de nombres au hasard : il existe des tables mathématiques donnant des suites de nombres que l'on tire au sort en suivant une méthode précise (*ex. :* commencer au coin supérieur droit ; prélever de droite à gauche, par ligne, sans chevauchement ni intervalle).

- **Les méthodes probabilistes dérivées** sont de quatre types :

– sondage à plusieurs degrés : on effectue plusieurs tirages au sort successifs sur des groupes d'unités de sondages (départements, villes, puis entreprises) ;

– sondage aréolaire ou en grappes : même principe que précédemment, mais dans chaque groupe tiré, on interroge plusieurs unités au lieu d'une seule (plusieurs entreprises dans la même ville, par exemple) ;

– sondage stratifié : on divise la base de sondage en « strates » (groupes possédant une ou plusieurs caractéristiques communes), puis on tire au sort des individus dans chaque strate (entreprises au chiffre d'affaires supérieur à 75 000 €, compris entre 75 000 et 150 000 €…) ;

– sondage à fraction sondée variable : même procédure que précédemment, mais on applique un taux de sondage différent à chaque strate (on interroge par exemple tous les gros clients, 1/10 des clients moyens, 1/50 des petits clients…).

- **Les méthodes non probabilistes ou raisonnées** sont de trois types :

– la méthode des quotas : l'échantillon représente un modèle réduit de la population, en fonction de certains critères (CSP, âge…) ;

– la méthode des itinéraires ou « *random walk* », ou méthode de Politz ou de semi-hasard : on tire au sort un point de départ et un point d'arrivée d'un itinéraire à suivre par l'enquêteur. Entre les deux, on lui indique une méthode rigide de choix des individus à interroger (*ex. :* tourner dans la 2e rue à droite, puis la 3e à gauche, puis interroger chaque 1re porte) ;

– les méthodes dites de convenance ou par volontariat : on interroge des personnes présentes sur un lieu donné ou celles qui acceptent de répondre.

Les mots-clés

sondage, échantillon ▶ *lexique* p. 281

4 Le questionnaire : le fond

Le questionnaire est l'outil utilisé dans le cadre d'une enquête spécifique ou sondage : ensemble des questions posées aux interviewés. Sa mise au point (réflexions sur le fond et la forme) varie en fonction du mode d'administration choisi (questionnaire écrit, entretien, phoning, Minitel, Internet…).

1. La structure

• Avant de rédiger un questionnaire, il faut réfléchir à l'ordonnancement des questions, et donc bâtir un plan, une structure, obéissant à des règles précises :

1. Placer dès le début une question filtre si on désire interroger une catégorie précise de personnes.
Ex.: « Possédez-vous un chien ? oui □ non □ »,
si on désire mener une enquête sur les aliments pour chiens.

2. Utiliser la technique de l'entonnoir, c'est-à-dire commencer par des questions générales et simples pour aborder progressivement des questions de plus en plus précises.

3. Regrouper dans un même bloc du questionnaire les questions qui se rapportent au même sujet, afin de lui conférer un aspect cohérent. En revanche, si on désire déceler les réponses fantaisistes, on peut utiliser, à des endroits différents, des questions ayant le même sens : questions redondantes ou « pièges ».
Ex.: 1re question : « Avec quoi nourrissez-vous votre chien ? »
Réponse : « Avec de la viande pour animaux achetée chez le boucher. »
2e question : « Quelles marques de produits en boîtes pour animaux achetez-vous ? »
Réponse : « X, Y, Z. »
Dans ce cas, les réponses prouvent la fantaisie, et le questionnaire de cet interviewé doit être éliminé.

4. Placer, à la fin, des questions impliquantes, auxquelles l'interviewé peut hésiter à répondre : montant du budget consacré à tel achat, motivations d'achat, mode d'utilisation…, ainsi que les questions signalétiques ou d'identification : âge, CSP, revenus…

5. Mettre au point un plan rigoureux, correspondant aux objectifs de l'enquête. Le plan peut souvent s'apparenter à :

a. Introduction : annonce de l'objet de l'enquête
b. Connaissance du produit par l'interviewé : marques, conditionnements, saveurs (produits alimentaires), esthétique, qualité, avec éventuellement évaluation de ces critères
c. Habitudes d'achats : lieux, fréquences
d. Habitudes de consommation
e. Habitudes en matière d'information (presse, radio, télévision, affichage, publipostage...)
f. Sensibilité en matière d'information (tests de messages audio, visuels...)
g. Recherche du prix d'acceptabilité
h. Identification de l'interviewé
i. Conclusion
Éventuellement : marche à suivre pour retourner le questionnaire et remerciements.

2. La rédaction

● Elle doit être soigneusement préparée, puis testée, en tenant compte des règles suivantes :
– les questions doivent être facilement compréhensibles ;
– toute question à choix multiple doit proposer un nombre pair de choix, pour éviter le risque de concentration des réponses sur le choix central ;
– le questionnaire doit comporter autant que possible des rubriques « Autres » ou des questions ouvertes qui permettent aux interviewés d'affiner leurs réponses et de ne pas rester enfermés dans les réponses proposées qui peuvent ne pas correspondre exactement à leurs choix.

3. Le mode d'administration

● Si le questionnaire fait l'objet d'une opération de phoning, d'une insertion « presse » ou d'une page Minitel ou Internet, il doit être étudié en fonction des contraintes propres à l'outil utilisé et stimuler la coopération de l'enquêté.

Les mots-clés

questionnaire, phoning

▶ *lexique* p. 281

5 Le questionnaire : la forme

La forme du questionnaire est fondamentale ; elle doit respecter un certain nombre de règles.

1. Une bonne présentation

- Une présentation soignée **facilite le travail de l'enquêteur** en cas de questionnaire administré par cet intermédiaire.

Les consignes doivent apparaître clairement.

Ex. :

Question n° 4 : Donnez-vous à votre chien :
– des aliments secs ? 1 ☐
– des aliments humides ? 2 ☐

Si 1, allez à la question 5.

Si 2, allez à la question 6.

Question n° 5 : Quelles marques achetez-vous ?
X ☐ Y ☐ Z ☐

Question n° 6 : Sous quelles formes ?
boîte ☐ déchets ☐ semi-conserve ☐ autre ☐

Si « autre », précisez : ....

- Une présentation soignée **incite l'interviewé à répondre** en cas de questionnaire administré sans intermédiaire.

Pour cela, introduire le questionnaire afin d'indiquer les objectifs de l'enquête ; terminer par des consignes de retour du questionnaire.

Ex. :

« Vous venez d'acheter le produit X, et nous vous en félicitons.
En acceptant de répondre aux quelques questions qui suivent, vous nous permettrez de mieux vous servir. Merci. »

Puis à la fin :

« Merci encore de nous avoir consacré quelques instants. Veuillez utiliser l'enveloppe jointe pour nous retourner ce questionnaire. Bonne utilisation de votre produit X. »

2. Des règles à respecter

- L'ordonnancement du questionnaire doit respecter les consignes suivantes :

1. Présenter les questions par blocs ordonnés, avec titres et sous-titres.

2. Choisir le type de question adapté à chaque information recherchée :
– questions fermées à choix binaire :
Ex. : Possédez-vous un chien ? oui ☐ non ☐
– questions fermées à choix multiple :
Ex. : Pour le nourrir, lui servez-vous :
des déchets ☐ des aliments secs ☐ des conserves ☐ autres ☐
– questions à classements :
Ex. : Classez par ordre de préférence les marques suivantes : x y z
– questions à échelles :
• sémantiques :
Ex. : Selon vous, les aliments préparés pour chiens sont fabriqués à partir de :
Produits de qualité 1 2 3 4 5 6 Déchets alimentaires
• de Lickert :
Ex. : Selon vous, alimenter un chien avec des aliments préparés, c'est :
excellent ☐ assez bon ☐ médiocre ☐ néfaste ☐ pour sa santé.
– questions ouvertes :
• numériques :
Ex. : Quel budget hebdomadaire consacrez-vous à la nourriture de votre chien ?
(Remarque : dans un tel cas, une question à échelle est préférable.)
• non numériques :
Ex. : Pourquoi n'achetez-vous pas d'aliments préparés pour chiens ?

3. Numéroter les questions.

4. Faire figurer des cases et en préciser le mode d'utilisation.
Ex. : Sexe : F ☐ M ☐ (1) (1) Cochez la réponse exacte.

5. Prévoir des peignes pour les réponses chiffrées.
Ex. : âge : ☐☐ année de naissance : ☐☐☐☐

6. Prévoir une zone réservée à la codification.
Ex. : Quelle saveur de produit X achetez-vous le plus souvent à votre chien ?
1. mouton ☐ 2. poulet ☐ 3. bœuf ☐ [1|2|3]

7. Présenter le document pleine page.

8. Adapter la longueur du questionnaire au mode d'administration : un questionnaire auto-administré ou administré par téléphone doit être court.

Les mots-clés

questions fermées, ouvertes, filtres, pièges ▶ *lexique* p. 281

savoir-faire

Bâtir une étude de marché

Ce qu'il faut faire

1 - Démarche

Pour bâtir une étude de marché, on adopte généralement la démarche suivante :

1. Fixer les objectifs de l'étude.

2. Fixer le budget et le calendrier.

3. Définir l'objet de l'étude : nature des informations à recueillir.

4. Choisir entre sous-traitance et réalisation « maison ».

5. Si l'on opte pour la réalisation « maison », choisir la (ou les) technique(s) d'études :
– analyse documentaire,
– enquête ponctuelle (sondage),
– recours à un panel...

6. Si l'on opte pour le sondage, choisir le mode d'enquête :
– enquêteur,
– téléphone,
– publipostage,
– autre.

7. Réaliser les supports nécessaires à l'étude :
– questionnaire,
– guide d'entretien.

8. Tester les supports.

9. Modifier les supports.

10. Réaliser l'enquête (effectuer des contrôles de réalisation).

11. Recueillir les résultats (manuellement ou sur outil informatique).

12. Analyser les résultats (rédaction d'un rapport).

2 - Choix de la méthode d'enquête

- La méthode (recherche documentaire, recours à un panel, enquêtes) doit être choisie en fonction de l'objectif de l'étude et des moyens dont dispose l'entreprise.

Les différentes méthodes sont souvent complémentaires. Celle qui répond le mieux à un besoin spécifique mais qui est aussi la plus coûteuse est l'enquête ponctuelle.

- Le choix de la méthode doit aussi tenir compte du fichier dont dispose l'entreprise :

– Existe-t-il un fichier lui permettant d'effectuer un tirage au sort ?
– L'entreprise a-t-elle une idée du nombre d'individus constituant le fichier mère ?

- Les méthodes probabilistes sont les seules susceptibles de permettre une évaluation de l'erreur.

Les méthodes empiriques sont utilisées lorsque l'on souhaite limiter le domaine d'étude. On se fixe *a priori* le nombre de personnes à interroger et on structure l'échantillon de manière à le rendre le plus représentatif possible.

Exemples de questions d'examen

Voici le type de questions qui peuvent être posées dans une étude de cas :
– *« Déterminez le type d'étude de marché à effectuer, compte tenu des objectifs spécifiques de l'entreprise. »*
– *« Choisissez la méthode d'enquête appropriée à l'entreprise. »*
– *« Construisez l'échantillon le plus approprié à l'enquête souhaitée. »*
– *« Construisez le questionnaire de cette enquête. »*

Pour ce type de questions, veillez à bien répondre aux objectifs de l'enquête, bien structurer le questionnaire et le présenter tel qu'il serait dans la réalité (format A4 en général, pleine page).

– *« Proposez une méthode pour analyser les résultats de cette enquête. »*
Les questions posées dans ce domaine sont plus rares. Elles testent en général vos connaissances en traitement de l'information.
Vous devez connaître les notions de tri à plat et de tri croisé, et savoir citer au moins un logiciel de dépouillement d'enquête (Ethnos, par exemple).

ÉTUDES DE CAS

Exercice d'entraînement

Grand sondage abonnés

TRAVAIL À FAIRE

Quels sont les objectifs que s'assigne le questionnaire ci-dessous ? Vous justifierez vos réponses à partir de l'analyse des questions posées.

▶ *Corrigé* p. 40

➡ **Annexe**

QUESTIONNAIRE

Rester à votre écoute et répondre à vos désirs demeure plus que jamais notre priorité. Aussi, vous trouverez ci-dessous un *court questionnaire anonyme* qui nous permettra de mieux vous connaître et de mieux répondre à vos attentes. Améliorer la qualité de nos services, mais aussi sensibiliser les différentes chaînes à vos désirs de changement ou d'évolution des programmes, tel est l'objectif de cette enquête. Répondre aux questions ne vous demandera que quelques minutes, et vous pourrez nous le retourner gratuitement à l'adresse indiquée. Nous comptons sincèrement sur votre participation.

Ami-câble-ment vôtre,
Bernard Ramos, directeur général

VOUS ET LA TÉLÉ PAR CÂBLE

1. Comment avez-vous connu la télé par câble ?

☐ Par affiche
☐ Par radio
☐ Par la publicité dans votre quotidien : *La Montagne*
☐ Par votre entourage
☐ Lors de la visite du conseiller câble
☐ Par courrier dans votre boîte aux lettres
☐ Autre, préciser : ....

2. Êtes-vous satisfait(e) de la télé par câble par rapport à ce que vous en attendiez ?

☐ Pleinement
☐ Plutôt oui
☐ Oui moyennement
☐ Plutôt non
☐ Pas du tout

3. Depuis combien de temps êtes-vous abonné(e) au câble ?

☐ Moins d'un mois
☐ Entre 1 et 3 mois
☐ Entre 4 et 8 mois
☐ Entre 9 mois et 1 an
☐ Plus d'un an

4. Pouvez-vous nous préciser ce qui a le plus motivé votre décision d'abonnement ? (3 réponses maximum)

☐ Le choix des programmes
☐ Les chaînes européennes
☐ Le prix
☐ Une promotion

▶▶▶

▶▶▶

☐ Les chaînes par thèmes (sport, reportages, infos, musique, etc.)
☐ Vos enfants
☐ Vos études ou les études de vos enfants
☐ Autre, préciser : ....

5. Classer dans l'ordre vos « chaînes favorites » :

1 : .... 2 : .... 3 : ....

6. Êtes-vous ou seriez-vous intéressé(e) par les programmes de Ciné Cinémas et de Ciné Cinefil ? ☐ Oui ☐ Non

7. Pensez-vous être suffisamment informé(e) du contenu des programmes de la télé par câble ? ☐ Oui ☐ Pas assez ☐ Assez bien ☐ Non

8. Êtes-vous abonné(e) au journal « TV câble hebdo » ? ☐ Oui ☐ Non

9. Sinon, êtes-vous lecteur(trice) d'une des publications suivantes actuellement en kiosques ?

☐ Télérama câble ☐ Oui ☐ Non
☐ Télécâble ☐ Oui ☐ Non
☐ TV Câble hebdo ☐ Oui ☐ Non
☐ TVSD ☐ Oui ☐ Non
☐ La Montagne ☐ Oui ☐ Non

10. Depuis que vous êtes abonné(e), avez-vous déjà contacté Citevision par le numéro abonnés : 73 36 47 47 ?
☐ Oui ☐ Non

11. Comment avez-vous jugé l'accueil que vous avez reçu ?
☐ Excellent ☐ Bon ☐ Moyen ☐ Mauvais

12. Lors de votre raccordement :
1) Les techniciens sont arrivés : ☐ à l'heure ☐ un peu en retard ☐ très en retard
2) La qualité du travail était : ☐ parfaite ☐ moyenne ☐ mauvaise
3) Les techniciens étaient-ils à votre écoute ? ☐ Oui ☐ Non

13. S'il y a eu intervention, chez vous, pour régler un problème technique, que pouvez-vous nous dire des éléments suivants :
1) Délai d'intervention : ☐ Trop long ☐ Moyen ☐ Excellent
2) Qualité du travail : ☐ Mauvaise ☐ Moyenne ☐ Excellente
3) Tarif : ☐ Élevé ☐ Normal ☐ Peu élevé

VOTRE SIGNALEMENT

14. Votre âge : ☐ 15-24 ans ☐ 25-34 ans ☐ 35-49 ans ☐ 50-60 ans ☐ 61 ans et plus

15. Votre situation familiale : ☐ Couple ☐ Célibataire ☐ Autre

16. Vous avez : ☐ 1 enfant ☐ 2 enfants ☐ 3 enfants et plus ☐ Pas d'enfant

17. Vous êtes :
☐ agriculteur
☐ artisan ou commerçant
☐ profession libérale
☐ chef d'entreprise
☐ enseignant(e)
☐ cadre
☐ employé(e)
☐ ouvrier(e)
☐ retraité(e)
☐ chômeur
☐ femme au foyer
☐ étudiant(e)

CORRIGÉS

Grand sondage abonnés

Ce questionnaire répond à quatre objectifs :

• Informer l'entreprise sur le comportement du consommateur : questions 1, 4, 8, 9 et 10.

• Connaître le profil du client : questions 14 à 17.

• Connaître ses besoins : questions 5 à 9.

• Mesurer la qualité du service offert et le degré de satisfaction du client : questions 2 et 11 à 13.

Et donc :
– conquérir de nouveaux abonnés ;
– améliorer le service.

3

L'analyse des ventes

1 La collecte et le traitement des données

L'entreprise se doit de connaître, pour le marché du produit mais aussi pour les produits substituables et les produits complémentaires, les produits offerts sur le marché, l'évolution de l'offre et les offreurs.

1. La collecte des données

- La collecte des données est l'ensemble des opérations effectuées par une entreprise pour recueillir les informations nécessaires sur les tendances, dans le passé, de l'évolution de ses ventes sur un ou des marchés.

- Deux types d'informations sont nécessaires pour analyser les ventes de l'entreprise : la demande globale et le marché de l'entreprise.

- **La demande globale** est représentée par la somme des ventes réalisées par les différents offreurs présents sur le marché.
Il est intéressant d'en constater l'évolution dans le temps (statistiques portant sur plusieurs années) et dans l'espace (saturation de certains marchés, ouverture de nouveaux marchés…).

- **Le marché de l'entreprise** est représenté par les ventes réalisées par l'entreprise sur le marché considéré. Il permet de situer l'entreprise par rapport à ses concurrents sur l'ensemble du marché.
Chaque entreprise détermine sa part de marché. Elle correspond au rapport entre le chiffre d'affaires de la marque et le chiffre d'affaires total des marques du marché.
La part du marché est un indicateur majeur pour apprécier la position concurrentielle d'une entreprise sur un marché.

$$\text{Part de marché} = \frac{\text{Chiffre d'affaires de la marque X}}{\text{Chiffre d'affaires total des marques du marché}} \times 100.$$

Il faut comparer l'évolution du marché de l'entreprise dans le temps et l'espace à celle de l'évolution globale du marché.

- **Les sources d'informations** sont nombreuses et variées ; elles posent souvent des problèmes de cohérence. Il n'est pas rare de disposer, dans la

réalité comme dans le cadre d'une étude de cas, de données différentes concernant une même valeur étudiée.
Les principales sources d'information sont :
- les organismes, officiels ou non, fournisseurs de statistiques : Insee, INC, Crédoc...,
- les organismes professionnels : syndicats professionnels...,
- les sociétés panélistes,
- la presse spécialisée professionnelle ou économique,
- les statistiques des ventes de l'entreprise.

2. Le traitement des informations

- Le traitement des informations collectées porte sur l'évolution passée des ventes afin de dégager, par des méthodes mathématiques, une tendance.

- **Les mesures des ventes** d'un produit sur un marché sont exprimées :
- en valeur, c'est-à-dire en prix de vente hors taxes ;
- en volume, c'est-à-dire en quantités vendues.
Seule l'évaluation en volume donne une idée réelle de la progression des ventes sur un marché.
Si les données sont exprimées en valeur, il faut éliminer les effets éventuels de l'inflation pour évaluer correctement les évolutions dans le temps (voir p. 44-45).

- **L'observation des données** relatives au volume des ventes d'un produit doit permettre au gestionnaire de :
- dégager une tendance globale : stabilité, croissance ou régression des ventes d'une période à une autre (pour les méthodes de détermination de la tendance, voir p. 46-47) ;
- dégager une tendance comparable concernant les ventes de l'entreprise ;
- comparer ces deux tendances afin d'en tirer des conclusions concernant l'aptitude de l'entreprise à suivre l'évolution de son marché. La recherche de la tendance implique la correction éventuelle des données connues.

Les mots-clés

demande globale, marché de l'entreprise,
ventes en valeur, ventes en volume

▶ *lexique* p. 281

2 La correction des données

Les données brutes doivent être corrigées pour mieux refléter la réalité. La correction des données se fait par l'élimination de l'inflation et des variations saisonnières.

1. Élimination de l'inflation

● Les ventes sont en général exprimées en euros courants (chiffres d'affaires). Pour éliminer la croissance apparente des ventes due à l'inflation, il faut raisonner en euros constants, c'est-à-dire ramener tous les prix à une année de référence « N_0 », base 100. Pour rechercher le chiffre d'affaires de l'année N, exprimé en euros constants de l'année N_0, base 100, on effectue le calcul :

$$\text{CA N} = \frac{\text{CA N}_0 \times 100}{100 + i}$$ avec i = taux d'inflation entre N_0 et N.

2. Élimination des variations saisonnières

● Les ventes de certains produits peuvent connaître des variations d'amplitude saisonnières dues à des périodes fixes de vente dans l'année (Noël pour les jouets et les chocolats), aux habitudes de consommation (glaces et boissons rafraîchissantes l'été) ou aux variations climatiques (fuel, électricité, gaz au cours des hivers rigoureux). Trois méthodes permettent d'éliminer ces variations afin de dégager une tendance significative.

● **La méthode des coefficients saisonniers** se déroule en deux étapes : on calcule pour chaque mois un coefficient saisonnier par lequel on multiplie la valeur observée du mois ; on obtient une valeur désaisonnalisée. On effectue ensuite un calcul de prévision des ventes (voir p. 50-51) ; le chiffre obtenu pour chaque mois est multiplié par le coefficient saisonnier pour obtenir une série resaisonnalisée.

Modes de calcul :

a) Moyennes mensuelles

$$\boxed{\text{moyenne du mois (janvier par exemple) sur 3 années : N1, N2, N3}} = \frac{\boxed{\text{ventes janv. N1}} + \boxed{\text{ventes janv. N2}} + \boxed{\text{ventes janv. N3}}}{3}$$

$$\boxed{\text{moyenne des moyennes}} = \frac{\boxed{\text{moyenne janvier}} + \boxed{\text{moyenne février}} + \ldots + \boxed{\text{moyenne décembre}}}{12}$$

$$\text{Coefficient saisonnier de janvier} = \frac{\text{Moyenne de janvier}}{\text{Moyenne des moyennes}}.$$

b) Méthode de Pearson

Calcul, pour chaque année, et pour chaque mois, de l'indice

$$i = \frac{\text{Ventes du mois}}{\text{Ventes du mois précédent}} \times 100.$$

$$\text{Coefficient saisonnier de janvier} = \frac{\text{Somme des i janvier}}{\text{Nombre d'années d'observation}}.$$

- **La méthode des moyennes mobiles** consiste à remplacer chaque valeur mensuelle par sa moyenne calculée à partir d'informations portant sur plusieurs périodes.

Mode de calcul :

$$\text{Moyenne mobile du mois } x = \frac{\text{Valeur mois précédent} + \text{Valeur mois } x + \text{Valeur mois suivant}}{3}.$$

$$\text{Moyenne mobile année N} = \frac{\text{Valeur année N} - 1 + \text{Valeur année N} + \text{Valeur année N} + 1}{3}.$$

- **La méthode des totaux mobiles** permet d'éliminer les variations dues uniquement à des « accidents » saisonniers. On totalise, pour chaque mois, les ventes réalisées du mois et celles cumulées des onze mois qui précèdent.

Mode de calcul :

$$\text{Total mobile janvier année N} = \text{Valeur janvier année N} + \text{Chiffre d'affaires année N} - 1 - \text{Valeur janvier année N} - 1.$$

Les mots-clés

euros courants, euros constants, coefficient saisonnier ▶ *lexique* p. 281

3 Les méthodes de détermination de la tendance

Il est intéressant de tenter de dégager une tendance des ventes susceptible d'être exprimée sous une forme mathématique, afin de l'assimiler à une fonction dont les propriétés sont connues. Plusieurs méthodes existent.

1. Les ajustements linéaires

- Les ajustements linéaires sont possibles lorsque la représentation graphique de l'évolution du chiffre d'affaires fait apparaître un ensemble de points proches d'une droite, et donc assimilable à une fonction de la forme $y = ax + b$ (approximation valable uniquement sur de courtes périodes).

- Trois modes de calcul sont utilisés :

– la méthode des points extrêmes : on calcule l'équation de la droite en ne retenant que les coordonnées des points extrêmes ;
– la méthode de Mayer ou double moyenne : on divise la série de données en deux parties. On calcule les points moyens représentatifs de chacune des moitiés, puis l'équation de la droite à partir de ces données ;
– la méthode des moindres carrés : régression linéaire (voir p. 50).

- Ces méthodes, si elles permettent de dégager une tendance des ventes passées, possèdent le gros inconvénient de supposer que cette tendance passée est projetable dans le futur. Elles sous-entendent donc que les éléments de l'environnement de l'entreprise restent « égaux par ailleurs ». Or, dans une conjoncture économique mouvante, ce postulat ne se vérifie pas.
D'où la nécessité de méthodes plus affinées, permettant de prendre en compte au moins l'évolution des phénomènes sur des périodes plus longues (phénomènes de cycles), voire de faire varier des critères en relation avec les ventes d'un produit (modélisation, logiciels de simulation).

2. Les autres ajustements

Il s'agit d'extrapolations graphiques ou à vue, qui permettent de calculer des équations de courbes, portant sur des périodes plus longues, et plus proches de la réalité.

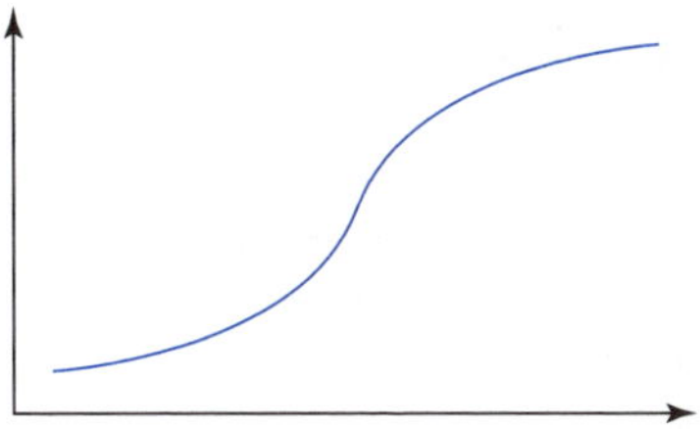

Ajustement parabolique

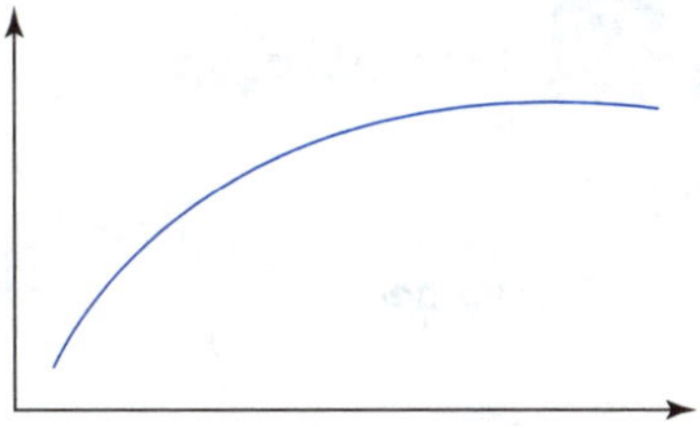

Exponentielle

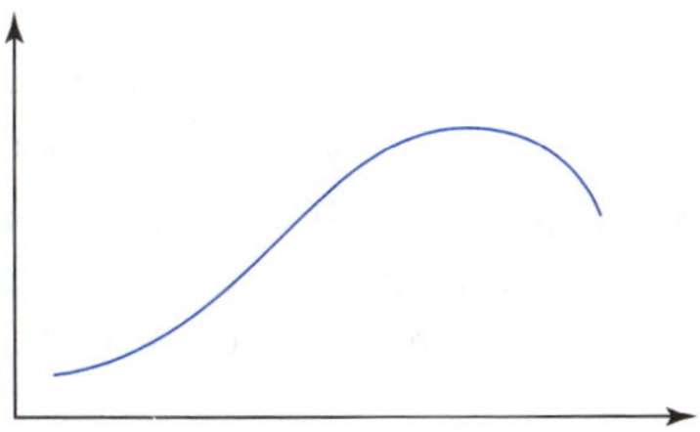

Schéma de cycle de vie d'un produit

3. Les corrélations

• Une corrélation est un lien de dépendance entre deux phénomènes ou plus : une variable expliquée (le chiffre d'affaires, par exemple) et une variable explicative. Pour qu'une corrélation linéaire soit exploitable, il faut que le lien entre les deux variables (coefficient de corrélation) soit fort et s'explique par le raisonnement logique.

• Les corrélations possibles en matière commerciale sont les suivantes :
– variables explicatives du marché : revenu, âge, sexe, région... ;
– variables explicatives dues à un autre produit : biens complémentaires (les variations vont dans le même sens), biens substituables (elles vont en sens contraire) ;
– variables explicatives dues aux actions commerciales menées par l'entreprise : budget communication par exemple.

Les mots-clés

méthode des points extrêmes, méthode de Mayer, méthode des moindres carrés, corrélation

▶ *lexique* p. 281

4 Les analyses particulières

L'analyse des ventes globales sera utilement complétée par des analyses par produit, par client et par type de circuit de distribution.

1. Les analyses par produit

- Plusieurs indicateurs permettent une étude plus ou moins affinée :

– recherche de la contribution à la marge et/ou au chiffre d'affaires,

$$\frac{\text{Chiffre d'affaires ou marge relatifs au produit}}{\text{Chiffre d'affaires total ou marge totale}};$$

– comparaison entre l'évolution des ventes d'un produit réalisées par l'entreprise et l'évolution de la demande générale de ce produit ;
– comparaison entre les performances de l'entreprise et celles de ses concurrents.

- Trois méthodes sont plus particulièrement usitées pour la répartition des produits.

La méthode des 20/80 (loi de Pareto) est une distribution statistique qui conduit à considérer que 20 % des clients (ou des produits) représente un chiffre d'affaires ou une valeur de 80 %.
Conséquence : la première catégorie mérite une attention plus grande que la seconde, une méthode de gestion plus rigoureuse.
La méthode ABC (Audit Bureau of Circulation) peut être résumée en un schéma :

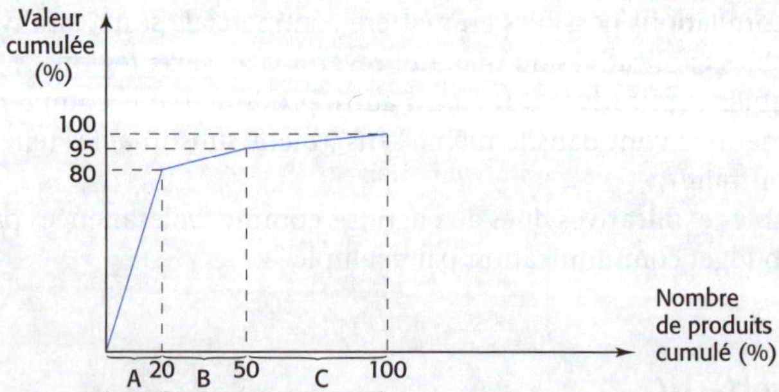

Principe et conséquence : ils sont comparables à ceux de la méthode des 20/80. Produits ou clients sont cependant divisés en trois catégories :

Famille de produit	% du nombre d'articles	% de la valeur totale
A	20	80
B	30	15
C	50	5

La matrice de composition du portefeuille d'activités ou de produits **du BCG** (Boston Consulting Group) représente le positionnement des activités ou produits d'une entreprise en fonction de deux dimensions : la part de marché relative et le taux de croissance du secteur (voir p. 53).

2. Les analyses par client

- Les indicateurs sont les suivants :

– taille : si la clientèle est nombreuse, l'étude peut se faire par référence aux méthodes 20/80 ou ABC ;

– taux de rotation de la clientèle : un fort taux est significatif d'un manque de fidélisation de la clientèle ;

– rentabilité de la clientèle : on recherche, par type de clientèle, le seuil de rentabilité, en prenant en compte la marge brute rapportée et les frais de commercialisation engendrés.

3. Les analyses par type de circuit de distribution

- On peut calculer deux types d'indicateurs :

– la part de chaque canal de distribution dans les ventes d'un produit au niveau de la demande globale et au niveau de la demande de l'entreprise :

$$\frac{\text{Valeur ou volume des ventes correspondant à un canal}}{\text{Valeur ou volume total(e) des ventes sur le marché}} \;;$$

– le taux de référencement des produits-clés de l'entreprise par circuit de distribution :

$$\frac{\text{Nombre de magasins ayant référencé le produit}}{\text{Nombre de magasins de cette catégorie}} .$$

Si ce taux est faible, l'entreprise mènera des actions commerciales dans le but de l'accroître : visites de la force de vente, primes de référencement, promotion des ventes (remises, fourniture de matériel de PLV), mise en œuvre de techniques de marchandisage (en cas de vente en libre-service)…

Les mots-clés

méthode des 20/80, méthode ABC, matrice BCG ▶ *lexique* p. 281

5 La prévision des ventes

La prévision des ventes se compose de l'ensemble des méthodes utilisées par une entreprise pour prévoir le devenir et le prolongement de ses activités.
À partir des données fournies par les techniques de recherche des tendances passées, on procède à des calculs de prévision des ventes, en supposant que les tendances dégagées se perpétuent dans l'avenir (méthodes quantitatives).
Ce présupposé est de moins en moins souvent vérifié ; d'où la nécessité de recourir à des méthodes fondées davantage sur la perspicacité ou le professionnalisme (méthodes qualitatives).

1. Les méthodes quantitatives

- **Les méthodes d'extrapolation des tendances temporelles** consistent, à partir de la méthode des points extrêmes ou de la méthode de Mayer, à calculer le chiffre d'affaires prévisionnel de l'année à venir, par ajustement à la fonction $f = f(x)$.

- **Les méthodes de régression** sont de trois types : la méthode des moindres carrés, les indices de richesse vive et l'indice de disparité de consommation.

La méthode des moindres carrés se déroule en trois étapes : calcul du coefficient de corrélation et recherche de l'équation de la droite de régression linéaire, puis prévisions à partir de l'équation de cette droite.

Les indices de richesse vive (IRV de P. Nicolas) permettent d'établir des prévisions de consommation à l'intérieur d'un secteur géographique donné (détermination du potentiel de la zone de chalandise d'un point de vente par exemple).

L'indice de richesse vive dépend de la population « P », et de la richesse « R ».

Pour la France, R / P = 1. Si pour une zone, R / P < 1, cette zone est moins riche que la moyenne en France ; si au contraire R / P > 1, la zone est plus riche.

L'indice de disparité de consommation (IDC) (Cécod) permet de connaître la capacité des individus par rapport à la moyenne nationale.

L'IDC moyen pour la France est 100. Pour chaque commune et pour vingt et un groupes de produits, des indices de dépenses consommables sont disponibles.

2. Les méthodes qualitatives

- Ces méthodes, non dérivées directement de modèles mathématiques, font appel à la connaissance du marché que possèdent certains intervenants sur ce marché.

- **Les enquêtes d'intention d'achat** consistent à recueillir les intentions d'achat de la clientèle par sondage.
Cette méthode est surtout utilisée pour prévoir les ventes d'un nouveau produit ou lorsqu'un produit existant connaît des modifications substantielles. Elle est rapide et son coût est relativement faible, mais les réponses ne sont pas toujours fiables.

- **Les enquêtes auprès des vendeurs** consistent à interroger les intervenants les plus proches de la clientèle. Il leur est demandé de faire remonter l'information sous forme de rapports d'activité ou au cours de réunions.
Les vendeurs peuvent, éventuellement, faire l'objet d'enquêtes.

- **La méthode Delphes** s'appuie sur les opinions d'experts qui peuvent être des spécialistes de l'entreprise, des industriels, des économistes, des sociologues. Leurs avis sont fondés sur des expériences et des formations différentes.
Cette méthode est utilisée pour les prévisions à moyen et long terme.

- **Les marchés tests** consistent à évaluer l'influence de certaines variables du plan de marchéage (produit, prix, communication, distribution) sur le volume des ventes.
Des enquêteurs observent le comportement d'un participant qui doit reproduire ses actes d'achat, dans un magasin fictif par exemple, comme s'il se trouvait dans son point de vente habituel. Un questionnaire complète l'expérience qui se fait sur un échantillon d'environ 300 personnes.

Les mots-clés

méthodes quantitatives de prévision des ventes, méthodes qualitatives de prévision des ventes

▶ *lexique* p. 281

savoir-faire

Analyser le marché de l'entreprise (2)

Ce qu'il faut faire

L'analyse d'un marché de l'entreprise peut se situer à deux niveaux :
– quantitatif : l'analyse s'appuie sur des données chiffrées ;
– mixte : l'analyse, à la fois quantitative et qualitative, utilise les matrices stratégiques.
Le choix du type d'analyse est conditionné par la documentation existante.

1 - Utilisation des données chiffrées

Il faut opérer, dans un premier temps, des choix dans les informations fournies. Si les données chiffrées concernent les ventes globales du produit sur le marché et l'évolution du chiffre d'affaires de l'entreprise dans le temps, la démarche suivante est recommandée :
1. Calculer les pourcentages d'évolution de la demande globale.
La demande globale correspond à celle du marché sur lequel opère l'entreprise. Il sera intéressant de calculer la demande en valeur et celle en volume, c'est-à-dire corrigée de l'inflation.
2. Calculer l'évolution du chiffre d'affaires de l'entreprise (en valeur et en volume éventuellement).
3. Comparer les deux séries d'indicateurs.
– Si les deux évolutions sont parallèles, l'entreprise se situe au même niveau que le marché.
– Si l'évolution constatée du chiffre d'affaires de l'entreprise est supérieure à celle du marché, la situation de l'entreprise est favorable.
– Si l'évolution du chiffre d'affaires de l'entreprise est inférieure à celle du marché, la situation est défavorable.
Ce type de démarche constitue le *benchmarking* qui consiste à comparer ce qui est réalisé par les entreprises concurrentes. L'entreprise peut alors se situer sur son marché.

2 - Utilisation de matrices d'analyse stratégique

Après avoir caractérisé le marché de l'entreprise, qui peut être oligopolistique, atomistique, concurrentiel, porteur, en régression, etc., on peut présenter la position de l'entreprise sur son marché en utilisant une matrice du type BCG (Boston Consulting Group).

Une matrice BCG représente le positionnement des activités ou produits en fonction de deux dimensions qui sont la part de marché relative et le taux de croissance du secteur.

Ce type de matrice permet d'effectuer un diagnostic stratégique de la structure de l'activité de l'entreprise face à la concurrence en classant les produits en quatre catégories :

– les « vaches à lait » : forte part d'un marché en faible croissance, probabilité d'une bonne rentabilité et d'une trésorerie excédentaire ;

– les « poids morts » : faible part d'un marché en faible croissance, probabilité de faible rentabilité et de trésorerie faible ;

– les « dilemmes » : faible part d'un marché en croissance forte, probabilité de faible rentabilité et de trésorerie déficitaire ;

– les « étoiles » : forte part d'un marché en croissance forte, probabilité de forte rentabilité mais de trésorerie à court terme déficitaire.

Représentation graphique :

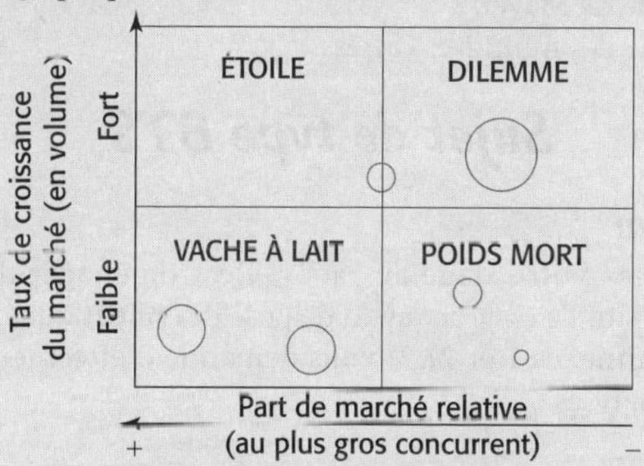

Exemples de questions d'examen

Voici le type de questions qui peuvent être posées dans une étude de cas :

– *« Évaluez l'évolution du marché de l'entreprise. »*

– *« Comparez l'évolution du marché de l'entreprise et l'évolution globale. »*

Le candidat ne doit pas hésiter à mettre en évidence les contradictions qui pourraient être présentes dans la documentation fournie. Il fera ainsi preuve d'esprit pratique et de cohérence.

Le plan de réponse dépend avant tout des données fournies par le cas.

ÉTUDES DE CAS

Exercice d'entraînement

1 Libert

L'évolution du chiffre d'affaires de l'entreprise Libert vous est indiquée dans le tableau ci-dessous.

Années	1	2	3	4	5	6
CA en milliers d'euros	5 000	6 200	6 500	6 900	7 300	7 800

Travail à faire

Il vous est demandé de calculer la prévision de chiffre d'affaires pour l'année 7 en utilisant successivement :

a) la méthode des points extrêmes,

b) la méthode de Mayer,

c) la méthode des moindres carrés.

▶ *Corrigé* p. 56

Sujet de type BTS

2 Auchan

Vous effectuez votre stage au rayon électroménager d'un hypermarché Auchan. Le chef de rayon dispose des statistiques de vente de son rayon (annexes 1 et 2). Il vous demande d'effectuer un certain nombre d'analyses.

Travail à faire

1. Pourquoi peut-on affirmer que les ventes mensuelles du rayon électroménager sont saisonnières ?

2. Calculez les coefficients saisonniers mensuels du rayon par la méthode de votre choix.

3. Pour l'année N + 3, il est prévu un chiffre d'affaires de 64 millions d'euros pour le rayon électroménager. Déterminez les chiffres d'affaires mensuels du rayon électroménager pour l'année N + 3. Quel est l'intérêt de ces prévisions pour le responsable du rayon ?

▶ *Corrigé* p. 57

➡ Annexe 1

INFORMATIONS SUR LE RAYON ÉLECTROMÉNAGER ET SUR LE MAGASIN

• Informations sur le rayon électroménager (données année N)

Chiffre d'affaires annuel : 60 000 000 d'euros.

Indice d'achat du rayon : 0,73 %.

Indice d'achat du rayon =

$$\frac{\text{Nombre de tickets de caisse correspondant à un achat du rayon}}{\text{Nombre de tickets de caisse global du magasin}} \times 100.$$

• Informations générales sur le magasin (données année N)

Fréquentation du magasin : 13 500 tickets de caisse émis en moyenne par jour d'ouverture.

Nombre de jours d'ouverture : 310.

➡ Annexe 2

CHIFFRES D'AFFAIRES MENSUELS DU RAYON ÉLECTROMÉNAGER
(en milliers d'euros)

Mois	Année N	Année N + 1	Année N + 2	Mois	Année N	Année N + 1	Année N + 2
Janvier	2 200	2 200	2 700	Juillet	2 200	2 400	2 300
Février	3 000	3 000	3 400	Août	1 900	1 800	2 000
Mars	4 300	4 400	4 600	Septembre	2 800	3 000	3 300
Avril	5 300	5 400	5 500	Octobre	3 600	3 700	4 400
Mai	6 500	6 400	6 600	Novembre	7 700	7 500	7 400
Juin	7 500	7 500	7 800	Décembre	11 600	11 400	10 000
				Totaux	**58 600**	**58 700**	**60 000**

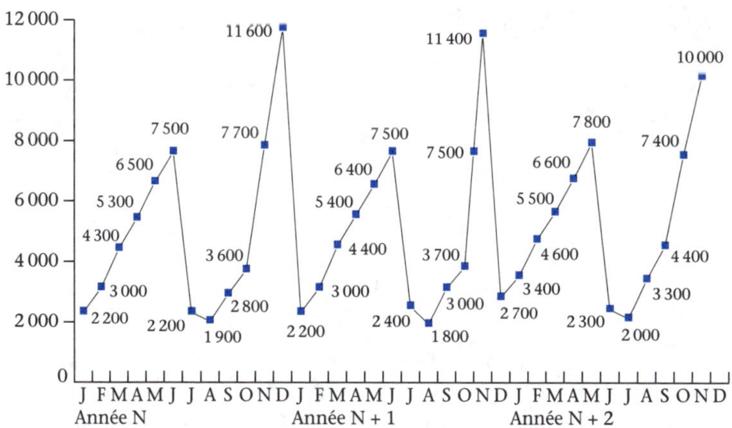

CORRIGÉS

1 Libert

a) Méthode des points extrêmes

7 800 = 6 a + b
5 000 = a + b

d'où 2 800 = 5 a
a = 560   b = 4 440
y = 560 x + 4 440.

Pour l'année 7 :   y = 560 × 7 + 4 440.
Le CA de l'année 7 sera de 8 360 milliers d'euros.

b) Méthode de Mayer

$X_1 = \frac{1 + 2 + 3}{3}$ $X_1 = 2$

$X_2 = \frac{4 + 5 + 6}{3}$ $X_2 = 5$

$Y_1 = \frac{5\,000 + 6\,200 + 6\,500}{3}$ $Y_1 = 5\,900$

$Y_2 = \frac{6\,900 + 7\,300 + 7\,800}{3}$ $Y_2 = 7\,333{,}33$

5 900 = 2 a + b
7 333,33 = 5 a + b
1 433,33 = 3 a
a = 477,77   b = 4 944,46
y = 477,77 x + 4 944,46
Pour l'année 7 :   y = 477,77 × 7 + 4 944,46.
Le CA de l'année 7 sera de 8 288,85 milliers d'euros.

c) Méthode des moindres carrés

x_i	y_i	$x_i\,y_i$	x_i^2
1	5 000	5 000	1
2	6 200	12 400	4
3	6 500	19 500	9
4	6 900	27 600	16
5	7 300	36 500	25
6	7 800	46 800	36
21	39 700	147 800	91

$\bar{x} = 3{,}5$ a = 505,72
$\bar{y} = 6\,616{,}66$ b = 4 846,64
y = 505,72 x + 4 846,64
Pour l'année 7 :   y = 505,72 × 7 + 4 846,64.
Le CA de l'année 7 sera de 8 386,68 milliers d'euros.

2 Auchan

1. Justification de la saisonnalité des ventes

Les ventes du rayon électroménager sont saisonnières car elles sont irrégulières sur chacune des années et les variations sont répétitives, c'est-à-dire que, à la hausse comme à la baisse, elles se produisent aux mêmes époques de l'année.

2. Calcul des coefficients saisonniers

La méthode choisie est celle des moyennes mensuelles.

Mois	Moyennes mensuelles	Coefficients saisonniers
Janvier	2 367 (1)	0,48 (2)
Février	3 133	0,64
Mars	4 433	0,90
Avril	5 400	1,10
Mai	6 500	1,32
Juin	7 600	1,54
Juillet	2 300	0,47
Août	1 900	0,39
Septembre	3 033	0,62
Octobre	3 900	0,79
Novembre	7 533	1,53
Décembre	11 000	2,23
Moyenne des moyennes mensuelles	**4 925**	

(1) $\frac{2\,200 + 2\,200 + 2\,700}{3} = 2\,367.$ (2) $\frac{2\,367}{4\,925} = 0{,}48.$

3. Chiffre d'affaires mensuels pour N + 3

Méthode de calcul : $\frac{64\,000\,000}{12} \times$ coefficient saisonnier

Mois	CA mensuels en milliers d'euros
Janvier	2 560
Février	3 392
Mars	4 800
Avril	5 850
Mai	7 040
Juin	8 230
Juillet	2 490
Août	2 061
Septembre	3 283
Octobre	4 224
Novembre	8 160
Décembre	11 910
Total annuel	64 000

Intérêt de ces prévisions

Le fait d'effectuer des prévisions mensuelles permet de procéder à une évaluation :
- des rentrées de trésorerie ;
- du personnel à mobiliser ;
- de la politique de marchandisage ;
- de la mise en place d'actions promotionnelles ;
- de la logistique à mettre en place,

et d'être en meilleure position pour négocier avec les fournisseurs.

4

Le plan de marchéage : le produit

1 La dimension technique

Le produit est un bien ou un service qui sera offert sur un marché dans le but de satisfaire un ou des besoins.

1. Les caractéristiques du produit

- **La dimension technique** du produit est constituée des caractéristiques physiques, matérielles, telles sa composition, son poids, sa couleur…

- **La dimension d'usage** ou valeur d'usage apprécie la qualité d'un bien ou d'un service en fonction de la satisfaction que son possesseur tire de son usage ou des services que rend son utilisation.

- **La dimension psychologique et sociologique** donne la mesure de l'intérêt spécifique que présente un produit pour chaque personne qui peut, à travers lui, éventuellement se réaliser. Aux divers produits sont associés des symboles de puissance, de douceur, de richesse, de générosité, de nature, de pureté…

2. La classification des produits

- Selon le type de clientèle

– Biens de consommation finale destinés aux ménages (consommateurs).
– Biens industriels destinés aux entreprises. Il peut s'agir de matières premières, de produits intermédiaires ou de biens d'équipements (bâtiments, machines).

- Selon la fréquence d'achat

– Bien banal : produit à fréquence d'achat élevée ; achats courants, automatiques (*ex. :* denrées alimentaires, transport).
– Bien anomal : produit à fréquence d'achat faible ; achats réfléchis (*ex. :* achat de vêtements, livres, appareils électroménagers).

- Selon la durée d'utilisation

– Bien durable (une automobile).
– Bien semi-durable (un vêtement).
– Bien non-durable (biens alimentaires).

- Selon des critères économiques

– Produits marchands (prix sur un marché > coût de revient).
– Produits non-marchands (prix sur un marché < coût de revient).
– Services : biens immatériels.

- Selon leur lien avec d'autres produits

– Biens substituables : la consommation de l'un exclut celle de l'autre (*ex. :* beurre et margarine).
– Biens complémentaires : la consommation de l'un entraîne la consommation de l'autre (*ex. :* imprimante et papier).
– Biens indépendants : la consommation d'un bien n'a aucune conséquence sur celle d'un autre.

- De plus en plus, l'entreprise offre au client une « solution » au besoin, plus qu'un produit isolé :

– offre des biens complémentaires (ordinateurs et consommables, véhicules et équipements…) ;
– offre de biens + services associés (véhicules + crédit + assurance + SAV).

3. L'importance de la qualité et des normes

- La qualité est devenue l'une des composantes du produit, tant sur le plan technique que sur le plan mercatique.

- La qualité fait l'objet de certifications par les pouvoirs publics : appellations d'origine – AOC (appellation d'origine contrôlée), AOP (appellation d'origine protégée), IGP (indication géographique protégée) –, labels, certificats de qualification – Afaq (Association française pour l'assurance de la qualité) –, ou par des organismes professionnels.

- La conformité aux normes fait l'objet de marques (NF : normes françaises) ou de certifications (ISO 9002) délivrées par l'Afnor (Association française de normalisation), l'ISO (International Standardization Organization) ou le CEN (Centre européen de normalisation).

Les mots-clés

AOC, AOP, IGP, NF, Afnor, ISO, CEN ▶ *lexique* p. 281

2 La courbe de vie du produit

Par analogie avec les phénomènes biologiques, à la suite d'études théoriques et empiriques, de nombreux théoriciens de la mercatique considèrent que le produit a une vie constituée de quatre phases : naissance ou lancement, croissance, maturité, déclin et mort.
Ce concept peut s'appliquer à : une catégorie de produits (ex. : l'automobile), une marque (ex. : Renault, Citroën), un modèle (ex. : la 2 CV), ou même à un marché (ex. : le marché du vélo).

1. Représentation des phases

Cycle de vie d'un produit

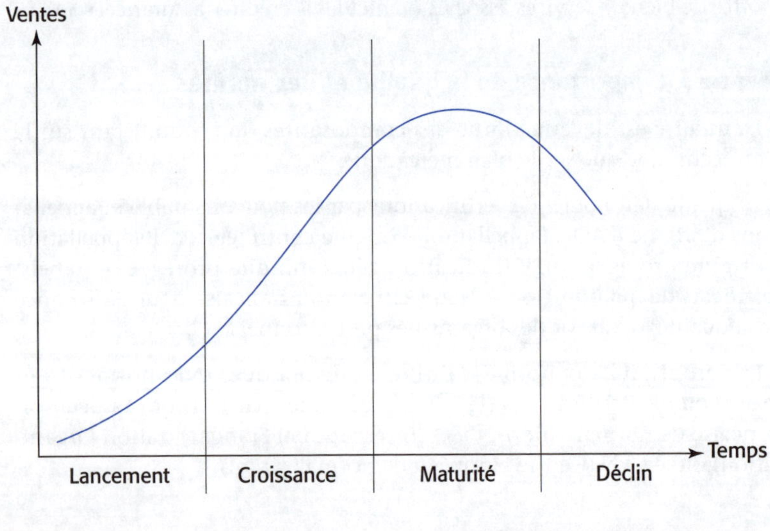

La durée et les caractéristiques des phases varient en fonction du phénomène étudié.

2. Analyse des phases

Variables	**Lancement** Introduction du produit sur le marché	**Croissance** Développement du produit	**Maturité** Optimum des ventes	**Déclin** Régression
Ventes	Faibles Croissance lente	Fortes Croissance rapide	Maximales Stagnation	Décroissance
Produit	Produit de base Amélioration de la qualité Petite série	Amélioration de la qualité Grande série Élargissement de la gamme	Différenciation Marché segmenté Gamme large	Réduction de la gamme Produit stable
Concurrence	Limitée	De plus en plus vive	Intense mais des concentrations s'opèrent	Diminue Ne subsistent que les entreprises à forte part de marché
Bénéfices	Pertes Ventes inférieures au seuil de rentabilité	Apparaissent et croissent rapidement	Maximum en début de phase, stables, puis déclinent	Faibles ou nuls
Trésorerie	Négative à cause des investissements de recherche, production et communication	Moyenne En croissance	Abondante	Baisse plus ou moins rapide
Prix	Élevé Stratégie d'écrémage	Baisse Début de la concurrence par les prix	Baisse Forte concurrence Différenciation par segments	Promotion avant désengagement
Distribution	Mise en place du produit Peu de points de vente Distribution exclusive ou sélective	Multiplication des canaux Distribution intensive	Stabilisation Importance du service Réduction des marges	Abandon de canaux et de points de vente
Communication	Rôle informatif Importance de la marque PLV	Rôle informatif et fidélisation à la marque	Entretien et PLV Promotions	Réduction des dépenses Promotions

Les mots-clés

cycle de vie

▶ *lexique* p. 281

3 Le conditionnement

Le conditionnement est la première enveloppe ou le premier contenant du produit.
Ex. : bouteille contenant une eau minérale.
L'emballage est l'enveloppe ajoutée au conditionnement pour permettre les opérations de manutention et de transport.
Ex. : film plastique regroupant six bouteilles d'eau minérale.
En fait, dans la pratique, conditionnement et emballage sont utilisés indifféremment.
Est souvent utilisé l'anglicisme **packaging.**

1. Les fonctions du conditionnement

- Les fonctions du conditionnement sont techniques et mercatiques.

- **Les fonctions techniques** sont

– la conservation (*ex. :* brick de lait),
– la distribution. Le conditionnement facilite la manutention et le transport.

- **Les fonctions mercatiques** sont multiples.

– Par sa forme, sa couleur, le conditionnement attire l'attention du consommateur.
– Le conditionnement facilite le transport, le rangement (*ex. :* pack de bière) et l'utilisation.
– Les annonces promotionnelles doivent pouvoir s'y intégrer.
– Le positionnement du produit passe par son conditionnement qui permet une identification rapide. À cette fin, il doit intégrer les variables principales du plan de marchéage (*ex. :* importance du conditionnement pour un produit de luxe).

2. Les éléments d'une politique de conditionnement

- **La taille** : consommation individuelle ou familiale, identification du produit et symbole de la firme.

- **La forme, la couleur** : symboles attachés à une couleur, une matière (verre, plastique…), facilité d'utilisation pour le consommateur comme pour le distributeur (vente par lots).

- **Le matériau** : papier, carton, plastique, métal, bois.

3. Les critères de choix

- Attentes de l'utilisateur : information, sécurité, praticité, protection de l'environnement, adéquation aux besoins quantitatifs.

- Attente des distributeurs : facilité de stockage, de manutention, de mise en rayon, aide à la vente.

- Objectifs et contraintes du fabricant lui-même : mentions obligatoires, matériaux prohibés, coûts, identification et image de produit, respect des normes et conservation du produit.

4. La normalisation

- La normalisation a pour objectif de définir des règles communes. Celles-ci portent sur la fabrication comme sur la présentation d'un produit.

- Intérêts pour le producteur :
  - Organisation plus rationnelle de la fabrication.
  - Baisse de stocks en diminuant les variétés produites.
  - Baisse des coûts de revient en allongeant les séries de fabrication.
  - Diminution de la concurrence déloyale.

- Intérêts pour le consommateur :
  - Garantie de qualité.
  - Compatibilité. Produit facilement interchangeable. Comparaison aisée des offres.
  - Baisse des prix et des délais de livraison.

5. La gestion du conditionnement

- Le conditionnement est devenu extrêmement important pour tous les produits vendus en libre-service. C'est de la gestion du conditionnement que dépend le premier contact entre le produit et le consommateur.

- D'une manière générale, à travers le conditionnement sera recherchée une certaine unification des articles d'une même marque.

Les mots-clés

packaging ▶ *lexique* p. 281

4 La marque

Une marque est un nom, un terme, un signe, un symbole, un dessin ou toute combinaison de ces éléments servant à identifier les biens ou services d'un vendeur ou d'un groupe de vendeurs et à les différencier des concurrents.

1. Les caractères d'une marque

- La marque peut être :

– un nom patronymique (*ex.* : Bouygues, Peugeot),
– un nom géographique (*ex.* : Creusot-Loire),
– un nom commun (*ex.* : Carrefour),
– un assemblage de chiffres et de lettres (*ex.* : BNP, 3M),
– un mot quelconque (*ex.* : 33 Export),
– une expression graphique (*ex.* : pomme d'Apple),
– une forme de conditionnement (*ex.* : bouteilles Coca-Cola),
– une signature sonore (*ex.* : Dim).

2. Les qualités d'une marque

- Une marque doit être :

– disponible : il faut, pour le vérifier, effectuer une demande de recherche d'antériorité à l'Inpi (Institut national de la propriété industrielle) ;
– mémorisable : le nom de la marque doit être court ;
– euphonique : facile à prononcer (en France et à l'étranger) ;
– compatible avec les autres marques de l'entreprise ;
– significative : appropriée au produit et à son conditionnement,

3. Les types de marques

- Les formules extrêmes

– Marque produit : une marque par produit ou par gamme (*ex.* : Unilever, Skip, Omo, Wisk…).
– Marque ombrelle : une seule marque pour plusieurs produits (*ex.* : Bic).

- Les formules mixtes

– Marque de famille : marque de produit qu'évoque la marque institutionnelle (*ex.* : Danette, Dan'up chez Danone).

– Double marque : une marque produit associée à une marque caution (*ex. :* Orange de France Telecom, Taillefine de Lu).

● Les marques génériques
Ce sont les marques qui servent, dans le langage courant, à désigner le produit, quels qu'en soient le fabricant ou la marque réels (*ex. :* Frigidaire, Kleenex).

4. Le choix d'une marque

● Pourquoi une marque ?
– Elle permet l'identification du produit.
– Elle protège les caractéristiques du produit contre les imitations.
– Elle véhicule un niveau de qualité.
– Elle permet d'individualiser un produit en ciblant mieux l'offre et en justifiant une différence éventuelle de prix.

● Trois stratégies de marque sont possibles pour le producteur :
– Utilisation de sa propre marque et refus d'une marque de distributeur (*ex. :* L'Oréal).
– Utilisation de sa marque et de celle d'un distributeur.
– Utilisation d'une marque de distributeur.
Avantages : augmentation des parts de marché (surtout dans l'alimentaire).
Inconvénients : dépendance envers le distributeur.
Avantages pour le distributeur :
• Achat et vente de produits à des prix inférieurs aux marques du producteur car il n'a pas à supporter les frais de communication.
• Meilleur contrôle de ses prix.
• Pouvoir sur le producteur.

5. La mesure de la notoriété

La notoriété est le degré de connaissance d'une marque par le public. Elle se mesure à travers quatre indicateurs : le « premier cité », la notoriété spontanée, la notoriété assistée et la notoriété prouvée.

Les mots-clés

marque, marque ombrelle,
marque de distributeur, marque générique

▶ *lexique* p. 281

5 La gamme

La gamme est constituée d'un ensemble homogène de produits définis autour d'un même marché ou d'une même technologie, et proposés par une même entreprise.
Ex. : Renault : gamme de véhicules de tourisme.
Une gamme est composée de lignes de produits, c'est-à-dire de familles de produits ayant une caractéristique essentielle commune.
Ex. : Dans la gamme Renault, véhicules de tourisme, il existe les lignes Twingo, Clio, Mégane, Scénic, Aventis…

1. La composition de la gamme

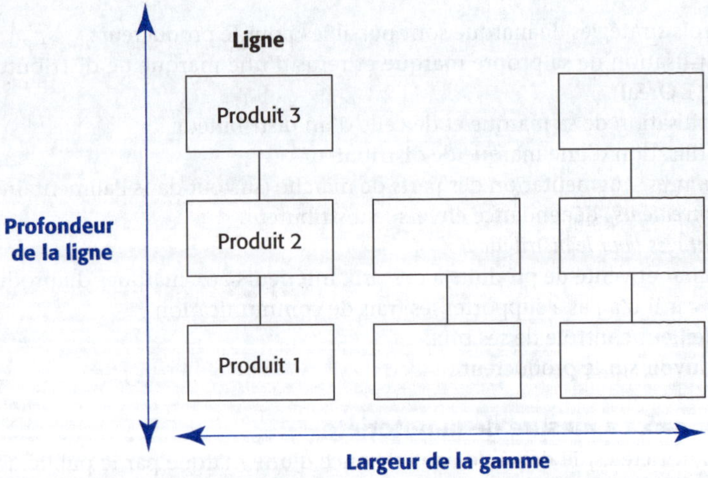

- **La largeur** (ou ampleur) est déterminée par le nombre de besoins différents auxquels l'entreprise souhaite répondre.

- **La profondeur** est fonction du nombre de modèles, variétés ou versions proposés pour chaque produit de base.

2. La gestion d'une gamme

- Gérer une gamme implique des choix en ce qui concerne : la taille de la gamme, le type de produit, le cycle de vie et la cannibalisation.

● La **taille de la gamme** présente des avantages différents selon qu'elle est courte ou longue.

Une gamme courte permet :
- de se concentrer sur quelques produits ;
- d'abaisser les coûts de production et de stockage ;
- de simplifier la gestion.

Une gamme longue permet :
- de s'adresser à une majorité de segments du marché ;
- de diminuer la vulnérabilité de l'entreprise en cas de mévente d'un produit ;
- de mieux répondre aux besoins des clients ;
- d'obtenir plus de linéaire.

● Chaque **type de produit** joue un rôle particulier.
- Les produits d'attraction ou produits d'appel permettent d'attirer le client. Le rôle de la force de vente sera de faire passer le client de ce bas de gamme vers un produit situé plus haut.
- Les produits préparant l'avenir doivent remplacer les produits leaders.
- Les ventes régulières des produits régulateurs permettent d'absorber une partie des charges fixes et éventuellement d'atténuer la saisonnalité.
- Les produits tactiques ont pour objectif de répondre très rapidement aux innovations de la concurrence.

● Les produits de la gamme doivent se distribuer dans les différentes phases du **cycle de vie** (voir p. 62).

● Si dans une gamme le chiffre d'affaires réalisé par un produit se fait au détriment d'un autre, il y a alors **cannibalisation**.
Mais lorsqu'un produit en phase de lancement en cannibalise un autre en phase de déclin, cela procède d'un renouvellement positif.

● La cohérence avec la politique générale de l'entreprise (haut de gamme, bas de gamme, toute la gamme), la structure du marché (degré de segmentation), l'objectif de part de marché ainsi qu'entre les produits constituant la gamme est recherchée.

Les mots-clés

gamme ▶ *lexique* p. 281

6 Le positionnement d'un produit

Pour le consommateur, le positionnement est la perception d'un produit par rapport aux produits concurrents satisfaisant les mêmes besoins.
Pour le producteur, il s'agit de la perception de son produit, de sa marque, qu'il souhaite donner au consommateur par rapport aux concurrents.
*Lendrevie et Lindon (*Mercator*, Dalloz) le définissent ainsi : « Le positionnement est l'ensemble des traits saillants de l'image, c'est-à-dire de ceux qui permettent au public de situer le produit dans l'univers des produits analogues et de les distinguer des autres. »*

1. Les conditions du positionnement

• **L'identification** permet de répondre à la question : « De quel genre de produit s'agit-il ? » Les consommateurs doivent reconnaître la nature du produit et savoir à quelle catégorie il appartient.

• **La différenciation** permet de répondre à la question : « Qu'est-ce qui distingue des produits similaires ? » Les consommateurs doivent percevoir ce qui distingue et rend unique ce produit par rapport aux produits de la même catégorie.

• Après avoir étudié son produit par rapport à ceux des concurrents en terme d'image, l'entreprise choisit l'image qu'elle recherche. Si elle n'obtient pas le résultat escompté, elle peut pratiquer un repositionnement, c'est-à-dire effectuer un choix d'image différent.

2. L'étude de positionnement

• Étudier le positionnement d'un produit consiste à comparer son image par rapport à celle de ses concurrents. Ces études font l'objet de traductions graphiques ou cartes perceptuelles ou « *mapping* ».

• Lorsque les points sont proches, les marques correspondantes ont des images proches les unes des autres et donc fortement concurrentes.
Lorsque les points sont éloignés, les marques sont perçues comme dissemblables et faiblement concurrentes.

● Une zone à forte densité de points traduit un secteur très concurrentiel. Une zone vierge traduit l'absence d'offre sur ce secteur.

Positionnement d'un shampoing

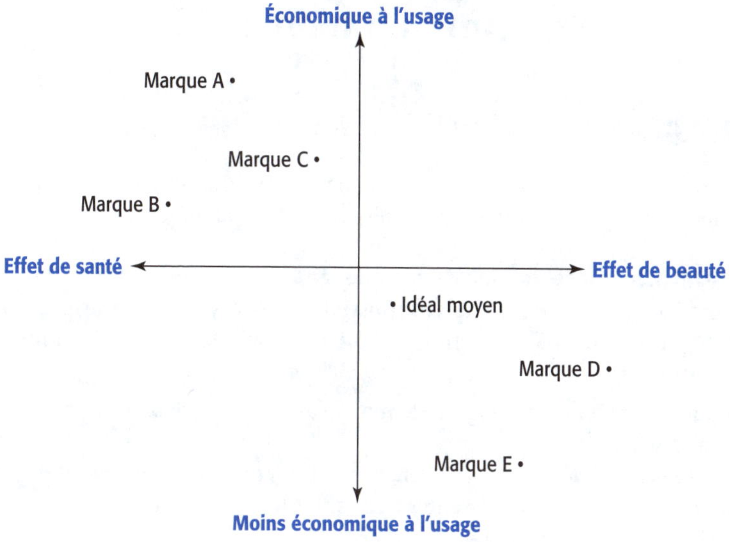

3. La stratégie de positionnement

● La stratégie de positionnement consiste pour le fabricant à doter son produit d'une image commercialement favorable, susceptible d'attirer, puis de fidéliser la clientèle.

Le positionnement doit être :
- fort,
- original,
- compatible avec l'image de l'entreprise,
- durable.

Les mots-clés

positionnement, ***mapping***

▶ *lexique* p. 281

savoir-faire

Présenter un plan-produit

Ce qu'il faut faire

La politique du produit s'insère dans le plan de marchéage ou plan mercatique, qu'il convient donc de définir préalablement.

1 - Mise en place du plan de marchéage

Le plan de marchéage se compose de quatre variables : le produit (chapitre 4), le prix (chapitre 5), la distribution (chapitre 6), la communication et la force de vente (chapitres 7 et 8).

Pour mettre en place un plan de marchéage efficace, plusieurs principes sont à respecter :
– *le principe de cohérence :* chacune des composantes du plan de marchéage doit être cohérente avec toutes les autres et avec le positionnement qui les sous-tend ;
– *le principe d'adaptation :* le plan de marchéage doit être adapté à l'entreprise et au marché visé ;
– *le principe de supériorité partielle :* une, au moins, des composantes (produit, prix, distribution, communication et force de vente) du plan de marchéage doit apporter un avantage relatif à l'entreprise par rapport à la concurrence ;
– *le principe de sécurité :* la probabilité de dégager des résultats acceptables doit être assez forte pour engager l'action.

2 - Mise en place du plan-produit

La politique de produit est la composante principale de la stratégie mercatique. Il est en effet impossible d'obtenir de bons résultats, tant commerciaux que financiers, avec un « mauvais » produit, et ce, quels que soient les moyens déployés pour la communication et les efforts de la force de vente. Un mauvais produit, dans une optique mercatique, est celui qui ne correspond pas aux attentes des consommateurs.

Pour présenter le plan-produit, vous rechercherez la cohérence entre les composantes suivantes :
- le positionnement,
- les caractéristiques physiques (description physique du produit, ses performances, son design),
- la politique de gamme,
- la marque,
- le conditionnement.

En effet, positionner un produit en milieu de gamme, avec un prix moyen mais avec un conditionnement bas de gamme, constituerait une erreur.

Exemples de questions d'examen

Voici le type de question qui peuvent être posées dans une étude de cas :
- *« Définissez les composantes suivantes du plan-produit positionnement, gamme, nom, conditionnement. »*
- *« Présentez le plan-produit. »*

D'une manière générale, il est fait appel à votre capacité d'analyse des documents et à vos connaissances. Compte tenu de la documentation obligatoirement limitée, vous ne pouvez pas analyser toutes les dimensions d'un produit. En conséquence, vous reprendrez dans votre réponse les éléments de la question. Par exemple, pour la réponse à la première question : positionnement, gamme, nom, conditionnement.

Plan possible pour la réponse à la seconde question (en fonction des éléments disponibles) :
- Aspects qualitatifs : définition du produit, qualité, marque, conditionnement.
- Aspects quantitatifs : volume des ventes, coût.

ÉTUDES DE CAS

Exercices d'entraînement

1 La brasserie des Trois Monts

La brasserie des Trois Monts est une société anonyme établie dans le Nord de la France. Elle a pour activité principale la production et la commercialisation de bières.
Les produits proposés par cette brasserie ainsi que l'évolution de leurs ventes apparaissent dans le tableau situé en annexe.

TRAVAIL À FAIRE

Il vous est demandé de situer les différents produits de la brasserie des Trois Monts dans un cycle de vie.
Vous commenterez les résultats obtenus.

▶ *Corrigé* p. 78

➡ **Annexe**

VOLUME DES VENTES DE LA BRASSERIE (en hectolitres)

Bière / Année	Bière de table 1 L-2°	Bière bock 1 L-4°	Bière de luxe 0,75 L-5°	Bière spéciale 0,75 L-8°	Bière de mars 0,75 L-8°	Bière de Noël 0,75 L-8°	Total
N	2808	4491	1134	280			8713
N + 1	2274	3871	1237	724			8106
N + 2	1882	3706	1401	1641	74		8704
N + 3	1662	3850	2003	3011	107	93	10726
N + 4	1776	4032	1942	4168	69	28	12015
N + 5	1565	3524	1880	5616	140	56	12781
N + 6	1476	3055	1733	7744	196	81	14285
N + 7	1462	3040	1892	10571	225	148	17338
N + 8	1455	3034	1915	11824	242	155	18625

2 Perlim

La société Perlim distribue des pommes. Elle envisage de lancer une nouvelle marque destinée à une nouvelle catégorie de pommes. Pour cela, une étude qualitative a été menée auprès d'un échantillon de consommateurs à qui furent soumis plusieurs projets de marque.

TRAVAIL À FAIRE

1. À partir des seuls résultats de cette étude, qui vous sont fournis en annexe, vous ferez un choix raisonné d'un nom de marque possible.
2. De quelles autres informations faut-il disposer avant de retenir un nom de marque définitif ? Justifiez votre réponse.

▶ *Corrigé* p. 79

➡ **Annexe**

SYNTHÈSE DE L'ÉTUDE DU CABINET J.B.

Les consommateurs interrogés ont donné une note de 1 à 6 pour chaque critère (6 étant la meilleure, 1 la plus faible).

Critères de comparaison	Belle des hauts	Janette	La Perlée	Margote	Rustilia	Saint-Aulaire
Évoque un nom de pomme	5	2	3	1	6	4
Évoque la nature	4	3	1	5	2	6
Évoque les qualités gustatives	4	3	2	5	1	6
Évoque une variété de pomme	5	2	4	1	6	3
Mémorisation	4	2	3	1	5	6

Chaque critère comparé a été affecté d'un critère de pondération comme suit : évocation du nom de pomme : 5 ; évocation de la nature : 1 ; évocation des qualités gustatives : 2 ; évocation d'une variété de pommes : 2 ; mémorisation : 5.

Sujet de type BTS

3 Salmona

La société Salmona assure la transformation et la commercialisation de truites.

Vous devez porter un diagnostic sur la gamme des produits de la société Salmona (annexe 1).

Travail à faire

Situez les quatre lignes de produits commercialisés sur une carte perceptuelle conforme au modèle de l'annexe 2.

▶ *Corrigé* p. 79

➡ Annexe 1

La gamme des produits Salmona

L'entreprise Salmona a bâti sa politique commerciale en développant quatre lignes de produits :
- fraîcheur nature,
- idées fraîcheur,
- fraîcheur fine,
- recettes fraîcheur.

Fraîcheur nature

Il s'agit de truites destinées aux poissonneries et rayons poissonnerie des grandes surfaces, vendues sous glace en caisse polystyrène. Cette ligne représente 50 % des ventes de l'entreprise.

Les produits leaders développés sont :
- la truite portion 250 g (pleine ou vidée),
- la truite royale 1 kg (pleine ou vidée),
- le filet de truite royale (environ 300 g).

La clientèle essentielle de Salmona est celle des GMS (grandes et moyennes surfaces) en France.

Idées fraîcheur

Il s'agit d'une nouvelle ligne, destinée à la vente en libre-service des produits traditionnellement vendus en poissonnerie.

À côté des articles vendus en fraîcheur nature, l'entreprise a développé une ligne de produits sans peau et sans arêtes, destinés à concurrencer directement la viande bovine :
- rôti de truite,
- paupiette de truite,
- brochette de truite,
- poêlée de truite.

Le chiffre d'affaires prévisionnel de cette ligne représente 5 % des ventes de Salmona.

Fraîcheur fine

L'élevage de truites de 3 kg et plus permet d'obtenir des filets qui sont ensuite salés, fumés et tranchés d'après des procédés équivalents au saumon fumé. Cette nouvelle gamme lancée au début des années 1980 représente aujourd'hui environ 10 % des ventes de saumon fumé en France.

La consommation de ces produits, en plein développement en ce moment (+ 20 % par an en volume), est de moins en moins saisonnière et s'appuie sur la segmentation suivante :
- plaque traiteur : tranches sélectionnées de truite fumée ;
- bande : filet complet fumé essentiellement vendu pour les fêtes de fin d'année.

La gamme Fraîcheur fine représente 40 % des ventes de Salmona.

Recettes fraîcheur

L'objectif développé par l'entreprise est de positionner une gamme « charcuterie » uniquement à base de filets de truite sans aucun additif de graisse ou de viande porcine.

Actuellement, trois produits ont été lancés :
- rillettes,
- mosaïque,
- terrine,

en deux conditionnements : 200 g (commerce de détail) et 1 kg (restauration).

Le chiffre d'affaires développé représente aujourd'hui 5 % des ventes totales de Salmona.

➡ **Annexe 2**

CARTE PERCEPTUELLE DES PRODUITS SALMONA

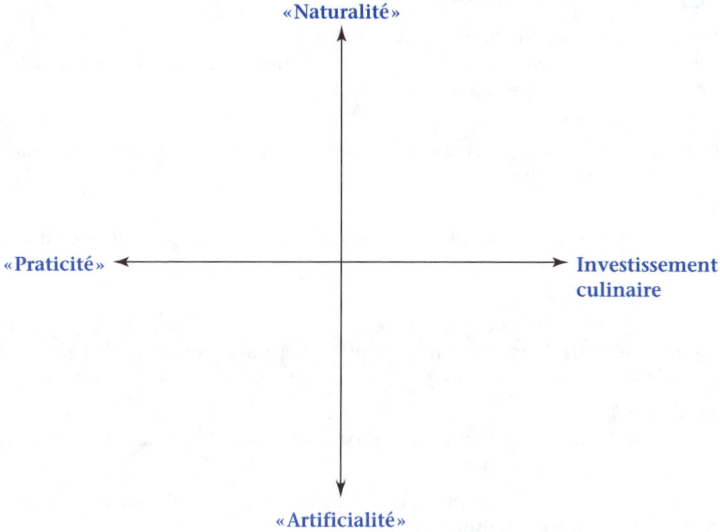

CORRIGÉS

1 La brasserie des Trois Monts

Situation de produits dans le cycle de vie

• Taux d'accroissement des ventes des différentes bières pour la période allant de l'année N à l'année N + 8

Bière de table

– 48 % : les ventes ont fortement régressé sur la période considérée, le produit est en phase de déclin.

Bière bock

– 32,5 % : même analyse que pour les bières de table ; le produit se trouve en phase de déclin.

Bière de luxe

+ 69 % : le produit a connu une forte augmentation entre N et N + 3, les ventes sont relativement stables depuis ; le produit se trouve en phase de maturité.

Bière spéciale

Ce type de produit a très fortement progressé, il aborde la phase de maturité.

Bière de mars et *bière de Noël*

Ces produits se situent en phase de croissance ; toutefois les ventes sont limitées par leur caractère saisonnier.

Présentation des différentes bières dans leur cycle de vie

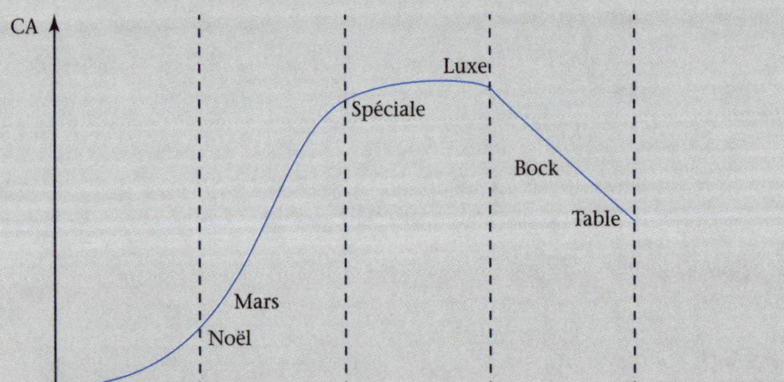

• Commentaire

Les produits (la gamme) constituent un ensemble vieillissant. Il est donc nécessaire que la brasserie rajeunisse sa gamme et crée de nouveaux produits.

2 Perlim

1. Choix du nom de marque

- Belle des hauts : (5 × 5) + (4 × 1) + (4 × 2) + (5 × 2) + (4 × 5) = 67
- Janette : (2 × 5) + (3 × 1) + (3 × 2) + (2 × 2) + (2 × 5) = 33
- La Perlée : 15 + 1 + 4 + 8 + 15 = 43
- Margote : 5 + 5 + 10 + 2 + 5 = 27
- Rustilia : 30 + 2 + 2 + 12 + 25 = 71
- Saint-Aulaire : 20 + 6 + 12 + 6 + 30 = 74.

Le choix de la marque doit se porter sur Saint-Aulaire (si l'on ne prend en compte que les seuls résultats de l'étude du cabinet J.B.).

2. Informations nécessaires pour choisir le nom d'une marque

La marque Saint-Aulaire a été retenue mais à partir de critères incomplets. D'autres éléments doivent être pris en compte pour la définition d'une marque :

- la facilité de pronociation à la fois en France et à l'étranger ;
- la lisibilité en France et à l'étranger ;
- la disponibilité juridique (interroger l'Inpi).

3 Salmona

Situation des lignes de produits sur une carte perceptuelle

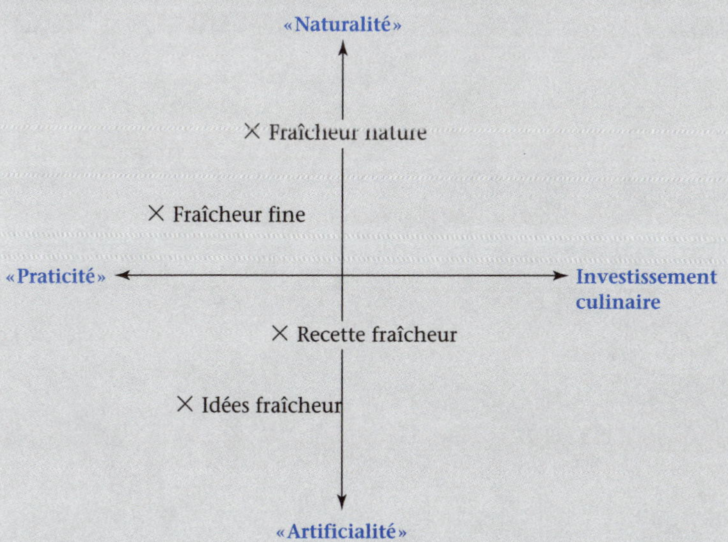

5

Le plan de marchéage : le prix

1 Démarche de la fixation du prix

Le prix est la variable de l'action mercatique dont le niveau détermine la rentabilité de l'entreprise et qui influence le volume des ventes.
Le problème de la fixation de prix se pose dans les cas suivants :
– lancement d'un nouveau produit sur un marché,
– lancement d'un produit existant sur un nouveau marché,
– vente d'un produit existant par un nouveau canal de distribution,
– le produit se situe dans une nouvelle phase de son cycle de vie,
– le produit complète une gamme existante,
– la concurrence modifie ses prix,
– l'entreprise désire attaquer la concurrence sur les prix,
– hausse d'éléments constituant le coût de revient.
Plusieurs éléments sont à prendre en compte pour l'établissement et la modification des prix.

1. Les facteurs et contraintes internes

- **Les coûts**

– Coûts d'achat pour les entreprises commerciales, augmentés des coûts d'approvisionnement (transport, assurances...).
– Coûts de revient de la production pour les entreprises industrielles (achats de matières premières, amortissement du capital technique, coûts salariaux, énergie).
– Coûts de commercialisation.
– Coûts de distribution.

- **La cohérence** avec le positionnement du produit.

- La prise en compte du **cycle de vie du produit**

– Écrémage ou pénétration en phase de lancement.
– Diminution éventuelle en phase de croissance.
– Maintien ou baisse des prix en phase de déclin.

2. Les facteurs et contraintes externes

- La conjoncture économique

Taux de croissance du PIB, taux de chômage, pouvoir d'achat en sont les indicateurs.

- Les contraintes réglementaires

Le régime actuel de la liberté des prix est fondé sur l'ordonnance du 1er décembre 1986. Les prix ne sont plus réglementés, sauf exception (situation de monopole, difficultés durables d'approvisionnement, hausses excessives dans un secteur particulier).

Le droit de la concurrence a pour objet de lutter contre les pratiques anticoncurrentielles. Trois textes importants concernent les prix :

– la loi Royer (1973) : elle interdit les pratiques discriminatoires et contraint tout offreur à fournir à tout acheteur ses conditions de vente et de tarifs ;

– la loi Scrivener (1978) : elle tempère la précédente et autorise la prise en compte de « services rendus par le client » pour permettre des réductions de prix ;

– la loi Galland (1997) : elle clarifie les règles de facturation et encadre strictement les seuils de revente à perte.

- La concurrence.

- Le pouvoir de négociation des distributeurs.

- Le comportement des consommateurs (prix d'acceptabilité, élasticité de la demande par rapport au prix, recours aux produits de substitution).

3. Démarche de détermination des prix

estimation de la demande potentielle en fonction du prix

↓

recherche et évaluation des réactions des concurrents

↓

choix d'une stratégie en conformité avec la politique mercatique (cohérence d'ensemble du plan de marchéage)

↓

sélection du prix

Les mots-clés

plan de marchéage ▶ *lexique* p. 281

2 La fixation du prix en fonction du marché

En fonction de ses objectifs et des contraintes du marché, l'entreprise cherche à maximiser son profit et / ou son chiffre d'affaires en déterminant sa position par rapport aux prix pratiqués par les concurrents.

1. Prise en compte de la concurrence et du marché

- **Prix de vente de créneau** : la méthode consiste à procéder à un relevé de prix des produits de la concurrence pour rechercher une zone de prix non couverte par les produits de concurrents.

Si cette zone de prix est compatible avec le coût de revient du produit, l'entreprise fixera alors un prix dans ce créneau.

- **Prix de positionnement** : un relevé de prix sera effectué comme dans la méthode précédente.

La connaissance des prix des concurrents permet de définir un prix qui exprime le positionnement concurrentiel du produit et traduit la stratégie : stratégie d'écrémage, d'alignement sur la concurrence ou de pénétration du marché.

- La stratégie d'écrémage consiste à fixer un prix élevé, supérieur à celui des concurrents, pour ne toucher qu'un segment limité de clientèle, et dégager une marge élevée sur un marché où la concurrence ne se joue pas sur les prix mais sur l'image très forte de l'entreprise et/ou du produit.

- La stratégie d'alignement sur la concurrence consiste à fixer un prix proche de ceux de la concurrence et à rechercher un ou des avantages dans les autres composantes du plan de marchéage.

- La stratégie de pénétration du marché consiste à fixer un prix suffisamment bas pour toucher une partie importante de la clientèle potentielle sensible au prix.

2. Prise en compte de la demande

- La demande du consommateur évolue en fonction du prix.

- **L'élasticité de la demande par rapport au prix** est la variation relative des quantités vendues entraînée par une variation relative des prix.

$$e = \frac{\frac{\Delta D}{D}}{\frac{\Delta P}{P}}$$

D : Demande initiale
ΔD : Variation de la demande
P : Prix initial
ΔP : Variation du prix

Exemple :
Un produit se vend à 1 000 unités au prix de 100 €. Si le produit passe à 120 €, il ne se vend plus qu'à 500 unités.

$$e = \frac{\frac{500 - 1000}{1000}}{\frac{120 - 100}{100}} = \frac{-0,5}{0,2} = -2,5.$$

Si e = – 1 : la variation des ventes est proportionnelle à la variation des prix.

Si e < – 1 : la variation des ventes est supérieure à la variation des prix (demande très élastique).

Si – 1 < e < 0 : peu de variation des ventes en fonction des prix (demande peu élastique).

- Lors d'une enquête auprès d'un échantillon représentatif de la population cible, l'entreprise pose les questions suivantes :
– « Quel est le prix au-dessus duquel le produit serait d'un prix trop élevé ? » (prix maximum) ;
– « Quel est le prix au-dessous duquel le produit sera considéré comme étant de qualité insuffisante ? » (prix minimum).

À partir des réponses, on détermine le **prix psychologique** (voir Savoir-faire, p. 88-89).

Les mots-clés

prix psychologique, prix de vente de créneau, stratégie d'écrémage, stratégie de pénétration de marché ▶ *lexique* p. 281

3 La fixation du prix en fonction des coûts

De nombreuses entreprises fixent leurs prix en fonction des coûts, en particulier du coût d'achat et de la marge sur coût variable.

1. Le taux de marque (ou ressort)

• Le prix est calculé en fonction du rapport entre marge commerciale et prix de vente.

$$\text{Taux de marque} = \frac{\text{Marge brute}}{\text{PV}}$$

avec Marge brute = PV − Coût d'achat.

Exemple :

Une entreprise pratique un taux de marque de 10 %.

À quel prix doit-elle vendre un produit qu'elle achète 450 € ?

$$\begin{aligned} \frac{\text{PV} - 450}{\text{PV}} &= 0{,}10 \\ \text{PV} - 450 &= 0{,}10\ \text{PV} \\ 0{,}9\ \text{PV} &= 450 \\ \text{PV} &= 500\ €. \end{aligned}$$

2. Le taux de marge (ou frappe)

• On applique au coût d'achat un taux de marge : rapport entre marge commerciale et coût d'achat.

$$\text{Taux de marge} = \frac{\text{Marge brute}}{\text{Coût d'achat}}.$$

Exemple :

Une entreprise pratique un taux de marge de 20 %. Elle achète un produit 410 € et supporte des coûts d'approvisionnement de 8 %.

À quel prix doit-elle vendre ?

• Coût d'achat

$410 \times 108\ \% = 442{,}80\ €$

• $\dfrac{\text{PV} - 442{,}80}{442{,}80} = 0{,}20$

PV − 442,80 = 0,20 × 442,80
PV = 531,36 €.

3. Le coefficient multiplicateur

• Couramment employé dans le commerce de détail, le coefficient multiplicateur permet de calculer directement un prix de vente TTC à partir d'un coût d'achat HT.
Il constitue un argument de vente pour le producteur qui propose à son distributeur des produits avec prix de vente public conseillé. En divisant ce prix conseillé par le prix d'achat, le distributeur mesure le coefficient multiplicateur, et, par conséquent, la marge qu'il peut espérer.

• En règle générale, le coefficient multiplicateur permet de fixer le prix de vente :
Coefficient multiplicateur = 1 + Taux de marge (il peut tenir compte de réductions commerciales accordées au client).

Exemple :
Une entreprise achète un produit 400 €. Elle pratique un taux de marge de 20 %. Le taux de TVA est 5,5 %.
Quel coefficient multiplicateur utilise-t-elle ?

• PV du produit :
HT : 400 × 120 % = 480 €
TTC : 480 × 105,5 % = 506,40 €.

• Coefficient multiplicateur
506,40 : 400 = 1,266.

4. Le seuil de rentabilité

• Le seuil de rentabilité est le niveau de chiffre d'affaires auquel l'entreprise ne réalise ni perte ni bénéfice.

• Pour un prix donné, on détermine le volume des ventes qui permet d'atteindre le seuil de rentabilité. Si le volume des ventes semble réaliste, on retiendra le prix ainsi fixé.

Les mots-clés

taux de marque, taux de marge, coefficient multiplicateur ▶ *lexique* p. 281

savoir-faire

Déterminer le prix psychologique d'un produit

Ce qu'il faut faire

1 - Méthode

Lors d'une enquête auprès d'un échantillon représentatif de la population cible, on pose les deux questions suivantes :

– *À partir de quel prix n'achèteriez-vous pas le produit jugé alors trop cher ? (prix maximum) ;*

– *À partir de quel prix n'achèteriez-vous pas ce produit considéré comme étant de qualité insuffisante ? (prix minimum).*

Pour chaque niveau de prix, on calcule le pourcentage de réponses « prix excessif » (réponse à la première question) et le pourcentage de réponses « prix trop bas » (réponse à la seconde question). Les pourcentages cumulés des deux types de réponses sont calculés ainsi que les pourcentages de non-achat et d'achat pour chaque prix.

2 - Exemple de calcul du prix psychologique

● Résultats de l'enquête réalisée auprès d'un échantillon représentatif de 300 personnes et portant sur un nouveau produit à base de cola en bouteille de 1,5 L.

Prix proposé (en euros) pour une bouteille de 1,5 L	Prix excessif	Qualité insuffisante
0,38	0	60
0,46	10	105
0,53	20	45
0,61	40	35
0,69	70	20
0,76	80	20
0,84	60	10
0,91	20	5
	300	300

- Présentation du tableau de calcul

Prix	Prix excessif			Qualité insuffisante			% non-achat (4)	% achat (5)
	Nbre de réponses	% (1)	Cumul % (2)	Nbre de réponses	% (1)	Cumul % (3)		
0,38	0	0	0	60	20,00	100	100	0
0,46	10	3,33	3,33	105	35,00	79,98	83,31	16,69
0,53	20	6,66	9,99	45	15,00	44,98	54,97	45,03
0,61	40	13,33	23,32	35	11,66	29,98	53,30	**46,70**
0,69	70	23,33	46,65	20	6,66	18,32	64,97	35,03
0,76	80	26,66	73,31	20	6,66	11,66	84,97	15,03
0,84	60	20,00	93,31	10	3,33	5,00	98,31	1,69
0,91	20	6,66	100	5	1,66	1,66	100 (1)	0

(1) Arrondi à 100, le pourcentage de non-acheteurs ne pouvant pas être supérieur à 100.

(4) = (2) + (3). (5) = 100 − (4).

Le prix psychologique, qui réunit le maximum d'acheteurs, est de 0,61 euro.

- Schéma

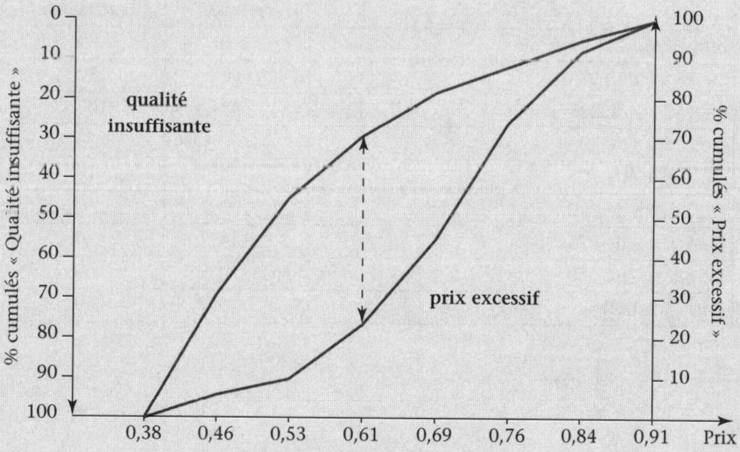

Le prix psychologique correspond au prix où la distance entre les deux courbes est maximale. Prix psychologique = 0,61 €.

ÉTUDES DE CAS

Exercice d'entraînement

1 Porcher

Vous êtes chef de produit à la société Porcher et il vous est demandé de fixer la zone d'acceptabilité des prix de la gamme Ema France.

TRAVAIL À FAIRE

À l'aide de l'annexe qui présente le résultat d'une enquête, déterminez le prix psychologique.

▶ *Corrigé* p. 92

➡ **Annexe**

RÉSULTATS DE L'ENQUÊTE « BAIGNOIRE »

Questions posées

1. Au-dessus de quel prix n'achèteriez-vous pas cette baignoire (photo à l'appui) en grande surface ?

2. Au-dessous de quel prix cette baignoire ne vous semble-t-elle pas de qualité suffisante ?

Résultats

Prix public TTC	Prix excessif	Qualité insuffisante
moins de 75	0	80
De 75 à – de 150	0	180
De 150 à – de 225	32	100
De 225 à – de 300	40	24
De 300 à – de 375	64	16
De 375 à – de 450	100	0
De 450 à – de 525	144	0
De 525 à – de 600	20	0
Plus de 600	0	0

Sujets de type BTS

2 « Les conviviales de Lucien Thuillier »

M. Lacorde, P-DG, veut lancer dès juillet, en libre-service, des terrines de 550 g conditionnées en faïence de couleur (4 couleurs vives, 1 marron clair et 1 marron foncé), « Les conviviales de Lucien Thuillier ».
Il veut se démarquer de ses concurrents par un conditionnement plus original et une présentation plus appétissante qu'en barquette plastique.

Travail à faire

À l'aide du tarif général en prix HT (annexe), sachant que le taux de TVA est de 5,5 % et que les distributeurs pratiquent un taux de marque de 20 ou de 30 % selon les enseignes, calculez les prix de vente TTC minimum et maximum possibles en rayon pour les deux taux de marque.

▶ *Corrigé* p. 93

➡ Annexe

Tarif général

Terrines 550 g « Les conviviales de Lucien Thuillier »

Code	Désignation	Prix (€)
112	Le Muché Pâté picard	4,5
113	Le Much'ail Pâté de viande à l'ail	4,5
376	Délice de Talmas	3,81
314	Pâté de foie	3,81
261	Pâté à l'échalote	3,81
208	Pâté au piment	3,81

Date limite de consommation : 35 jours
Poids net : 550 g / pièce
Carton de 4 pièces
Dimension du carton : 300 × 400 × 110
Poids brut du carton : 4,940 kg
8 cartons par couche
8 couches par palette
64 cartons par palette
Palette 80 × 120
Hauteur de palette : 1 020

CORRIGÉS

1 Porcher

Prix psychologique

La zone d'acceptabilité à l'intérieur de laquelle se situera le prix psychologique est comprise entre 225 et 300 €.

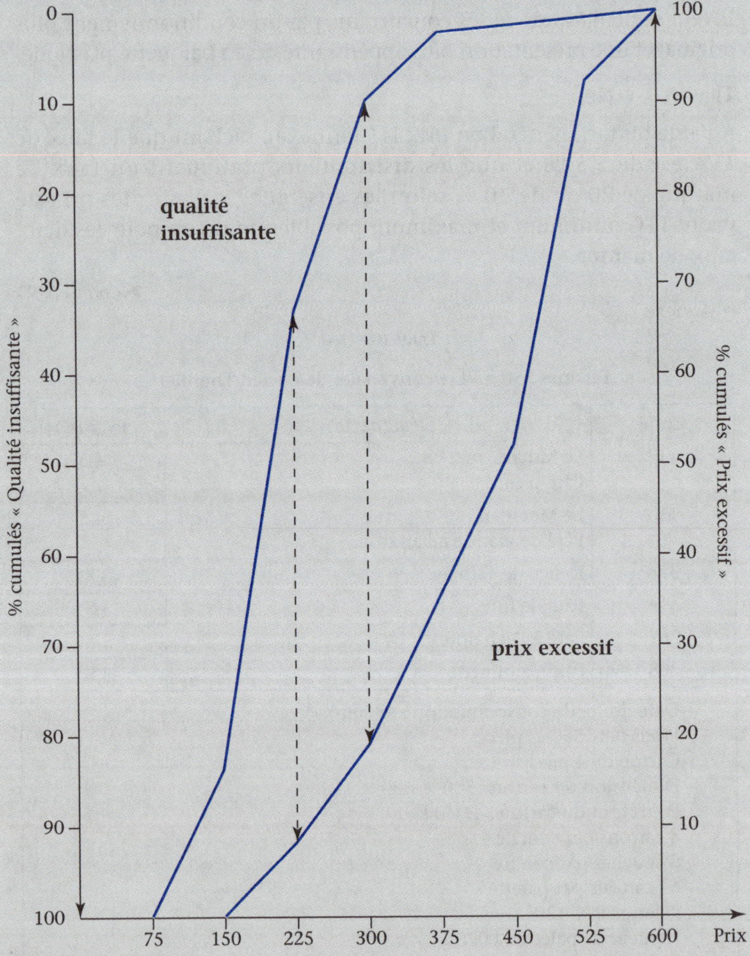

Tableau des calculs intermédiaires

Prix proposé	Non-acheteurs Prix excessif		Non-acheteurs Qualité insuffisante		Total des non-acheteurs		Total des acheteurs	
	Brut	%	Brut	%	Brut	%	Brut	%
Moins de 75	0	0	400	100	400	100	0	0
De 75 à – de 150	0	0	320	80	320	80	80	20
De 150 à – de 225	32	8	140	35	172	43	228	57
De 225 à – de 300	72	18	40	10	112	28	288	72
De 300 à – de 375	136	34	16	4	152	38	248	62
De 375 à – de 450	236	59	0	0	236	59	164	41
De 450 à – de 525	380	95	0	0	380	95	20	5
De 525 à – de 600	400	100	0	0	400	100	0	0
Plus de 600	400	100	0	0	400	100	0	0

2 « Les convivïales Lucien Thuillier »

Calcul du prix de vente TTC en rayon

Pour le Muché et le Much'ail, le prix d'achat HT pour le distributeur est de 4,5 €.

Pour les quatre autres références, le prix d'achat est de 3,81 €.

• Si le taux de marque pratiqué par le distributeur est de 20 %, les prix de vente maxi seront de :

4,5 : 0,80 = 5,63 € et 3,81 : 0,80 = 4,76 €.

• Si le taux de marque pratiqué par le distributeur est de 30 %, les prix de vente maxi seront de :

4,5 : 0,70 = 6,43 € et 3,81 : 0,70 = 5,44 €.

• Prix de vente TTC :

prix mini : 5,63 × 1,055 = 5,94
4,76 × 1,055 = 5,02

prix maxi : 6,43 × 1,055 = 6,78
5,44 × 1,055 = 5,74.

6

Le plan de marchéage : la distribution

1 La politique de distribution

La distribution se définit comme l'ensemble des activités qui s'exercent depuis le moment où le produit, sous sa forme utilisable, entre dans l'entrepôt du producteur, jusqu'au moment où l'utilisateur final en prend livraison.
L'élaboration d'une politique de distribution consiste à choisir un réseau de distribution ainsi qu'un type de stratégie.

1. Les fonctions de la distribution

- La distribution a pour rôle d'acheminer le produit du producteur vers le consommateur, au bon endroit, au bon moment, et dans la quantité souhaitée.

- Les fonctions **physiques** et **logistiques** de la distribution sont l'allotissement, le fractionnement, la manutention, le stockage et le transport.

- Ses fonctions **mercatiques** et **commerciales** consistent en la sélection des produits répondant aux besoins des consommateurs, l'information des acheteurs, le conseil, la livraison, la mise en service, l'entretien, la réparation, l'assurance, l'assistance technique…

- Enfin, la distribution remplit une fonction **financière** : le recours au « crédit fournisseur » permet d'assurer les transferts de propriété dans la chaîne de distribution. De plus en plus, les distributeurs offrent des services financiers à leurs clients.

2. Réseau, canal et circuit de distribution

- Un **réseau de distribution** est un ensemble de personnes physiques et morales qui concourent à la vente d'un bien ou d'un service depuis le producteur ou l'importateur jusqu'au consommateur final.

Il se compose :
– de non-commerçants, c'est-à-dire les représentants, les agents commerciaux, les commissionnaires et la force de vente externe, qui n'ont pas le statut de commerçant ;
– de distributeurs, c'est-à-dire les commerçants qui achètent des marchandises pour les revendre en réalisant une marge qui rémunère les tâches réalisées.

● Un **canal de distribution** est une voie d'acheminement de biens de même nature entre le producteur et le consommateur ; il comprend éventuellement des commerçants intermédiaires. Les divers canaux se distinguent par leur longueur ou leur nombre d'intermédiaires :
- canal direct, pas d'intermédiaire ;
- canal court, un intermédiaire ;
- canal long, plusieurs intermédiaires.

● Un **circuit de distribution** est un ensemble de canaux de distribution utilisés pour la distribution d'un bien ou d'un ensemble de biens de même nature. Un circuit de distribution peut comprendre des canaux directs et / ou courts et / ou longs.

3. La stratégie de distribution

● Outre le canal de distribution, le producteur choisit le nombre et le type de points de vente.

● **Distribution exclusive**
Le producteur choisit un seul distributeur sur une zone géographique donnée (franchise, concession…).

● **Distribution intensive** (ou extensive)
À l'inverse, dans ce cas, le producteur essaie de faire distribuer ses produits dans le plus grand nombre possible de points de vente. Cette forme de distribution convient à tous types de biens banals.

● **Distribution sélective**
Le producteur choisit un nombre restreint de distributeurs, en fonction de leurs compétences techniques et de leur image de marque (mandataires tels que les agents commerciaux, les courtiers).

● Le choix du producteur est influencé par la nature du produit et le comportement des acheteurs, mais aussi par la nature de ses relations avec les distributeurs, et les perspectives d'évolution de ces derniers.

Les mots-clés

canal de distribution, circuit de distribution, réseau de distribution, stratégie de distribution

▶ *lexique* p. 281

2 Le choix d'un circuit de distribution pour un producteur

Pour parvenir au consommateur, un produit passe par différentes catégories d'intermédiaires, les canaux de distribution. L'ensemble des canaux sélectionnés par une entreprise pour écouler ses produits constitue le circuit de distribution.

1. Les caractéristiques des canaux de distribution

Type	Canal direct	Canal court	Canal long
Description	Producteur ↓ Consommateur	Producteur ↓ Détaillant ↓ Consommateur	Producteur ↓ Grossistes ou centrale d'achat ↓ Détaillants ↓ Consommateurs
Nombre d'intermédiaires	Aucun	Un	Deux ou plus
Exemples d'applications	Vente à domicile VPC effectuée par le producteur E-commerce Vente de produits industriels	Distribution des fruits et légumes Vente de chaussures	Commerce indépendant Commerce intégré et associé
Avantages pour le producteur	Bonne connaissance de la clientèle Maîtrise des prix	Bon contrôle du circuit et faible coût d'intermédiation	Fonction de détail assurée par le grossiste Moindres coûts de stockage
Inconvénients pour le producteur	Coûts élevés Assure des fonctions de gros et de détail	Assure la fonction de gros	Ne contrôle pas la fonction de détail

2. Les éléments déterminants

• Le volume des achats

C'est la quantité de produits achetés lors de chaque achat. Si elle est faible, les coûts des services du circuit (transport, stockage, éclatement…) sont élevés.

• Autres éléments
- Délai de livraison.
- Multiplicité des lieux de vente.
- Étendue du choix des produits (produit industriel, service, produit de grande consommation).

• Les contraintes internes
- Les caractéristiques du produit : poids et taille, durée de vie, degré de standardisation, technicité (conseil, SAV).
- Les caractéristiques de l'entreprise : taille de ses marchés, pouvoir de négociation auprès des intermédiaires, puissance financière, expérience de la distribution, capacité de production, savoir-faire commercial, image de l'entreprise.

• Les contraintes externes
- Les habitudes d'achat des consommateurs.
- Les caractéristiques des intermédiaires : leurs forces et leurs faiblesses selon le produit distribué (nombre de points de vente, répartition géographique, services rendus, images tarifaires, stockage).
- Les circuits utilisés par les concurrents.

3. L'évaluation d'un circuit de distribution

• Après avoir choisi un circuit de distribution, il faut évaluer son efficacité potentielle selon plusieurs critères :
- la couverture du marché visé : le circuit permet-il de toucher toute la cible ?
- l'expérience du circuit dans la vente du produit,
- l'image du circuit,
- l'équilibre des pouvoirs entre producteurs et distributeurs,
- la possibilité de vendre en utilisant plusieurs circuits,
- le coût du référencement,
- l'adaptabilité du circuit,
- la rentabilité : c'est le problème essentiel lié à l'e-commerce.

Les mots-clés

canal de distribution direct, canal de distribution court, canal de distribution long

▶ *lexique* p. 281

3 Le commerce de détail

Les formes de commerce de détail dépendent de dispositions réglementaires, nationales et européennes, ainsi que de l'évolution des technologies.

1. La réglementation

- Quelle que soit la méthode de vente utilisée, le commerçant doit respecter la réglementation générale du commerce, en particulier en matière de vente à domicile et de vente à crédit.

- **La loi Neiertz (1989)** sur le démarchage fait obligation d'un contrat écrit, précis et mentionnant la faculté de rétractation dont dispose le client pendant sept jours.

- **La loi Scrivener (1978)** renforcée en 1989 fait obligation au vendeur :
  – d'informer le client des conditions financières du crédit (durée, coût, organisme prêteur),
  – de rédiger l'offre par écrit,
  – de mentionner la faculté de renonciation pendant sept jours.

- **Les lois Royer (1973)** et **Scrivener (1978)** concernent l'interdiction et la pénalisation de la publicité mensongère.

- **La directive européenne de 1997**, en cas de vente à distance, fait obligation au vendeur d'informer le client des conditions de paiement, de rétractation et de livraison.

2. Formes de vente et technologies mises en œuvre

- Les formes de vente adoptées par les producteurs évoluent avec les technologies, qu'il s'agisse de vente en magasin ou sans magasin.

- Les formes du commerce de détail peuvent être schématiquement classifiées ainsi :

Vente sans magasin	Vente personnelle	Vente par téléphone Vente à domicile
	Vente non personnelle	Vente par correspondance Vente électronique (dont Internet) Distribution automatique
Vente en magasin	Magasins avec vendeurs	Boutiques traditionnelles Grands magasins Magasins populaires
	Magasins sans vendeur	Supérettes Supermarchés Hypermarchés Magasins entrepôts Grandes surfaces spécialisées

3. Les formes du commerce de détail

- Les différentes formes du commerce de détail permettent au détaillant :
  - de choisir de rester indépendant ou de s'associer à d'autres commerçants ;
  - d'intégrer ou non la fonction de distribution.

- Tout comme le commerce de gros, le commerce de détail peut donc revêtir l'une des formes suivantes :

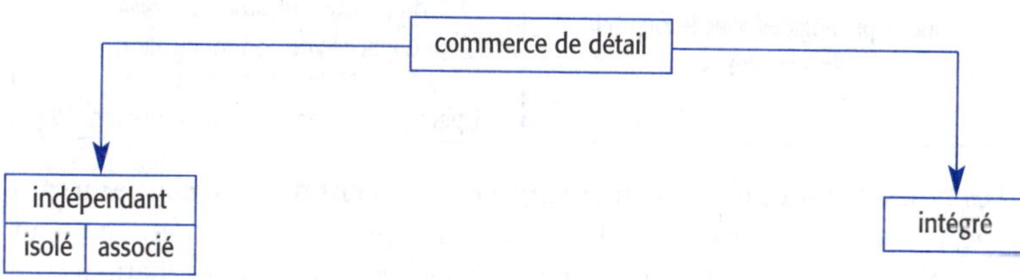

Les mots-clés

formes de commerce de détail ▶ *lexique* p. 281

4 Le commerce indépendant

Le commerce indépendant peut prendre deux formes : le commerce indépendant isolé et le commerce indépendant associé.

1. Le commerce indépendant isolé

- Il s'agit d'un point de vente – de gros ou de détail – le plus souvent de petite taille, géré par des commerçants indépendants, propriétaires du fonds de commerce, sédentaires ou non.

- Dans le cas du **commerce isolé de détail**, le commerçant n'est affilié à aucun organisme centralisateur. Il achète pour revendre au consommateur final.

- Dans le cas du **commerce isolé de gros**, le commerçant, indépendant lui aussi, achète au producteur pour revendre aux détaillants.

Forces	Faiblesses
Magasins de proximité Spécialisation Relations privilégiées avec la clientèle Services offerts	Prix élevés dus au faible pouvoir de négociation du détaillant vis-à-vis du producteur ou du grossiste Capacités de communication et de PLV limitées Dispersion géographique et professionnelle

- Les types de produits concernés sont l'équipement de la personne : parfumerie, maroquinerie, bijouterie ; les services : hôtellerie, restauration… et, pour le commerce de gros : quincaillerie, pièces détachées automobile, pharmacie…

2. Le commerce indépendant associé

- Plusieurs formules juridiques permettent à des commerçants individuels de conserver le bénéfice de leur indépendance et de bénéficier des avantages de l'association.

- **Les chaînes volontaires** (*ex. :* Catena, Shopi), associations entre grossistes et détaillants indépendants, établissent des relations horizontales entres des entreprises situées à des niveaux différents du circuit de distribution. Leur objectif est d'organiser en commun les fonctions de gros et de détail.

Forces	Faiblesses
Achats en grande quantité auprès des producteurs Image de l'enseigne, si elle est commune Gestion commune des frais de logistique (frais moins élevés)	La politique commerciale du point de vente de détail n'est pas toujours maîtrisée, d'où une tendance au glissement vers la franchise.

- **Les groupements d'achat** (*ex.:* Intermarché, Sopegros) : ces associations entre détaillants (ou grossistes) ont pour but de regrouper les commandes, d'obtenir de meilleurs prix et de bénéficier d'assistance en gestion…

Forces	Faiblesses
Achats en grande quantité auprès des producteurs. Frais de gestion moins élevés. Liberté pour le détaillant.	Il n'y a pas toujours d'enseigne commune. La politique commerciale du point de vente au détail n'est pas maîtrisée.

- **La franchise** (*ex.:* Yves Rocher, Pronuptia) : il s'agit d'un contrat entre une entreprise industrielle ou commerciale (le franchiseur) et plusieurs autres (les franchisés) dans le but de fabriquer et / ou de distribuer des biens ou des services. En contrepartie du paiement d'un droit d'entrée et de royalties sur le chiffre d'affaires, le franchiseur met à la disposition du franchisé sa marque, ses produits, son savoir-faire, une assistance technique…

Forces	Faiblesses
Pour le franchiseur	
La marque jouit d'une bonne notoriété véhiculée par l'enseigne commune aux franchisés. Totale maîtrise de la gestion commerciale. Extension géographique du réseau sans investissements importants. Peu de risques (sauf celui de l'entachement de l'image en cas d'échec).	Nécessité de posséder une image spécifique et un savoir-faire constamment amélioré. Coûts de formation, d'aide à la gestion, d'assistance des points de vente. Risque d'entachement de l'image en cas de mauvais choix des franchisés.
Pour le franchisé	
Le franchisé jouit de la notoriété véhiculée par l'enseigne. Aide à la gestion commerciale. Bénéficie des campagnes de communication. Possède le statut de commerçant.	Pas de liberté de gestion ni de politique commerciale (exclusivité d'assortiment notamment) Nécessité d'apporter des capitaux ou un emplacement et d'être propriétaire d'un fonds de commerce. Nécessité de verser des royalties.

Les mots-clés

chaînes volontaires, franchise, groupements d'achat ▸ *lexique* p. 281

5 Le commerce intégré

Le commerce intégré est l'ensemble des établissements commerciaux cumulant les fonctions de gros et de détail, et appliquant une politique commune. On en distingue neuf formes.

Type	Caractéristiques	Points forts
Grands magasins (*ex.* : Galeries Lafayette)	– Point de vente multispécialiste à dominante non alimentaire. – Très large assortiment : jusqu'à 250 000 références. – Situation : au centre de grandes villes. – Surface supérieure à 1 500 m². – Vente en rayons spécialisés (avec vendeur ou en pré-sélection ou en libre-service) avec points d'encaissement.	– Produits de marques, surtout dans les rayons textile, équipement de la personne, produits de beauté. – Bonne image. – Magasins citadins. – Développement de services (crédit, assurance…).
Magasins populaires (*ex.* : Monoprix, Prisunic)	– Distribution de produits de moyenne gamme, à dominante textile et bazar. – Assortiment : de 7 000 à 10 000 références dont 1 500 à 4 000 dans l'alimentaire. – Situation : le plus souvent en centre-ville. – Vente le plus souvent en libre-service ou pré-sélection avec points d'encaissement.	– Prix compétitifs. – Image dynamique. – Magasins citadins.
Grandes et moyennes surfaces (GMS) regroupant :	– Points de vente dont la surface est supérieure à 400 m². – Vente en libre-service de produits usuels.	
Grandes surfaces spécialisées (GSS) (*ex.* : Castorama, Darty, Jardiland)	– Points de vente spécialisés dans un certain type de produits (bricolage, électro-ménager, sport, jardinage…). – Assortiment très profond. – Situation : le plus souvent en zone commerciale de périphérie urbaine. – Vente en libre-service avec assistance de conseillers.	– Image de spécialiste. – Forte densité d'implantation (services et garantie sont valables d'un point de vente à un autre). – Prix attractif. – Parking à disposition de la clientèle.

Type	Caractéristiques	Points forts
Supermarchés (*ex. :* Champion, Casino, Super U)	– Dominante alimentaire. – Assortiment : de 3 000 à 5 000 références. – Situation : le plus souvent urbaine, avec parking. – Surface de 400 à 2 500 m^2.	– Point de vente à taille humaine. – Image de proximité. – Parking à disposition de la clientèle. – Qualité des produits, y compris des marques d'enseigne.
Hypermarchés (*ex. :* Carrefour, Auchan, Continent)	– Assortiment complet, allant de 20 000 à 40 000 références. – Situation : périphérique avec zone de stationnement. – Surface de 2 500 m^2 à 30 000 m^2.	– Très large assortiment. – Prix attractifs. – Dynamisme des enseignes qui mènent de véritables « guerres » pour fidéliser leur clientèle.
Hard-discounters ou maxidiscompteurs (*ex. :* Lidl, Le Mutant, Netto)	– Dominante alimentaire. – Assortiment peu profond (600 références environ). – Marques peu connues. – Présentation des produits réduite au maximum (aménagement du point de vente basique). – Situation en centre-ville ou zone commerciale. – Peu de personnel. – Surface de 400 à 800 m^2.	– Prix très attractifs.
Sociétés à succursales multiples (*ex. :* Casino, Viniprix)	– Dominante alimentaire. – Assortiment réduit. – Petits points de vente au détail gérés par un salarié. – La fonction de gros est assurée par une centrale d'achat. – Le point de vente ne possède pas la personnalité juridique et ne peut vendre que les articles livrés par le siège.	– Commerce alimentaire de proximité (remplace les petites épiceries de quartier).
Sociétés de vente à distance : – sociétés de vente par correspondance (*ex. :* La Redoute, Vert-Baudet) – vente par Minitel « e-commerce »	– Présentation des produits sur catalogue : papier, télématique… – Contacts avec le client pris par téléphone, correspondance, télécopie ou télématique. – Produits expédiés et livrés au domicile de l'acheteur. – Paiement par chèque ou carte de crédit.	– Achats à domicile, sans nécessité de déplacements. – Livraisons à domicile. – Ouverture du catalogue « 24 heures sur 24 ».

● À ces principales formes de commerce s'ajoutent la distribution automatique et les coopératives de consommation.

Les mots-clés

commerce intégré, formes de commerce, formes de vente ▶ *lexique* p. 281

6 Le marchandisage ou gestion du point de vente

Le marchandisage est la « partie de la mercatique englobant les techniques marchandes qui permettent de présenter dans un magasin de vente, à l'acquéreur éventuel, le produit ou le service à vendre, dans les meilleures conditions matérielles et psychologiques » (Académie des sciences commerciales).
L'Américain Keppner résume le marchandisage au respect de la règle dite des 5 R : Right product, Right place, Right time, Right quantities, Right price, ou 5 B en français : Bon produit, Bonne place, Bon moment, Bonnes quantités, Bon prix.

1. Le bon produit

- Le producteur agit sur le produit pour l'adapter au mieux à son circuit de distribution : emballage et stylique sont particulièrement étudiés.

2. La bonne place

- Le producteur, s'il s'agit de commerce intégré, ou le distributeur, gère trois types d'emplacement.

- **L'emplacement du point de vente** est géré en fonction de la zone de chalandise.
La zone de chalandise est la zone géographique sur laquelle s'exerce l'attraction d'un point de vente. Elle se détermine à partir de courbes isochrones. En partant du lieu de vente, un lieu géographique est délimité en fonction du temps nécessaire pour y accéder.

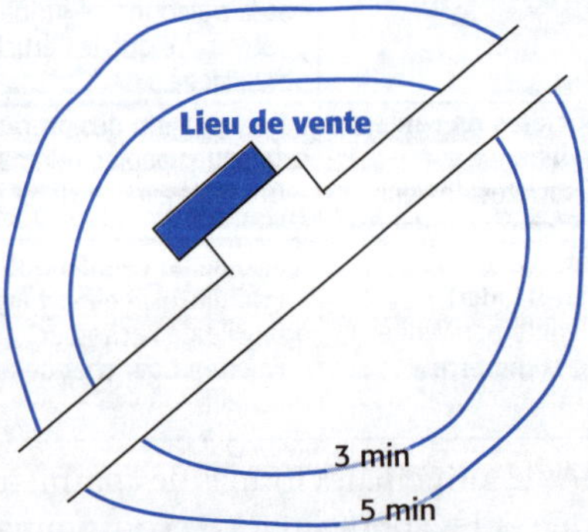

Exemple de zone de chalandise

- **L'emplacement des rayons** dans le point de vente : il s'agit de trouver la meilleure organisation possible du magasin.

Sont à prendre en compte :
- la situation de la porte d'entrée du magasin,
- le lieu de stokage des caisses de sortie,
- la disposition des allées au milieu des rayons (dans le rayon alimentaire, prévoir des allées continues obligeant le client à passer devant toute la longueur des rayons).

● **La position des produits** dans les rayons : il s'agit d'organiser la présentation des produits dans des mobiliers à plusieurs niveaux appelés « gondoles ». On appelle :
- « linéaire au sol » la longueur en mètres des gondoles d'un magasin ;
- « linéaire développé » le linéaire au sol multiplié par le nombre de niveaux de présentation ;
- « frontale » (facing en anglais) la surface verticale occupée par le produit dans le rayon et qui est visible par le client.

3. Le bon moment

● Le producteur et le distributeur agissent de concert afin que le produit soit disponible dans le point de vente à la bonne époque. Ils gèrent la périodicité des livraisons, la disponibilité et l'adaptation des rayons, l'accélération des ventes...

4. Les bonnes quantités

● Le producteur optimise l'emballage et le conditionnement afin que les quantités achetées correspondent aux besoins de la clientèle.

● Le distributeur gère ses stocks afin d'éviter rupture des stocks ou surstocks.

5. Le bon prix

● Le producteur, s'il s'agit de commerce intégré, ou le distributeur, s'efforce d'offrir au client le prix le moins élevé possible en abaissant coûts de revient et coûts de fonctionnement, et en organisant des actions de promotion.

Les mots-clés

frontale, règle des 5 B, zone de chalandise ► *lexique* p. 281

7 Pour un marchandisage performant

Un marchandisage performant passe par la mise en place de procédures d'optimisation de l'assortiment, du linéaire, de la logistique et de contrôle.

1. L'action conjointe du producteur et du distributeur

• Les techniques mises en œuvre doivent concilier les intérêts des deux partenaires. Elles portent notamment sur l'assortiment, la gestion du linaire et la logistique.

• **L'assortiment**
Le choix se fait :
– selon le type de magasin : supermarché (assortiment large et peu profond), grand magasin (assortiment large et profond), supérette (assortiment étroit et profond) ;
– selon la politique mercatique générale : politique de marque du distributeur (marques nationales, de distributeur, image qui veut être donnée) et politique de prix.

• **La gestion du linéaire**
La frontale et l'utilisation des têtes de gondoles font l'objet de négociations, voire, pour les têtes de gondoles, de rétribution.

• **La logistique**
La cadence, le volume des livraisons, les conditions et le niveau de stockage du distributeur sont également des éléments de réussite de la performance du point de vente.

2. La mesure de la performance

• Elle est le plus souvent confiée au marchandiseur, employé du producteur dont le rôle est de veiller au respect de la règle des 5 B, pour son produit, dans les points de vente.

• Le marchandiseur visite ses points de vente, veille au respect des frontales et des têtes de gondoles négociées, surveille la position des produits ainsi que les quantités mises en place et calcule des indices de performance. Le marchandiseur dispose de plusieurs indicateurs de gestion des linéaires.

- Le chiffre d'affaires du linéaire

Le marchandiseur analyse l'évolution du CA du rayon. Le calcul peut se faire au m^2 ou au mètre linéaire développé.

- La rotation du stock

Elle permet de calculer la vitesse d'écoulement du stock pendant une période donnée.

Stock moyen = (Stock initial + Stock final) / 2

Coefficient de rotation = Quantité vendue / Stock moyen.

- Le rendement du linéaire

$$\text{Rendement du linéaire} = \frac{\text{Marge commerciale}}{\text{Linéaire développé}}.$$

- La marge brute

Marge brute = PV HT – PA HT.

- Les indices de fréquentation et d'activité

$$\text{Indice de passage} = \frac{\text{Nombre de clients passant devant le rayon}}{\text{Nombre de clients entrant dans le magasin}}$$

$$\text{Indice d'achat} = \frac{\text{Nombre de clients achetant au rayon}}{\text{Nombre de clients entrant dans le magasin}}$$

Indice d'attractivité = Indice d'achat / Indice de passage.

- Les indices de sensibilité

$$\frac{\text{\% du chiffre d'affaires réalisé par le produit}}{\text{\% du linéaire développé total}}$$

$$\frac{\text{\% de la marge réalisée par le produit}}{\text{\% du linéaire développé total}}$$

$$\frac{\text{\% des quantités vendues de produit}}{\text{\% du linéaire développé total}}$$

$$\frac{\text{\% du bénéfice brut du produit}}{\text{\% du linéaire développé total}}.$$

Avec une gestion optimale, dans les quatre cas l'indice serait égal à 1.
Si indice > 1, produit sous-représenté ; augmenter sa place.
Si indice < 1, produit sur-représenté ; diminuer sa place.

Les mots-clés

**assortiment, gondole, linéaire au sol,
linéaire développé, marchandiseur, tête de gondole**

▶ *lexique* p. 281

savoir-faire

Choisir un circuit de distribution

Ce qu'il faut faire

1 - Prise en compte de tous les paramètres

Le circuit à retenir sera en adéquation avec :

– la nature des biens et services proposés :
  • caractéristiques physiques et commerciales,
  • contraintes légales,
  • cycle de vie ;

– les caractéristiques de la clientèle visée :
  • comportements d'achat du consommateur ou du client professionnel,
  • niveau de revenu,
  • potentiel d'achat,
  • nombre et concentration géographique des clients ;

– les moyens logistiques et financiers de l'entreprise, ses capacités de production et ses capacités commerciales ;

– les particularités du marché visé ;

– l'intensité de la concurrence ;

– la stratégie de distribution des concurrents ;

– les caractéristiques du réseau de distribution :
  • dynamisme,
  • degré de qualification professionnelle,
  • puissance des distributeurs,
  • compatibilité entre les canaux,
  • niveau de la marge dégagée ;

– évolution du circuit en fonction des comportements d'achat et des techniques nouvelles.

2 - Présentation de l'analyse dans un tableau

L'analyse d'un circuit de distribution peut être effectuée à l'aide d'un tableau à double entrée :

Circuit de distribution	Forces	Faiblesses
Image		
Aspect financier		
Habitudes d'achat des consommateurs		
Autres forces		

L'image est appréciée en termes de professionnalisme, des conseils apportés, de prix…

Les aspects financiers sont liés à l'éventuelle présence d'une centrale d'achat (qui limite la taille de la force de vente nécessaire), à la distance des points de vente, aux coûts de transports, d'assurance, de stockage…

On tient également compte de l'éventuelle participation du circuit à la communication, du pouvoir de négociation de la force de vente…

ÉTUDES DE CAS

Exercice d'entraînement

1 Salmona

La société Salmona (voir présentation p. 75) vous charge d'étudier sa position dans la grande distribution sur le marché de la truite fraîche.

TRAVAIL À FAIRE

1. À partir de l'annexe, vous calculerez :

a) la part de marché de Salmona sur le marché de la truite fraîche (portions, truites royales, filets) en GMS (hypermarchés et supermarchés) ;

b) le taux de pénétration de Salmona auprès des hypermarchés Auchan, sachant que :

– Salmona leur a livré 495 tonnes de truites en frais, dans l'année ;

– cette enseigne est créditée par l'institut Nielsen d'une part de marché de 7 % en volume pour les truites en frais en hypermarchés.

2. Comparez les taux obtenus. Qu'en concluez-vous ?

▶ *Corrigé* p. 122

➡ **Annexe**

LA FRAÎCHEUR NATURE EN GRANDES SURFACES

Marché potentiel de la truite fraîche par catégories d'hypermarchés au 1er janvier (en tonnes)

Surface de vente en m² / Produits	Portions	Royales	Filets	Total truites
De 2 500 à - de 5 000	3,3	0,7	2,0	6,0
De 5 000 à - de 7 500	5,4	1,1	3,3	9,8
De 7 500 à - de 10 000	7,8	1,5	4,8	14,1
De 10 000 à - de 15 000	11,2	2,2	7,0	20,4
15 000 et plus	15,6	3,1	9,8	28,5

▶▶▶

▶▶▶

Hypermarchés pourvus d'un rayon poissonnerie au 1er janvier

Surface de vente en m²	Nombre
De 2 500 à – de 5 000	469
De 5 000 à – de 7 500	204
De 7 500 à – de 10 000	105
De 10 000 à – de 15 000	63
15 000 et plus	10
Total	851

Marché truite fraîche en supermarché au 1er janvier (en tonnes)

Surface de vente en m²	Nombre	Rayon poissonnerie	Volume truite annuel par supermarché	Potentiel par catégorie de supermarché
De 2 500 à – de 2 500	234	80 % = 190	2,5	475
De 1 500 à – de 2 000	623	50 % = 310	2,0	620
De 1 000 à – de 1 500	2 522	25 % = 630	1,5	945
Inférieure à 1 000	3 541	–	–	–
				2 040

Ventes annuelles de Salmona en GMS (hypers et supers)
(en tonnes)

Portions	Royales	Filets	Total
2 300	450	950	3 700

Sujets de type BTS

2 Accord

M. Toidy, responsable des implantations « Supermarché » au groupe Accord, vous charge de vérifier que le site offert dans la banlieue de Metz permet, dans des conditions rentables, l'installation d'un supermarché de 1 000 mètres carrés de surface de vente. Il vous remet le dossier ci-annexé.

TRAVAIL À FAIRE

Conformément aux indications fournies par M. Toidy (annexes 1 à 4), vous vérifierez que 1 000 mètres carrés est la surface de vente optimale du nouveau supermarché.

▶ *corrigé* p. 122

➡ Annexe 1

RENSEIGNEMENTS RELATIFS AU SECTEUR

Notes remises par la direction régionale

Taille des ménages : 2,6 personnes.

Dépenses alimentaires, moyenne du canton : 30 % du revenu disponible.

Revenu mensuel moyen disponible : 1 000 € par ménage, année N.

Progression du revenu moyen :
+ 11 % en N + 1, (prévision pour l'année N + 2 : + 12 %).

Concurrence :

- Supermarché Concurrence : 800 m² à 2 km du point d'implantation prévu. Chiffre d'affaires : 270 000 €.
- Hypermarché de 9 000 m² à 7 km (6 minutes) ouvert depuis quelques mois.
- Des commerces de détail alimentaires surtout à proximité du supermarché Concurrence (*cf.* annexe 2).
- Le centre-ville de Metz, très commerçant, est à 8 minutes en voiture.

➡ Annexe 2

Voir page suivante.

➡ Annexe 3

RÉSULTAT DE L'ENQUÊTE AUPRÈS DE CONSOMMATEURS DE LA ZONE DE CHALANDISE

L'enquête auprès des consommateurs a porté exclusivement sur les dépenses alimentaires.

Question 1 : Où effectuez-vous principalement vos achats d'alimentation ?

<table>
<tr><td>Supermarché Concurrence</td><td>30 %</td><td>30 %</td></tr>
<tr><td>Hypermarché</td><td>30 %</td><td rowspan="3">70 %</td></tr>
<tr><td>Petit commerce local</td><td>30 %</td></tr>
<tr><td>Autre</td><td>10 %</td></tr>
</table>

▶▶▶

Annexe 2

PLAN DU SECTEUR D'IMPLANTATION

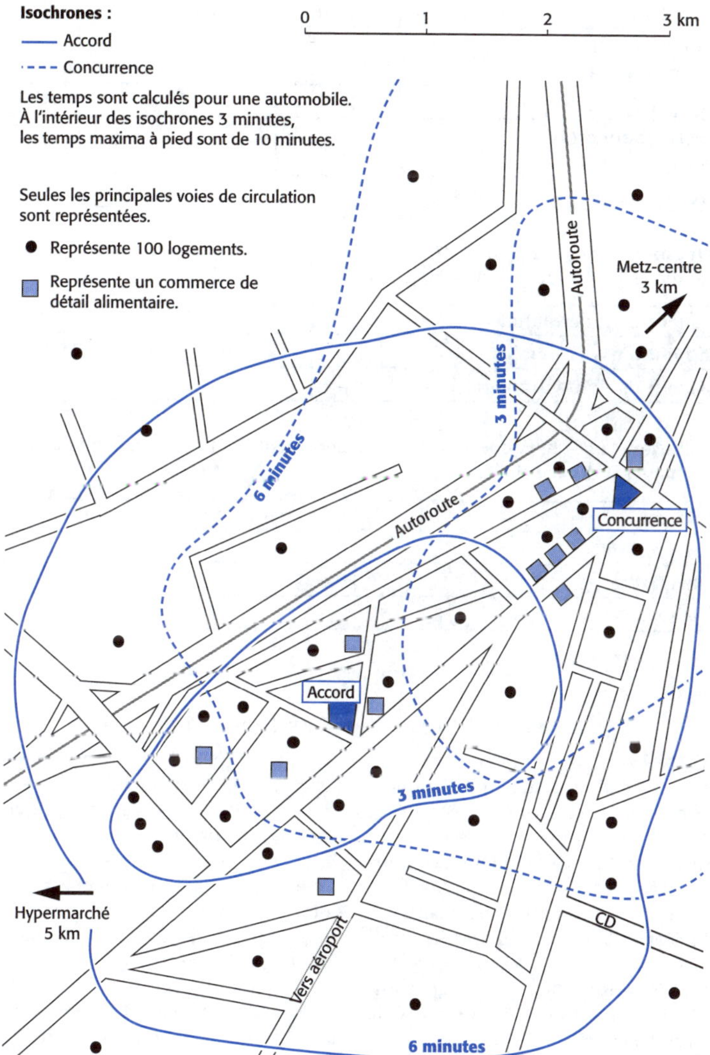

▶▶▶ *(Suite de l'annexe 3)*

Question 2 : Pour faire vos achats alimentaires, vous vous rendez :

au	1 fois / semaine	1 fois / mois	Occasionnellement	Jamais
Supermarché Concurrence	40 %	20 %	20 %	20 %
Hypermarché	20 %	30 %	20 %	30 %
Petit commerce local	50 %	20 %	20 %	10 %
Autre	10 %	20 %	20 %	50 %

Question 3 : Si un supermarché s'installait à proximité (moins de 6 min) de votre domicile, y effectueriez-vous vos achats d'alimentation ?

Client de supermarché	Oui	80 %
Client d'hypermarché	Oui	50 %
Client du petit commerce local et autres	Oui	20 %

Question 4 : Le choix que vous faites actuellement d'un magasin d'alimentation est dicté par des considérations :

de prix	70 %
de proximité	60 %
de qualité	60 %
de service	30 %

➡ Annexe 4

ENTRETIEN AVEC M. TOIDY ET M. ETEBE (AUTEUR DE L'ENQUÊTE)

VOUS : Les chiffres en ma possession, en particulier ceux de l'enquête consommateurs, sont insuffisants et peu clairs. Si je considère la première question de cette enquête, les pourcentages obtenus indiquent-ils la fréquence des achats ou les quantités ?

M. TOIDY : Si vous comparez les résultats de la question 1 à ceux de la question 2, vous verrez que les gens ont d'eux-mêmes estimé l'importance de leurs dépenses.

VOUS : Mais pourquoi ne pas leur avoir explicitement demandé ?

M. ETEBE : Parce que, devant une question trop précise, ils se seraient bloqués. Ces chiffres ressemblent à ce que nous avons vu ailleurs. Considérez qu'ils représentent bien une répartition de la dépense alimentaire.

M. TOIDY : De toute façon, nous n'en avons pas d'autres…

VOUS : Je veux bien ! Dois-je me fier aux intentions de transfert telles que

▶▶▶

▶▶▶

les expriment les réponses à la question 3 ?
M. TOIDY : Certainement pas ! En fait, il faut prendre en compte deux facteurs : la proximité et l'habitude. Cela prime largement sur l'intention !
M. ETEBE : Pour le supermarché, c'est d'abord la proximité qui joue !
M. TOIDY : En face d'un autre supermarché, oui, mais les prix et le choix offerts par l'hypermarché ou le service du détaillant minimisent, dans leur cas, l'effet de proximité.
M. ETEBE : La clientèle se dirigera vers nous ou restera chez Concurrence en fonction inverse de la distance. Concurrence, parce qu'il nous a précédés, conservera au moins les premières années un léger avantage.
Je vous ai préparé un tableau qui vous indique la part de la clientèle de Concurrence que nous devons capter. Nous avons vérifié ces chiffres, parfois à nos dépens, dans quatre ou cinq situations comparables.
VOUS : Et pour le reste ?

Concurrence \ Accord	Moins de 3 min	De 3 à 6 min
Moins de 3 min	Zone 1 40 %	Zone 2 10 %
De 3 à 6 min	Zone 3 60 %	Zone 4 50 %
Plus de 6 min	Zone 5 90 %	Zone 6 80 %

M. TOIDY : Deux facteurs sont à prendre en compte : l'évasion vers l'extérieur de notre zone de 6 minutes et la concurrence du petit commerce local.
Pour l'évasion, nous sommes très proches à la fois du centre-ville et d'un hypermarché. Notre expérience actuelle nous fait penser que nous pourrions capter le quart du chiffre d'affaires évadé, mais il est probable que cette proportion s'accroîtra avec le temps et la fidélisation de la clientèle. Au début, ce sera surtout de la curiosité et nous ne capterons durablement que les achats de proximité.
M. ETEBE : Quant au petit commerce... les clients sont fidèles mais il est assez éloigné de notre secteur... prendre le quart, c'est pessimiste !
VOUS : Bien ! C'est peu de choses de toute manière. Mais tous ces chiffres ne concernent que le secteur alimentaire.
M. TOIDY : Voyons ! Vous savez bien qu'il représente 90 % du chiffre d'affaires d'un supermarché.
M. ETEBE : Et n'oubliez pas que notre objectif en N + 2 est d'atteindre pour nos supermarchés un chiffre d'affaires de 3 350 € au m².
VOUS : C'est un plafond ?
M. TOIDY : Non ! Un minimum. Si ce chiffre ne peut être envisagé avec une bonne marge de sécurité, nous n'ouvrirons pas !
VOUS : Je vais me mettre au travail.

3 Maïsadour

Implantée au cœur des Landes, premier département producteur de maïs, la coopérative agricole Maïsadour a su, depuis 1936, accompagner le formidable développement de la culture du maïs.

C'est une société coopérative puissante dont le chiffre d'affaires global atteint 0,4 milliard d'euros en année N (17 % à l'exportation). Son siège social est situé à Haut-Mauco, tout près de Mont-de-Marsan.

Elle développe de nombreuses activités :

– les céréales : collecte, séchage, stockage et commercialisation de maïs ;

– les semences : recherche et test de nouvelles variétés de maïs et tournesol, production, multiplication, fabrication, conditionnement et commercialisation ;

– la production avicole : fourniture de poussins et d'aliments aux éleveurs, et commercialisation ;

– l'agro-fourniture : approvisionnement des agriculteurs en semences et plants, engrais et amendements (substances incorporées au sol pour en améliorer les propriétés physiques), produits phytosanitaires ;

– l'alimentation animale : fabrication d'aliments pour volailles, canards, vaches, chevaux… ;

– les légumes : ils sont, soit destinés à la transformation – dans les usines du groupe –, soit vendus sur le marché du frais.

Maïsadour, c'est aussi un réseau de 23 libres-services agricoles (LISA). Ces magasins, au concept abouti, réalisent un chiffre d'affaires total de 23 millions d'euros.

Le premier magasin a été créé en 1969 à Mont-de-Marsan (les LISA sont apparus dans les années 1966-1968) et a rapidement été rejoint par une demi-douzaine d'autres dans les années 1970. L'activité devient alors indépendante de l'agro-fourniture.

Jusqu'en 1981, l'effort d'investissement continue et de nombreux magasins sont créés, implantés en fonction d'impératifs de distribution, dans des zones passantes et commerciales, et non à proximité des silos. Ils possèdent une structure moderne et fonctionnelle.

Le réseau connaît de nouveau une forte évolution depuis trois ans : les plus grandes unités sont réaménagées selon un concept de 1 200 m², avec un effectif permanent de 5 personnes et un chiffre d'affaires prévisionnel de 0,9 million d'euros par magasin. Six libres-services sont d'ores et déjà rénovés, dont celui de Mont-de-Marsan, sur la base d'un concept de 3 000 m².

Aujourd'hui, Maïsadour exploite 23 magasins dans le Sud-Ouest de la France (21 dans les Landes, 1 en Gironde, à la Teste, et 1 dans les Pyrénées-Atlantiques, à Orthez). Ils sont livrés deux fois par semaine à partir d'une plate-forme centrale de 6 500 m². Leur notoriété est excellente, notamment en jardin, chasse, alimentation animale et bricolage. Maïsadour possède un service après-vente centralisé et un concept de service après-vente rapide dans les nouveaux magasins.

Maïsadour souhaite élargir ses implantations aux départements voisins.

Vous êtes stagiaire dans le service Magasins de Maïsadour et son directeur, M. Bruchet, vous charge d'étudier un projet d'implantation sur la zone nord du Bassin d'Arcachon.

Première partie
Les circuits de distribution de Maïsadour

Travail à faire

1. À partir de l'annexe 1, faites un commentaire sur la structure et l'évolution de la distribution des produits de jardinage.

2. Recherchez les facteurs de compétitivité :
- des grandes surfaces alimentaires,
- des grandes surfaces de bricolage,
- des jardineries.

Deuxième partie
L'implantation d'un point de vente

M. Bruchet vous confie l'étude d'un projet d'implantation d'un point de vente Maïsadour de 1 200 m² sur la zone nord du bassin d'Arcachon.

Travail à faire

1. À partir du plan (annexe 2) et de l'annexe 3, recherchez les avantages d'une implantation d'un point de vente à Arès.

2. Calculez le chiffre d'affaires potentiel du futur point de vente. Vous arrondirez le résultat obtenu au million d'euros le plus proche. Vous prendrez en considération le fait qu'un détenteur de résidence secondaire consomme 45 % du budget moyen d'un résidant permanent de la zone géographique concernée.

▶ *corrigé* p. 124

➡ **Annexe 1**

SEGMENTATION DES VENTES SELON LES CIRCUITS

En % du chiffre d'affaires global du marché (entre parenthèses: évolution des trois dernières années)

GSA: grandes surfaces alimentaires

GSB: grandes surfaces de bricolage

LISA: libres-services agricoles

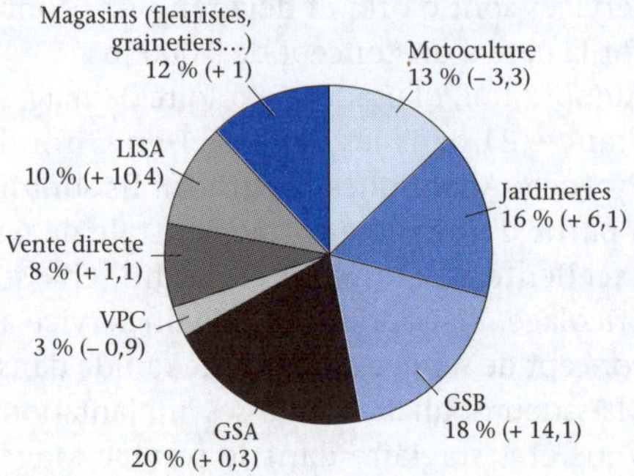

Source: *LSA*

➡ **Annexe 2**

VILLES ET AXES PRINCIPAUX DU SUD-OUEST DE LA GIRONDE

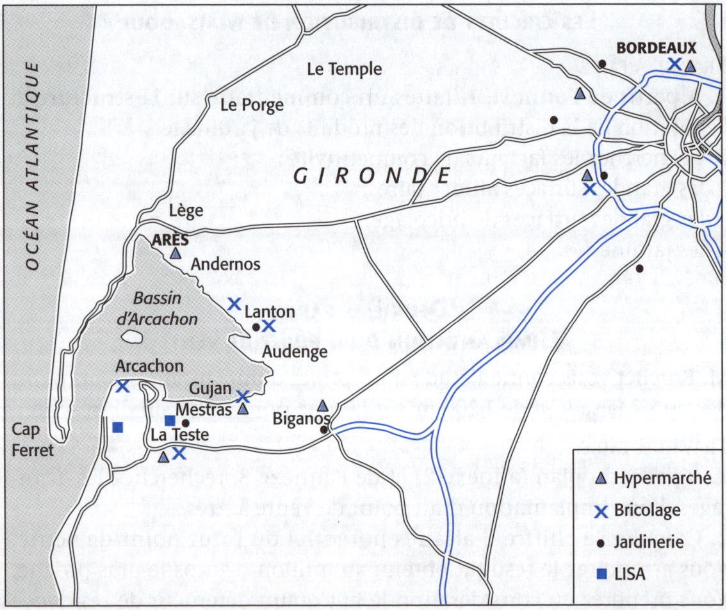

L'attraction de Bordeaux semblerait importante notamment au niveau des jardineries et des GSB.

➡ **Annexe 3**

ÉTUDE D'IMPLANTATION

La zone de chalandise du futur magasin peut se décomposer en deux zones :
– Zone 1 : communes de Arès, Andernos, Lège-Cap-Ferret,
– Zone 2 : communes de Lanton, Le Porge, Le Temple.
Le nombre de ménages des différentes communes est donné dans les documents Insee (tableau 1 ci-dessous).
L'activité du magasin se décompose en quatre grandes familles de produits :
1. Jardinage, bricolage, équipement
2. Alimentation animale
3. Vêtements et chaussants
4. Végétal.

Dépense moyenne nationale par ménage en euros	
1. Jardinage, bricolage, équipement	325
2. Alimentation animale	68
3. Vêtements et chaussants	67
4. Végétal	98

D'après *FNCA*.

Indices de disparité de consommation (IDC)		
Familles	Zone 1	Zone 2
1. Jardinage, bricolage, équipement	85,9	87,7
2. Alimentation animale	92,9	94,7
3. Vêtements et chaussants	78,6	79,4
4. Végétal	85,9	87,7

Extrait des derniers recensements

Tableau 1 – Nombre de ménages			
	Recensement N−2	Recensement N−1	Recensement N
Arès	988	1205	1665
Andernos	1873	2391	3104
Lège-Cap-Ferret	1507	1922	2317
Lanton	632	975	1422
Le Porge	355	387	476
Le Temple	111	137	144

Tableau 2 – Nombre de résidences secondaires	
Zone 1 : 10253	Zone 2 : 1940

D'après *INSEE*.

Taux d'évasion prévisionnel pour les deux zones : 25 %.
Taux d'attraction prévisionnel du futur point de vente : 20 %.
Taux moyen de TVA : 11,25 % (une partie des produits étant au taux réduit de 5,5 %).

CORRIGÉS

1 Salmona

1. a) Parts de marché de Salmona

• Marché potentiel GMS

Hypers	Portions (en tonnes)	Royales (en tonnes)	Filets (en tonnes)
De 2 500 à – de 5 000 m²	3,3 × 469 = 1 547,7	0,7 × 469 = 328,3	2 × 469 = 938,0
De 5 000 à – de 7 500 m²	5,4 × 204 = 1 101,6	1,1 × 204 = 224,4	3,3 × 204 = 673,2
De 7 500 à – de 10 000 m²	7,8 × 105 = 819,0	1,5 × 105 = 157,5	4,8 × 105 = 504,0
De 10 000 à – de 15 000 m²	11,2 × 63 = 705,6	2,2 × 63 = 138,6	7 × 63 = 441,0
15 000 m² et plus	15,6 × 10 = 156,0	3,1 × 10 = 31,0	9,8 × 10 = 98,0
Total	4 329,9	879,8	2 654,2

Total truites : 4 329,9 + 879,8 + 2 654,2 + 2 040 (supermarchés) = 9 903,9 tonnes.

• Part de marché Salmona en GMS : 3 700 : 9 903,9 = 37,4 %.

• Parts de marché par catégorie (sans les supermarchés) :

– Portions : 2 300 : 4 329,9 = 53 %

– Royales : 450 : 879,8 = 51 %

– Filets : 950 : 2 654,2 = 38 %.

b) Taux de pénétration dans l'hyper Auchan

Part de marché Auchan : (4 329,9 + 879,8 + 2 654,2) × 7 % = 550,473 tonnes d'où taux = 495 : 550,473 = 89,9 %.

2. Comparaison des taux

Très bonne part de marché. Excellente pénétration chez Auchan.

2 Accord

Calcul du nombre de ménages dans chaque zone

Vous vous aiderez des courbes isochrones (annexe 2) et de l'annexe 4 pour la définition des zones.

Zone 1 = 200 (– de 3 min d'Acord et – de 3 min de Concurrence)

Zone 2 = 800

Zone 3 = 600

Zone 4 = 600

Zone 5 = 700

Zone 6 = 300.

Calcul des dépenses alimentaires annuelles de chaque zone

Calcul des dépenses alimentaires annuelles par ménage

Dépenses alimentaires annuelles par ménage =
Revenu de N × (1 + Taux de progression de N + 1) × (1 + Taux de progression de N + 2) × (% du revenu disponible N + 1) × 12 mois.
Soit 1 000 × 1,11 × 1,12 × 30 % × 12.
Dépenses alimentaires annuelles par ménage = 4 475 €.

Calcul par zone

Zone	Nombre de ménages par zone	Dépenses alimentaires totales
1	200	895 000 (1)
2	800	3 580 000
3	600	2 685 000
4	600	2 685 000
5	700	3 132 500
6	300	1 342 500
		14 320 000

(1) 200 × 4 475.

Calcul de la demande alimentaire captée

• Au supermarché Concurrence

Voir l'annexe 4 pour le pourcentage de clientèle captée et l'annexe 3 qui vous indique que 30 % de la clientèle de la zone de chalandise effectuent leurs achats alimentaires au supermarché Concurrence.

[(895 000 × 0,4) + (3 580 000 × 0,1) + (2 685 000 × 0,6) + (2 685 000 × 0,5) + (3 132 500 × 0,9) + (1 342 500 × 0,8)] × 0,3 = 2 268 825.

• Aux autres concurrents

Dépenses alimentaires	14 320 000
Part des autres concurrents (70 %, annexe 3 question 1)	× 0,7
Part captée (25 %, annexe 4)	× 0,25
	2 506 000

Dépense alimentaire captée :
2 268 825 + 2 506 000 = 4 774 825.

Calcul du chiffre d'affaires total (alimentaire = 90 % CA, annexe 4)

4 774 825 : 0,9 = 5 305 361 € pour 1 000 m², soit 5 305 € / m².
L'objectif de 3 350 € / m² est atteint.

3 Maïsadour

Première partie. – Les circuits de distribution

1. Commentaire sur la structure et l'évolution de la distribution

• Il y a une grande diversité des circuits de distribution.
• Les principaux circuits de distribution sont : les GSA, les GSB et les jardineries.

Les circuits les plus dynamiques sont :
– les GSB, + 14,1 %,
– les LISA, + 10,4 %,
– les jardineries, + 6,1 %.

En revanche, la distribution dans les GSA stagne. Cela signifie que les consommateurs optent de plus en plus pour des surfaces spécialisées en produits de jardinage.

2. Les facteurs de compétitivité

GSA

Le principal facteur de compétitivité est la prime d'attraction. On note un attrait général pour les grandes surfaces alimentaires. C'est souvent la femme qui jardine. Elle fait ses achats de produits de jardinage en même temps que ses achats alimentaires.
– Puissance promotionnelle et publicitaire.
– Qualité convenable.
– Prix attractifs.

GSB

Le principal facteur de compétitivité est l'offre plus profonde, en particulier en matériel de jardinage (tondeuse, tronçonneuse, taille-haies).
– Nombreuses ouvertures de surfaces.
– Attraction d'une clientèle jeune plus masculine, qui bricole.

Jardinerie

Le principal facteur de compétitivité est la vente de végétaux (plantes vivaces et fraîches).
– Personnel plus qualifié.
– Grand choix de graines, bulbes, plants.

Tous ces distributeurs se différencient par leur positionnement et leur assortiment.

Deuxième partie. – Implantation d'un point de vente

1. Avantages d'une implantation à Arès

Implantation dans le Nord du Bassin
– La population est en forte croissance : il y a donc une demande.
– La concurrence directe sur place est faible.
– Le Sud du bassin d'Arcachon est plus encombré par la concurrence.

Implantation à Arès
– Arès est un carrefour routier, situé à équidistance des deux extrémités du Bassin.
– C'est un passage obligé pour les habitants de la pointe du Cap-Ferret.
– À proximité, un hypermarché peut servir de locomotive et d'élément d'attraction dans la zone d'implantation.

2. Calcul du chiffre d'affaires potentiel du point de vente

Marché des résidants

Zone 1

Familles de produit	Dépense / ménage	Nombre de ménages (année N)	IDC	Marché théorique
1. Jardinage, bricolage, équipement	325	7 086	85,9	1 978 234
2. Alimentation animale	68	7 086	92,9	447 637
3. Vêtements et chaussants	67	7 086	78,6	373 163
4. Végétal	98	7 086	85,9	596 514
			Total	3 395 548

Zone 2

Familles de produit	Dépense / ménage	Nombre de ménages (année N)	IDC	Marché théorique
1. Jardinage, bricolage, équipement	325	2 042	87,7	582 021
2. Alimentation animale	68	2 042	94,7	13 150
3. Vêtements et chaussants	67	2 042	79,4	10 863
4. Végétal	98	2 042	87,7	175 502
			Total	781 536

Marché des résidences secondaires

Zone	Budget moyen d'un résidant	Nombre de résidences	CA potentiel
Zone 1	3 395 548 : 7 086 = 479,19	× 10 253	× 45 % = 2 210 910
Zone 2	781 536 : 2 042 = 382,73	× 1 940	× 45 % = 334 123
		Total	2 545 033

CA potentiel total de la zone : 3 395 548 + 781 536 + 2 545 033 = 6 722 117 €.
CA potentiel du point de vente : 6 722 117 × 75 % × 20 % = 1 008 317 € TTC.
CA TTC = CA HT × 1,112 5[(1)], d'où CA HT = CA TTC : 1,112 5.
CA potentiel HT = 1 008 317 : 1,112 5 = 906 352 € soit ≃ 1 000 000 €.

(1) Le taux moyen de TVA est de 11,25 %.

7

Le plan de marchéage : la force de vente

1 Composition, rôle et statut de la force de vente

La force de vente est l'« ensemble des collaborateurs itinérants d'une entreprise qui sont chargés de l'action commerciale auprès des prospects et des clients avec lesquels ils sont en contact direct » (Académie des sciences sociales).
Par extension, peuvent être associés à la force de vente les vendeurs sédentaires en magasin. D'où :
Force de vente = Force de vente itinérante + Force de vente sédentaire.

1. Composition

- On distingue la force de vente interne et la force de vente externe.
- **La force de vente interne** est composée de salariés liés à l'entreprise par un contrat de travail.
- **La force de vente externe** est constituée de personnes, sans lien de subordination fort, auxquelles l'entreprise confie des missions de représentation et / ou de prospection.

2. Métiers et missions

- **Les cadres** (directeur des ventes ou directeur commercial, chef des ventes, inspecteur des ventes) contribuent à définir, mettre en œuvre et contrôler la stratégie.
- **Les non-cadres** (commerciaux, prospecteurs, preneurs d'ordres, marchandiseurs, délégués ou attachés commerciaux, techniciens commerciaux) œuvrent sur le terrain pour atteindre les objectifs.

3. Les statuts des vendeurs de la force de vente salariée

- La force de vente salariée regroupe salariés de droit commun et VRP.
- **Le salarié de droit commun** est lié par un contrat de travail (lien de subordination). Sa rémunération est constituée d'un fixe ou d'un fixe plus commission(s) plus prime(s) (importance du fixe : de 80 à 100 %).

● **Le VRP (voyageur représentant placier)** peut être VRP exclusif (ne vend que les produits d'une entreprise) ou VRP multicarte (vend des produits de plusieurs entreprises qui ne sont pas concurrentes).
Le VRP :
– a pour rôle d'appliquer la politique commerciale sur le terrain. Il visite les prospects, négocie avec la clientèle et assure le suivi des ventes. Il a un rôle déterminant dans la connaissance du marché car il fait remonter l'information ;
– bénéficie de la législation commune à tout salarié, mais aussi d'une législation particulière (articles L. 750-1 à L. 750-15 du code du travail) ;
– doit exercer d'une façon exclusive et constante sa profession ;
– ne doit pas effectuer d'opération commerciale pour son propre compte ;
– est lié à l'entreprise par un contrat déterminant la nature des prestations de services ou de marchandises offertes à la vente ou à l'achat, la région où il doit exercer son activité, les catégories de clients à visiter et le taux des rémunérations ;
– est protégé contre le licenciement abusif. Il peut recevoir une indemnité pour rupture abusive et l'indemnité de clientèle. En contrepartie, il doit posséder une carte d'identité professionnelle et a une obligation de non-concurrence.

4. Les statuts des vendeurs de la force de vente non salariée

● Agents commerciaux, commissionnaires et courtiers constituent la force de vente non salariée.

● **L'agent commercial** exerce une profession libérale et agit au nom et pour le compte des entreprises avec lesquelles il est lié. L'entreprise établit avec lui un contrat de mandat.

● **Le commissionnaire** a la qualité de commerçant et traite en son nom propre pour un commettant. Il est rémunéré par une commission.

● **Le courtier** est un intermédiaire indépendant qui a pour mission de rapprocher deux personnes en vue de conclure un contrat.

Les mots-clés

**chef des ventes, commerciaux,
délégué ou attaché commercial, directeur des ventes,
force de vente, inspecteur des ventes, marchandiseur,
preneur d'ordres, prospecteur, technicien commercial**

▶ *lexique* p. 281

2 Rémunération, motivation et stimulation de la force de vente

La rémunération doit être sécurisante, motivante et stimulante pour inciter les commerciaux à atteindre, voire dépasser, les objectifs fixés. Elle combine des éléments fixes et variables.

1. Les formes de la rémunération

- La rémunération de la force de vente combine en général : fixe, commission(s) et prime(s).

- **La commission** est une partie variable de la rémunération du vendeur. Elle est calculée :
– soit en pourcentage du chiffre d'affaires (pourcentage fixe ou progressif par tranches). Le pourcentage peut être le même pour tous les produits, ou différencié par catégorie de produit ou de clientèle,
– soit par système de points cumulables.
Son intérêt principal est de motiver (avantage pour le vendeur et l'entreprise). La difficulté consiste à déterminer un taux qui concilie intérêt pour le vendeur et rentabilité pour l'entreprise.

- **Les primes** sont des sommes allouées aux vendeurs lorsqu'ils atteignent un objectif donné (chiffre d'affaires, nombre de produits vendus, de prospects recherchés…). Leur intérêt est de stimuler les vendeurs pour atteindre un objectif donné à un moment donné.

2. Les critères de choix de la rémunération

- L'entreprise combine fixe, commissions et primes, en tenant compte des critères de :
– rentabilité (rémunération des vendeurs et réalisation des objectifs doivent être liées afin de dégager un profit maximal),
– motivation des vendeurs (un vendeur motivé participe à la progression du chiffre d'affaires en même temps qu'il accroît ses revenus personnels),
– qualité du service rendu au client (un vendeur payé à la commission ou par primes négligera l'écoute au profit de la vente).

3. Motivation et stimulation

- La motivation se définit en termes d'objectifs.

- **Les objectifs** peuvent être :

– quantitatifs, c'est-à-dire chiffrés : en chiffre d'affaires à atteindre, en volume (nombre de produits à vendre), en taux de marge à respecter, en taux de prospection, en nombre de clients à visiter… ;
– qualitatifs : ils sont alors plutôt destinés à améliorer le service à la clientèle et donc le niveau de satisfaction (diminution du nombre des litiges, des retours de marchandises, du délai d'attente…) ;
– individuels, c'est-à-dire fixés pour chaque vendeur, soit de manière personnalisée en fonction du potentiel de secteur, soit de manière identique pour tous ;
– collectifs, c'est-à-dire fixés à une équipe de vendeurs, dont on attend un effet de synergie dû au travail de groupe.

- **Un bon objectif** doit être :

– motivant pour le vendeur,
– accessible,
– équitable et justifié,
– rentable pour l'entreprise,
– adapté et adaptable,
– négocié,
– clair et précis,
– contrôlé.

- Les actions de stimulation, formation, information, intégration à une équipe et à l'entreprise visent à créer un climat de travail et des perspectives de carrière favorables au vendeur.

- Les challenges, jeux et concours, les gratifications et récompenses, les incentives visent à créer momentanément une émulation mobilisatrice.

Les deux catégories d'actions sont menées conjointement dans les entreprises soucieuses de motiver leur force de vente.

Les mots-clés

rémunération de l'équipe de vente,
stimulation de l'équipe de vente

▶ *lexique* p. 281

3 Structure et organisation de la force de vente

Organiser la force de vente consiste à évaluer sa taille et à définir les secteurs de vente des commerciaux.

1. Taille de la force de vente

- Pour déterminer la taille de la force de vente, il faut tenir compte des éléments suivants :

– le nombre de clients à visiter. C'est la somme du Nombre de clients actuels (fichier clients) et du Nombre de clients potentiels recensés (à l'aide d'études de marchés, annuaires, fichiers loués ou achetés auprès de syndicats professionnels…) ;
– la fréquence des visites à effectuer ;
– la durée moyenne d'une visite ;
– le temps consacré par un vendeur aux visites. Il se calcule ainsi :

52 semaines – Congés (5 semaines)
– Temps consacré à la formation, à d'autres tâches
– Temps passé en déplacements.

- On effectue ensuite les calculs suivants :

– le temps nécessaire pour visiter les clients. Il est égal au produit :
Nombre de clients à visiter × Durée moyenne d'une visite × Fréquence des visites (à effectuer) ;
– le nombre de vendeurs nécessaires :

$$\frac{\text{Temps nécessaire pour visiter les clients}}{\text{Temps consacré aux visites par un vendeur}}.$$

2. Les secteurs de vente

- Un secteur de vente est le plus souvent une zone géographique dans laquelle un vendeur exerce son activité.

Les secteurs peuvent aussi être définis par produits, par type de clientèles…

- Les secteurs de vente doivent être équilibrés et équitables, c'est-à-dire représenter pour tous les vendeurs une charge de travail et un potentiel de rémunération équivalents.

3. Diagnostic et contrôle de la force de vente

- L'évaluation de la force de vente porte sur les performances, l'efficacité du vendeur et son activité.

- **Les performances** (progression globale du chiffre d'affaires et développement de la clientèle) sont évaluées à l'aide, par exemple, des ratios suivants :

$$\frac{\text{Nombre de prospects visités}}{\text{Total des visites}}$$

$$\frac{\text{Nombre de commandes nouveaux clients}}{\text{Nombre total de commandes}}$$

$$\frac{\text{Chiffre d'affaires d'une catégorie de clients}}{\text{Chiffre d'affaires total}}$$

$$\frac{\text{Chiffre d'affaires d'un secteur de vente}}{\text{Chiffre d'affaires total}}.$$

- **L'efficacité du vendeur** est mesurée à l'aide des ratios :

$$\frac{\text{Nombre de rendez-vous obtenus}}{\text{Nombre de prospects}}$$

$$\frac{\text{Nombre de commandes obtenues}}{\text{Nombre de visites}}$$

$$\frac{\text{Nombre de visites effectuées}}{\text{Nombre de rendez-vous téléphoniques obtenus}}.$$

- **L'activité du vendeur** est évaluée à partir des rapports de visite, des rapports d'activité, des tableaux de bord, de réunion, de visites en double commande. Le responsable de l'équipe peut grâce à ces documents :
– mettre en évidence les difficultés individuelles des vendeurs ;
– comparer les performances individuelles à celles de l'équipe ;
– mettre en place des aides (à la négociation, à l'argumentation) et des actions correctrices (formation, double commande…).

Les mots-clés

objectif, secteur de vente ▶ *lexique* p. 281

savoir-faire

Mettre en place et motiver la force de vente

Ce qu'il faut faire

Pour mettre en place une force de vente, quatre critères doivent être précisés : taille (voir cours), statut(s), rémunération et gestion (évaluation des performances, stimulation, motivation, formation, contrôle). L'utilisation de tableaux facilite l'analyse et la prise de décision.

1 - Tableau d'analyse des caractéristiques des statuts des vendeurs

Éléments d'appréciation	Agent commercial		VRP statutaire	
	Avec contrat d'exclusivité	Sans contrat d'exclusivité	Multicartes	Exclusif
Mode de rémunération, avec ou sans minimum				
Remboursements de frais				
Subordination du distributeur				
Charge de la couverture sociale du distributeur				
Possibilité pour le distributeur d'employer des salariés				
Nature du contrat à passer avec le vendeur				

2 - Tableau d'analyse des modes de rémunération

Mode de rémunération	Avantages		Inconvénients	
	Pour l'entreprise	Pour le vendeur	Pour l'entreprise	Pour le vendeur
Fixe				
Commissions				
Primes				
Mixte				

3 - Tableau d'analyse des modes de stimulation

Mode de stimulation	Avantages		Inconvénients	
	Pour l'entreprise	Pour le vendeur	Pour l'entreprise	Pour le vendeur
Rémunération				
Challenge				
Gratifications				
Réunions				
Formation				

4 - Tableaux de suivi des objectifs

Objectifs	Individuel	
	Prévu	Réalisé
Quantitatifs : – CA – Marge – Nombre de produits		
Qualitatifs : – Niveau de satisfaction des clients – Diminution du nombre de litiges – Amélioration SAV		

Objectifs	Collectif	
	Prévu	Réalisé
Quantitatifs : – CA – Marge – Nombre de produits		
Qualitatifs : – Niveau de satisfaction des clients – Diminution du nombre de litiges – Amélioration SAV		

ÉTUDES DE CAS

Exercice d'entraînement

1 Salmona

La société Salmona (voir présentation p. 75) a mis en place une organisation de prise de commandes performante permettant la livraison du client sous 24 heures grâce à un service de télévente efficace.

TRAVAIL À FAIRE

1. Taille de la force de vente

Votre directeur commercial s'interroge sur l'opportunité de renforcer l'équipe de vente (voir annexe) récemment créée. Dans ce but, il vous demande d'apprécier la couverture actuelle de la clientèle GMS.

Vous calculerez :

a) le nombre de visites annuelles nécessaires pour la clientèle des hypermarchés ;

b) le nombre de visites qu'un chef de secteur peut effectuer dans l'année.

Vous en déduirez l'effectif souhaitable de la force de vente Salmona.

Vous conclurez.

2. Motivation de la force de vente

M. Mercier souhaite améliorer l'efficacité de son équipe commerciale ; il sollicite votre collaboration dans ce but.

Quels moyens d'améliorer l'efficacité de la force de vente pouvez-vous lui proposer ?

▶ *Corrigé* p. 143

➡ **Annexe**

ORGANISATION DE LA FORCE DE VENTE

La force de vente proprement dite se compose de 5 chefs de secteur.
Ils doivent, entre autres missions, visiter 900 hypermarchés.
Cette clientèle se répartit en 3 catégories.

Catégorie	Nombre en %	Nombre moyen de visites par an
Clients	45	4
Prospects	30	5
Suspects	25	1

▶▶▶

▶▶▶

Clients : hypermarchés où Salmona est référencée.
Prospects : hypermarchés non clients déjà visités.
Suspects : hypermarchés non clients jamais visités.
En outre, chaque année un chef de secteur bénéficie de :
- 5 semaines de congés,
- 1 semaine de formation,
et participe à 1 semaine de salon (SIAL ou autre).
Chaque semaine, il consacre une journée aux tâches administratives. Le chef des ventes, M. Mercier, estime qu'un chef de secteur peut effectuer 4 visites en moyenne au cours de son circuit journalier. Au-delà de ce seuil, il paraît difficile qu'il concilie les objectifs quantitatifs et qualitatifs qui lui sont fixés.
N.B. – La semaine de travail à la société Salmona est de 5 jours ouvrés.

Sujets de type BTS

2 Royal Canin

Royal Canin fabrique et commercialise des aliments pour chiens et chats (voir annexe 1).
L'un des distributeurs agréés, Rhône Loire, a sollicité l'appui de Royal Canin pour l'aider à mener le diagnostic de son équipe de cinq vendeurs. Mme Leudogue vous confie cette mission.

TRAVAIL À FAIRE

1. À l'aide de l'annexe 2, sur le graphique de l'annexe 3, vous représenterez :
- l'activité globale de chaque vendeur ;
- les objectifs moyens par vendeur exprimés en tonnage global et en nombre de visites effectuées.

2. À partir du graphique et des informations chiffrées dont vous disposez, vous analyserez :
a) le résultat d'ensemble de l'équipe,
b) la performance individuelle de chaque vendeur.

3. À la lumière de cette analyse, vous proposerez, s'il y a lieu, pour l'ensemble de l'équipe et pour chacun des commerciaux, des actions susceptibles d'améliorer les performances.

▶ *Corrigé* p. 143

➡ Annexe 1

LES GAMMES DE ROYAL CANIN

La firme fabrique et commercialise 4 gammes distinctes :

3 gammes destinées aux circuits traditionnels

• La gamme Sélection

Elle constitue l'essentiel du tonnage vendu par Royal Canin.

• La gamme Club Cynotechnique International

Elle constitue le haut de gamme destiné surtout aux professionnels et aux consommateurs exigeants. Cette gamme est depuis plusieurs années le support de l'image de qualité de l'ensemble des produits de la firme. Le haut de gamme procure en outre à la firme des taux de marge plus élevés que la gamme Sélection.

• La gamme Royal Canin Cynotechnique International (gamme RCCI)

Elle est la dernière née de la firme. Elle est destinée à remplacer la gamme Club dans le créneau haut de gamme. Les mêmes remarques, quant à l'image et aux marges, peuvent être formulées à son égard.

1 gamme destinée au circuit GMS : La gamme Royal Chien.

Cette gamme est exclusivement destinée au circuit GMS. Elle comprend des produits quasi identiques aux trois gammes des circuits traditionnels mais référencés sous la marque Royal Chien. De plus, les GMS bénéficient sur cette gamme de tarifs préférentiels.

➡ Annexe 2

ORGANISATION DE LA FORCE DE VENTE

• Découpage des secteurs : chaque secteur offre un potentiel équivalent, équilibré entre zone rurale et urbaine.

• Objectif global pour l'année N

En tonnage : 3 000 tonnes, dont – gamme Club : 200 tonnes,
– gamme RCCI : 80 tonnes.

Gamme Club et RCCI sont les deux marques « haut de gamme » de Royal Canin. Compte tenu de l'équilibre des secteurs, ces objectifs sont répartis également entre les 5 vendeurs.

• Nombre de visites

Les vendeurs peuvent effectuer 5 visites par jour pendant les 230 jours de travail sur le terrain.

• Réalisations année N

Vendeur	Tonnage global	Gamme Club	RCCI	Nombre de visites
S. Nauzer	600	40	16	1 150
D. Berman	530	35	12	1 450
B. Riard	515	55	21	710
C. Ter	650	30	9	1 400
B. Hergé	495	28	8	690

➡ **Annexe 3**

Graphique à compléter

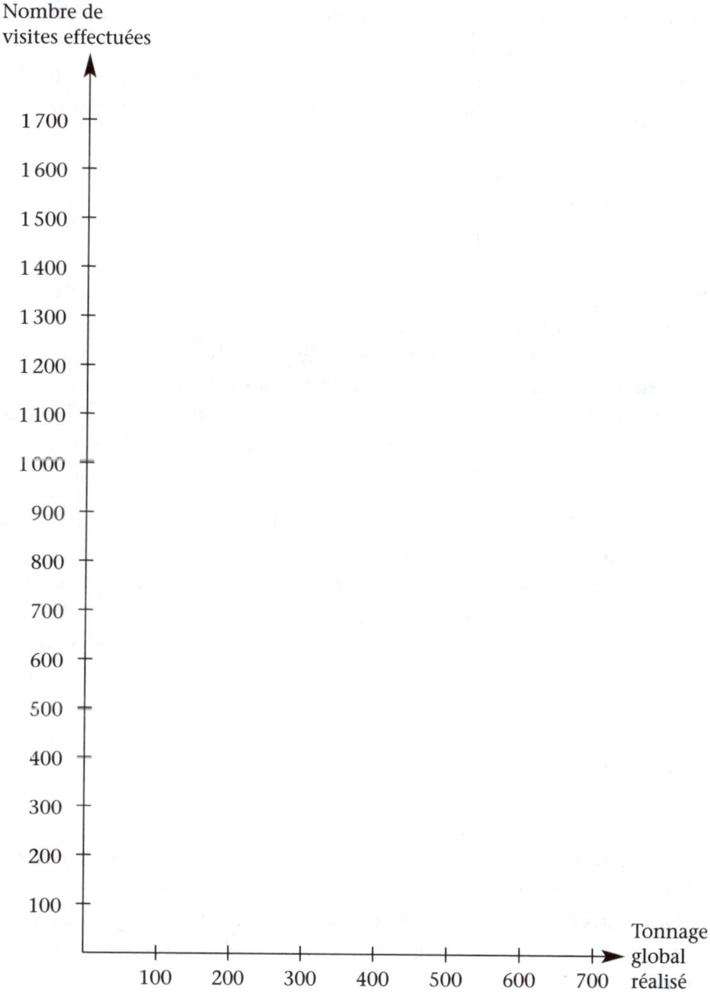

3 Lejeune (Diplomat)

La société Lejeune, spécialiste du matériel d'électricité, commercialise ses produits par l'intermédiaire de 650 grossistes, véritables partenaires de l'entreprise, visités par les vendeurs. Ceux-ci visitent également les utilisateurs professionnels : installateurs électriciens, utilisateurs industriels, distributeurs du secteur grand public : grande et petite distribution (centres de bricolage, hypermarchés, supermarchés).

Les 150 commerciaux ont un rôle de vente et d'information vis-à-vis de l'ensemble des services de l'entreprise. Les possibilités de carrière constituent, avec les salaires, une première source de motivation.

Le découpage en secteurs (annexe 1) est réalisé à partir de deux critères : le potentiel du marché global de la région en pourcentage et sa superficie en km^2.

La rémunération des vendeurs se compose d'une partie fixe et de primes (annexe 2). Ces primes sont fondées sur la réalisation d'objectifs dans le secteur et ne portent que sur quelques familles de produits. Le total des primes ne doit pas dépasser 80 % du salaire.

TRAVAIL À FAIRE

1. Quels sont les divers critères envisageables pour définir un potentiel de secteur ?

2. Calculez le nombre de vendeurs à affecter à chaque secteur, sachant que la clef de répartition est donnée par le produit de deux critères : potentiel du marché global et importance relative de la superficie de chaque région (si possible, on favorisera la région Est).

3. Vous avez vendu au cours du mois de mai :
- 102 pièces Système DL Plus,
- 280 carillons sonneries,
- 113 « Protection »,
- 81 commandes à distance (CAD).

La partie fixe annuelle de votre salaire s'élève à 15 000 euros (salaire net). Calculez votre salaire mensuel en mai.

4. Quels sont les différents systèmes de rémunération d'une force de vente ? Donnez succinctement leurs avantages et inconvénients dans un tableau.

▶ *Corrigé* p. 146

➡ Annexe 1

DÉCOUPAGE DES SECTEURS DE VENTE

Régions		Potentiel du marché global	Superficie en km²
1	Paris	23 %	11 000
2	Nord	9 %	33 000
3	Est	5 %	33 000
4	Bourgogne – Franche-Comté	5 %	44 000
5	Rhône-Alpes	11 %	46 750
6	Sud-Est	11 %	46 750
7	Pyrénées	5 %	60 500
8	Sud-Ouest	5 %	77 000
9	Centre	10 %	88 000
10	Ouest	11 %	77 000
11	Normandie	5 %	33 000

➡ Annexe 2

INTÉRESSEMENT LOGEMENT TERTIAIRE

Prime mensuelle globale en euros par famille de produits

Produits \ Réalisation / Objectif		⩾ 100 %	⩾ 105 %	⩾ 110 %	⩾ 115 %
1	Système DL Plus	228	259	305	381
2	Carillon sonnerie	45	61	76	91
3	Protection	107	137	168	213
4	Produit nouveau : commande à distance (CAD)	183	213	259	305

Remarques :

• Il s'agit d'une prime mensuelle globale en euros par famille de produits.

– Produits 1 : la base 100 (100 % de l'objectif) correspond à 100 pièces vendues.

– Produits 2 : la base 100 correspond à 300 pièces.

– Produits 3 : la base 100 correspond à 100 pièces.

– Produits 4 : la base 100 correspond à 80 pièces.

• Un bonus de 305 € est attribué si l'objectif de 100 % est atteint dans deux familles de produits sur quatre.

4 Waterair

La société Waterair a été créée en 1972 par André Cholley, actuellement P-DG, avec pour objet social le traitement des eaux.
Jusqu'en 1978, l'activité était consacrée à la vente aux particuliers d'adoucisseurs et à la construction de piscines familiales selon les techniques traditionnelles : béton, carrelage…
En 1978, A. Cholley dépose le brevet d'une piscine prête à monter qui révolutionne le marché et donne un formidable essor à Waterair qui se consacre exclusivement à cette activité.
En 1987, A. Cholley crée Escawat, un escalier multifonctions qui introduit les joies de la balnéothérapie dans la piscine familiale.
Aujourd'hui, la société Waterair commercialise ses kits en France, essentiellement à travers un réseau de commerciaux et de techniciens après-vente salariés, en Espagne et en Allemagne, grâce à deux filiales de distribution, et dans une quinzaine d'autres pays, par des importateurs exclusifs.
Le marché des piscines est très concurrentiel. Les intervenants et les produits sont nombreux. Les résultats de l'entreprise dépendent donc pour une grande part du dynamisme de ses vendeurs (annexe 1). Ces derniers ont un rôle important de conseil à la clientèle.

Travail à faire

Évaluez l'efficacité des trois commerciaux en effectuant les calculs que vous jugerez utiles et préconisez les actions à entreprendre pour améliorer les performances de chacun d'eux.

▶ *Corrigé* p. 149

➡ **Annexe**

Résultats des trois vendeurs

Éléments d'évaluation	M. Robert	M. Durand	Mme Meyer
Nombre de prospects contactés par téléphone	140	180	220
Nombre de rendez-vous obtenus	42	45	44
Nombre de commandes réalisées	4	9	15
Chiffre d'affaires réalisé (en euros)	42 685	54 880	114 335
Nombre de kilomètres parcourus	2 000	1 500	5 000
Couverture du secteur géographique	Sud du Haut-Rhin	Nord du Haut-Rhin	Bas-Rhin

CORRIGÉS

1 Salmona

1. Taille de la force de vente

a) Visites annuelles en hypermarchés

Clients : 900 × 45 % × 4 = 1 620.
Prospects : 900 × 30 % × 5 = 1 350.
Suspects : 900 × 25 % × 1 = 225.
Nombre de visites potentielles = 3 195.

b) Nombre de visites que peut effectuer un chef de secteur :

52 s – (5 + 1 + 1) = 45 s × 4 j = 180 j. 180 × 4 = 720 visites.

c) Effectif souhaitable

$\frac{3\,195}{720} = 4{,}4.$

Le nombre de cinq chefs de secteur est satisfaisant. Il reste un nombre important de grands supermarchés à visiter.

2. Motivation de la force de vente

Pour améliorer l'efficacité de la force de vente, deux séries de mesures peuvent être prises :

- mesures visant à améliorer le climat de travail : réunions de groupe, enrichissement des tâches, rémunération… ;
- mesures stimulantes : encouragements, primes, concours… et contrôle.

2 Royal Canin

1. Activité globale des vendeurs et objectifs moyens (Voir graphique page suivante.)

2. a) Analyse du résultat d'ensemble de l'équipe

	Tonnage global	Gamme club	RCCI	Nombre de visites
Objectifs	3 000	200	80	5 750
Réalisations	2 790	188	66	5 400

Commentaires :

- Aucun des objectifs fixés n'a été atteint, que ce soit en terme de tonnage global ou en terme de nombre de visites.
- Les objectifs fixés étaient-ils des objectifs réalistes ?

b) Analyse des performances individuelles

S. Nauzer

Ses résultats correspondent dans tous les domaines exactement aux objectifs fixés (exemple : chaque vendeur peut effectuer 5 visites par jour pendant les 230 jours de travail et S. Nauzer a effectivement réalisé 1 150 visites).

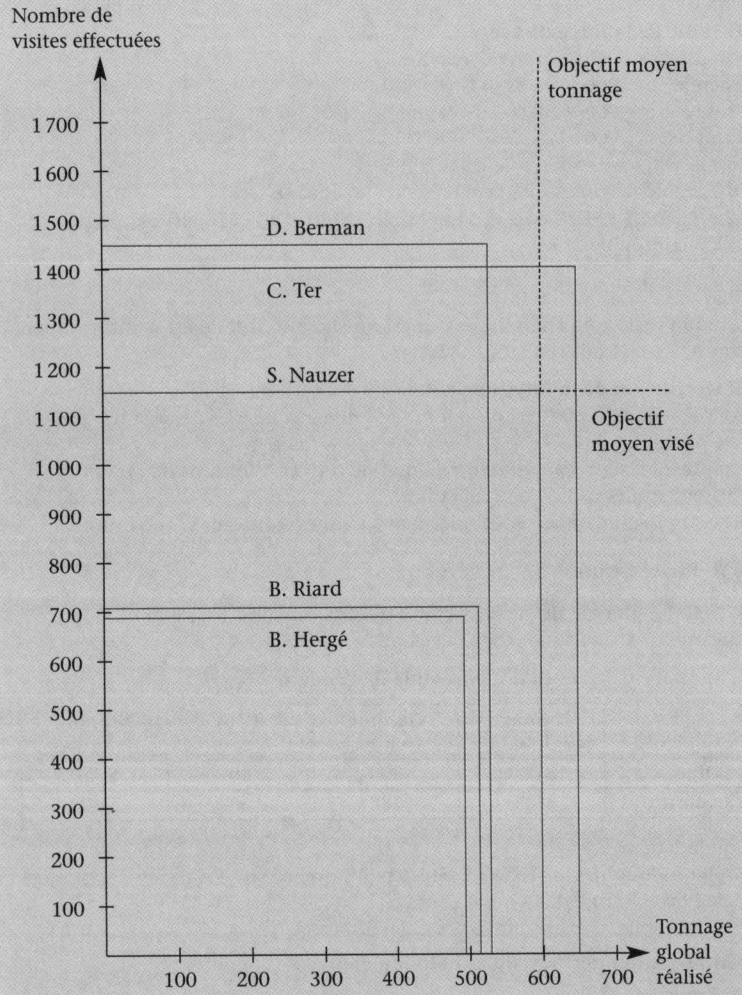
Nombre de visites effectuées
Objectif moyen tonnage
1 700
1 600
1 500
D. Berman
1 400
C. Ter
1 300
1 200
S. Nauzer
1 100
Objectif moyen visé
1 000
900
800
B. Riard
700
B. Hergé
600
500
400
300
200
100
Tonnage global réalisé
100
200
300
400
500
600
700

Les objectifs globaux ne seraient-ils donc pas tout simplement fixés d'après les performances de ce commercial ? Dans le cas contraire, on peut penser qu'il se limite strictement à la réalisation de ces objectifs sans chercher à aller plus loin.

D. Berman
Il effectue un nombre de visites supérieur aux objectifs, ce qui prouve qu'il travaille beaucoup. Cependant, il ne réalise pas l'objectif de tonnage, ce qui amène la déduction suivante : soit ses visites sont trop superficielles et il n'arrive pas à conclure, soit il pousse d'autres produits au détriment de Royal Canin.

B. Riard
Le nombre de ses visites est faible, ce qui laisse supposer qu'il travaille peu. En revanche, il « écrème » les clients rentables : il dépasse en effet les objectifs en haut de gamme (gammes Club et RCCI).

C. Ter
Ce vendeur est un gros travailleur qui dépasse les objectifs en tonnage. En revanche, il ne pousse pas assez les gammes les plus rentables.

B. Hergé
Les performances de ce vendeur sont nettement insuffisantes. Il effectue peu de visites et celles-ci sont peu efficaces aussi bien au niveau du tonnage global que du tonnage des gammes Club et RCCI.

3. Actions susceptibles d'améliorer les performances
Les propositions d'actions correctives sont à suggérer à deux niveaux.

Au niveau de l'équipe
– Revoir la fixation des objectifs.
– Continuer à faire tourner l'attaché commercial avec les vendeurs, car cette équipe rencontre des difficultés.
– Établir des bilans d'évaluation des tournées et mener des actions individuelles.

Au niveau individuel
Pour S. Nauzer
Le stimuler sur une amélioration de ses performances paraît difficile puisque celles-ci sont exactement conformes aux objectifs. Il faut plutôt lui proposer de faire partager son expérience au reste de l'équipe et lui donner un rôle dans la formation.
Pour D. Berman
Envisager une formation aux produits Royal Canin pour améliorer son efficacité et l'inciter à « pousser » davantage cette ligne.
Pour B. Riard
Utiliser les incitations financières à effectuer plus de visites.
Le faire participer à la formation puisqu'il semble très efficace pour pousser les nouvelles gammes.

Pour C. Ter
L'inciter à vendre davantage les gammes sélectionnées en le formant rigoureusement aux produits les composant.
Pour B. Hergé
Soit s'en séparer, car ses résultats indiquent qu'il est trop peu performant, soit le faire participer à la formation et lui fixer des objectifs et un calendrier précis qui feront l'objet d'un suivi rigoureux.

3 Lejeune (Diplomat)

1. Les divers critères envisageables pour définir un potentiel de secteur
Par potentiel de secteur, on désigne la demande maximale possible. Les critères envisageables pour définir un potentiel de secteur sont les suivants :
– L'ensemble des prospects : Qui sont les consommateurs du produit ? Combien existe-t-il de non-consommateurs relatifs ? Comment les convaincre ?...
– L'espace géographique.
– Les ventes passées.
– La gamme des produits ou services proposés.
– L'espace temporel : toute estimation de potentiel de secteur doit être définie en fonction d'un horizon (6 mois, 1 an, 5 ans...).
– Le pouvoir d'achat des habitants ou utilisateurs du secteur.

2. Nombre de vendeurs nécessaires par secteur

Régions	Potentiel du marché global (A)	Superficie (B)	A × B	Nombre de vendeurs $\frac{A \times B \times 150}{826}$	
1	23	2	46	(8,35)	8
2	9	6	54	(9,81)	10
3	5	6	30	(5,45)	6
4	5	8	40	(7,26)	7
5	11	8,5	93,5	(16,98)	17
6	11	8,5	93,5	(16,98)	17
7	5	11	55	(9,99)	10
8	5	14	70	(12,71)	13
9	10	16	160	(29,06)	29
10	11	14	154	(27,97)	28
11	5	6	30	(5,45)	5
Totaux	100	100	826	(150,01)	150

3. Calcul du salaire mensuel

Produits	Réalisations	Prévisions	% de l'objectif	Prime
Système DL plus	102	100	102	228
Carillons sonnerie	280	300	93,33	0
Protection	113	100	113	168
CAD	81	80	101	183
			Total	**579**

Objectif de 100 % atteint dans deux familles de produits sur quatre, donc un bonus de 305 €.
Total de l'intéressement : 579 + 305 = 884 €.
Salaire fixe annuel : 15 000 €.
Salaire mensuel : 15 000 : 12 = 1 250 €.
Maximum de l'intéressement : 1 250 × 80 % = 1 000 €.
Salaire de mai : 1 250 + 884 = 2 134 €.

4. Les différents systèmes de rémunération

Les systèmes de rémunération des représentants salariés ou des VRP

• Salaire fixe.
• Diverses commissions :
– sur le chiffre d'affaires,
– commissions différenciées par produit si l'entreprise désire en pousser certains,
– commissions différenciées par clientèle pour tenir compte du plus ou moins grand intérêt de l'entreprise pour certaines catégories de clients,
– commissions par secteur en raison de différences d'implantation,
– formules de points…
• Primes : système qui tient compte des efforts faits par le vendeur pour atteindre les objectifs qui lui ont été assignés.
• Systèmes mixtes : résultent de diverses combinaisons des trois précédents systèmes.

La qualité d'un système de rémunération

• Du point de vue du représentant, le système doit :
– assurer une certaine régularité du revenu,
– être adapté à qualité des prestations fournies,
– être compétitif par rapport aux rémunérations versées par la concurrence,
– être simulant, simple et équitable par rapport aux rémunérations perçues par les autres catégories de personnels de l'entreprise.
• Du point de vue de l'entreprise, le système doit :
– s'adapter à l'évolution des éléments qui ont présidé à sa conception,
– être simple, adapté au rôle du représentant, efficace, c'est-à-dire susceptible de motiver les représentants conformément aux objectifs.

Tableau de comparaison des systèmes de rémunération

Point de vue	Avantages	Inconvénients	Situation
		Fixe	
Vendeur	– Stabilité des revenus, sécurité.	– Absence de motivation frustrante dans la mesure où les bons résultats ne sont pas récompensés.	– Ventes exigeant un temps important de prospection. – Si la tâche principale consiste à contacter et fournir ses clients établis (produits de grande consommation). – Si le vendeur a essentiellement un rôle de technicien-conseil.
Entreprise	– Coûts de commercialisation prévisibles et stables. – Favorise l'exécution des tâches non directement productives. – Facilite le redéploiement des vendeurs (secteur, clientèle, produit).	– Pas stimulant = contrôle plus poussé donc encadrement compétent – Favorise les représentants les moins productifs. – Les vendeurs se concentrent sur les produits pour les clients.	
		Commissions	
Vendeur	– Rémunération directement fonction des résultats obtenus. – Facile à comprendre.	– La rémunération subit des fluctuations en raison de facteurs sur lesquels le représentant n'a pas d'influence (récessions économiques, variations saisonnières, climat [boissons], insécurité). – Pas toujours équitable (récompense les résultats et non directement le travail).	– Pour orienter les efforts des vendeurs, utilisation de taux différents : • par produit, • par clientèle, • par région, • par période. – Entreprise qui démarre (possibilités de ventes nombreuses et diffuses).
Entreprise	– Motivant = permet de réduire les contrôles d'activité. – Coûts unitaires fixes.	– Le représentant risque de délaisser les tâches non directement productives. – Tentation d'écrémer le territoire de vente. – Problèmes lors de la définition des secteurs ou de transferts des représentants. – Forte rotation du personnel.	

Point de vue	Avantages	Inconvénients	Situation
Plan combiné Fixe + Commission(s) ou Fixe + Prime(s) ou Fixe + Commission(s) + Prime(s)			
Vendeur	– Sécurité combinée avec la possibilité d'améliorer soi-même ses revenus.	– Complexité.	Permet de répondre à une très grande diversité de situations.
Entreprise	– Possibilité de lier la rémunération à la réalisation des objectifs de l'entreprise (y compris ceux non liés directement à la vente).	– Complexité. – Coût.	

4 Waterair

Efficacité de la force de vente

Réalisations	M. Robert	M. Durand	Mme Meyer
Nombre de rendez-vous / nombre de contacts	30 %	25 %	20 %
Nombre de commandes / nombre de rendez-vous	9,5 %	20 %	34 %
Chiffre d'affaires par commande	10 671 €	6 098 €	7 622 €
Nombre de km parcourus / nombre de visites	47,6	33,3	113,6

Réalisations	M. Robert	M. Durand	Mme Meyer
Commentaires	Efficace dans la prise de rendez-vous (fichier performant ?) mais des difficultés à concrétiser la vente. Réalise un chiffre d'affaires par commande très satisfaisant en proposant certainement les produits haut de gamme.	Obtient des résultats moyens lors de la prospection et de la prise de commandes, mais réalise un chiffre d'affaires faible par client (vend surtout des produits d'appel ou accorde des remises trop importantes d'où des marges faibles pour l'entreprise). Semble avoir un secteur trop petit ou n'exploite pas la totalité de son secteur géographique.	Très bonne en face-à-face mais obtient le score le plus faible de la prospection téléphonique. Semble avoir un secteur géographique trop étendu qui lui laisse peu de temps pour la prospection.
Solutions	Formation pour améliorer ses performances en face-à-face.	Instaurer un système de rémunération qui le pousse à vendre les produits à forte marge (commission différente selon le type de produit) et à augmenter la valeur des commandes (prime pour la vente de produits complémentaires par exemple).	Formation pour améliorer la prise de rendez-vous. Modifier son secteur géographique, donner une partie à M. Robert ou engager une personne à mi-temps pour l'aider (constitution de fichiers de prospects et prise de rendez-vous).

8

Le plan de marchéage : la communication

1 La communication média

Communiquer consiste pour l'émetteur (l'entreprise) à transmettre un message à un récepteur (la cible).
Cette transmission s'effectue par l'intermédiaire d'un support qui peut être une chaîne de télévision, une radio, une salle de cinéma, un vendeur, un téléphone, Internet…

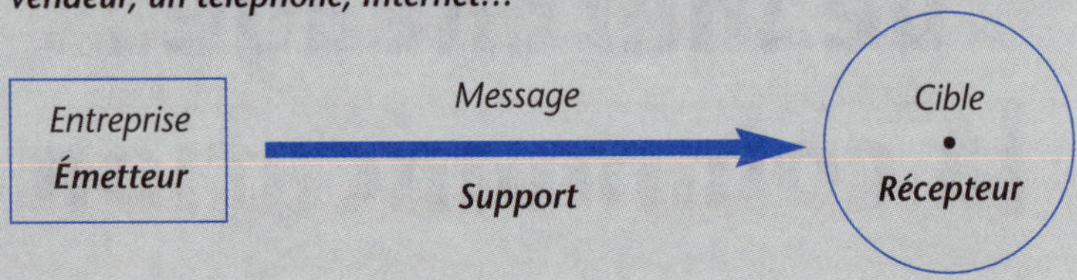

1. La communication : définitions

- L'entreprise émet vers son environnement (clients consommateurs ou professionnels, opinion publique, apporteurs de capitaux…) et en interne (vers ses salariés) des messages très divers, volontairement (publicité, par exemple) ou involontairement (à l'occasion d'une implication dans une catastrophe écologique, par exemple).
- L'ensemble des signaux émis volontairement par l'entreprise constitue la **communication globale**.

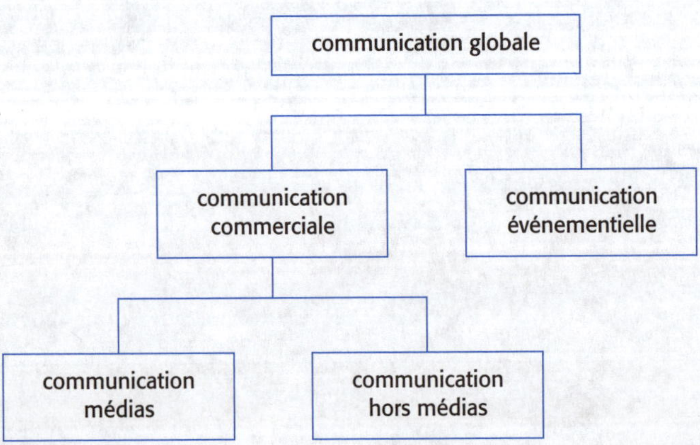

• Les signaux émis par l'entreprise conformément au plan de marchéage, afin d'accroître son image, constituent la **communication commerciale**. Ceux qui ont pour but de « faire parler » de l'entreprise en s'appuyant sur des événements d'ordre sportif, culturel ou social constituent la **communication événementielle**.

2. La communication médias

• **La presse**
C'est un média très utilisé. Selon la nature du message et la cible à atteindre, l'entreprise choisira entre la presse quotidienne régionale (*Ouest-France, Nice-Matin*…) ou nationale (*Le Monde*…), la presse périodique grand public (*Elle, Le Jardinier français, Le Journal de Mickey*…) ou technique et professionnelle (*l'Argus pour les assureurs, L'Usine Nouvelle*…).

• **La télévision**
Elle possède un très fort impact grâce à son public de masse, mais qui ne permet pas de sélectionner une cible ; elle est coûteuse et interdite à certains produits (notamment les alcools).

• **La radio**
Elle présente des possibilités multiples (passages de slogans mais aussi participation à des jeux) et peut permettre de cibler les messages (radios locales, radios à thèmes…).

• **L'affichage**
Il est toujours utilisé en milieu urbain.

• **Le cinéma**
La communication s'y fait selon deux modalités : les spots traditionnels qui sont projetés pendant les entractes et l'apparition d'un produit lors de plusieurs scènes d'un film.

Les mots-clés

média, support

▶ *lexique* p. 281

2 La communication hors médias et événementielle

La communication hors médias et événementielle désigne l'ensemble des moyens d'action autres que la publicité par mass-média qui entrent dans le budget communication de l'entreprise.

1. La communication hors médias

- **La promotion des ventes** repose sur une offre temporaire accordée à un public (intermédiaire du réseau ou consommateur final).

Elle regroupe toutes les techniques qui ont pour objectif d'accroître rapidement les ventes et s'adresse à tout type de public.

Public	Objectifs	Techniques
Consommateurs	Accroître le nombre de consommateurs ; permettre le lancement d'un produit ; fidéliser la clientèle.	Réduction de prix ; augmentation de la quantité pour le même prix ; reprise d'un ancien produit (automobile) ; distribution d'échantillons ; vente par lots ; primes ; loterie, jeux, concours ; couponnage (nouvelles formes de couponnage tickets de caisse) ; cadeaux.
Distributeur	Obtenir le référencement d'un produit ; fidéliser le réseau ; développer les ventes ; pénétrer un nouveau canal.	Rabais, ristournes, remises ; échantillons ; marchandisage du producteur ; jeux, concours ; animations sur le lieu de vente ; matériel de PLV (publicité sur le lieu de vente).
Force de vente	Accroître la motivation ; augmenter l'efficacité des vendeurs.	Primes ; concours entre vendeurs.
Prescripteurs	Faire connaître le produit ; générer une sympathie vis-à-vis du produit.	Échantillons ; essais ; réduction de prix.

• **La mercatique directe** consiste à adresser une offre au client, personnalisée et sans intermédiaire. L'offre est transmise par publipostage, téléphone, Minitel ou Internet, prospectus déposés dans les boîtes à lettres. Son efficacité est mesurable par le taux de retour.

• **Les foires et salons** sont des lieux où l'entreprise expose ses produits, les vend, prospecte et observe ses concurrents.
Elle y donne une image professionnelle dont dépendent son image de marque et la notoriété de son savoir-faire.

• L'entreprise communique en outre, volontairement ou non, à travers ses partenaires et ses clients : ses distributeurs et sa force de vente véhiculent son image et son savoir-faire ; ses clients, par le bouche à oreille, véhiculent sa notoriété.

2. La communication événementielle

• **Le mécénat** est une aide financière ou matérielle consentie à une activité sportive, culturelle, sociale ou scientifique, par laquelle l'entreprise cherche à acquérir une dimension de responsabilité.

• **Le parrainage (ou sponsoring)** a un principe identique, mais son objectif est d'accroître ou de modifier la notoriété et de renforcer l'image de marque de l'entreprise.
Il peut prendre la forme de fourniture de produits (qui seront testés par la même occasion) ou de tenues, panneaux, banderoles (qui permettent de faire de la publicité).

• **Les relations publiques** sont toutes les actions menées par l'entreprise pour donner une image positive à l'opinion publique, mais aussi aux pouvoirs publics, aux partenaires sociaux, aux banques...
Elles se mènent à long terme et sont très variées : documents d'accueil, rapports d'activité, fiches techniques, cassettes vidéo de démonstration, communiqués de presse, participation à des émissions de radio ou de télévision pour présenter l'entreprise, organisation de conférences, débats, expositions, création de numéros verts, de *hot lines*, création de fondations...

Les mots-clés

mercatique directe, parrainage, promotion des ventes, relations publiques

▶ *lexique* p. 281

savoir-faire

Organiser une campagne publicitaire

Ce qu'il faut faire

La démarche à adopter peut être schématisée ainsi :

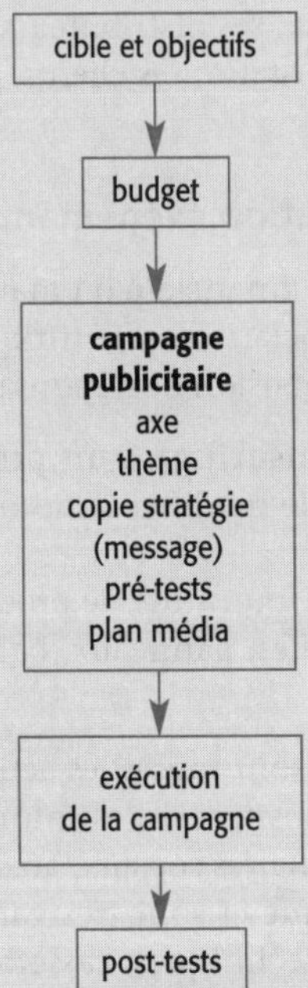

1 - Rechercher la cible et les objectifs de la campagne

• Il convient de distinguer cible mercatique et cible de communication.

La cible mercatique comprend les acheteurs potentiels, c'est-à-dire les clients actuels, qu'il s'agit de fidéliser, et les clients nouveaux, qu'il faut conquérir.

La cible de communication comprend les personnes à qui il faut s'adresser : clients actuels, prospects, agents d'influence.

• La recherche des objectifs résulte du choix de la ou des cibles choisies.
Les objectifs sont de trois ordres :
– objectif cognitif : faire connaître le produit ou la marque ;
– objectif affectif : donner une image ;
– objectif conatif : modifier le comportement.

2 - Fixer le budget publicitaire

Le budget est généralement fixé en fonction de l'objectif publicitaire, mais d'autres modes de fixation existent :
– en fonction du volume du CA,
– par rapport à la concurrence,
– en fonction de la situation financière de l'entreprise,
– actualisation du budget de l'année précédente,
– à partir du seuil de rentabilité (nombre de produits à vendre pour récupérer la dépense de publicité).

3 - Définir la campagne

• Déterminer l'axe publicitaire (ou promesse)
Il s'agit de l'idée essentielle que la campagne cherche à communiquer. Par exemple, pour un café : la qualité.

• Le thème (concept d'évocation)
Le thème est la formulation concrète de l'axe.
Par exemple, pour un café : la sélection de grains de café chez les producteurs.

• La copie stratégie
C'est le document qui sert de base au travail des créatifs. On y répond à deux questions : « Que dire ? » et « À qui ? » et on y définit le « ton » de l'annonce.

• Les pré-tests
Ils ont pour but de vérifier si l'annonce est :
– remarquée et perçue,
– associée au produit considéré,
– bien comprise.

• Le plan média
Le plan média consiste à rechercher la meilleure combinaison possible des supports médiatiques.
Le ou les médias et supports utilisés doivent être adaptés au message, au budget et à la cible.

L'adaptation à la cible est mesurée par :

– le taux de couverture (géographique ou socio-démographique) : pourcentage d'une population atteinte par le support,

– la sélectivité (géographique, socio-démographique, comportements d'achat ou de consommation) : possibilité de sélectionner une cible donnée à l'intérieur de l'audience du support.

La meilleure combinaison des supports se fait en fonction de trois critères :

– Échelle d'économie : classement des supports par coût au 1 000 personnes utiles.

$$\text{CPM (coût pour mille contacts)} = \frac{\text{Coût de l'insertion}}{\text{Audience totale}} \times 1\,000.$$

L'audience totale est l'ensemble des lecteurs, auditeurs, spectateurs ou téléspectateurs d'un support presse, radio, cinéma, télévision. Pour l'affichage, elle est définie comme le nombre de personnes passant à proximité.

$$\text{CPM utile} = \frac{\text{Coût de l'insertion}}{\text{Audience utile}} \times 1\,000.$$

L'audience utile est la partie de l'audience qui appartient à la cible (par exemple, les hommes).

– Échelle de puissance : classement des supports en fonction du nombre de personnes appartenant à la cible visée.

– Échelle de spécificité :

$$\frac{\text{Audience utile}}{\text{Audience totale}} \times 1\,000.$$

4 - Planifier l'exécution de la campagne

Le choix du calendrier dépend de la stratégie de campagne adoptée :

– campagne concentrée : actions sur une courte période ;

– campagne continue: action régulière dans le temps ;

– campagne intermittente : phase d'action et phase de silence.

5 - Les post-tests

Ils permettent de mesurer l'efficacité de la campagne et sont effectués auprès d'un échantillon représentatif.

Exemples de questions d'examen

Voici le type de questions qui peuvent être posées dans une étude de cas :
- *« Recherchez la cible et les objectifs de la campagne de communication. »*
- *« Choisissez les médias et les supports susceptibles d'être utilisés. »*
- *« Proposez l'organisation de la campagne publicitaire. »*

Pour déterminer la cible d'une campagne, il faut se poser les questions suivantes :
- Quelle est la cible générale ou le *segment* ciblé, c'est-à-dire les acheteurs potentiels ?
- À qui dois-je m'adresser ? Quel est le *cœur de cible*, c'est-à-dire la partie du segment visé qu'il faut atteindre avec efficacité ?
- Quelles sont les *catégories* quantitatives (catégories socioprofessionnelles et géographiques) et qualitatives (critères psychologiques et comportementaux) de ces cibles ?

L'objectif doit être formulé de manière précise et s'insérer dans la stratégie mercatique.
Par exemple :
- augmenter les ventes d'un produit, d'un secteur ;
- accroître la notoriété d'un produit, d'une marque ;
- construire, renouveler, consolider l'image d'une entreprise ;
- lancer un nouveau produit ;
- entrer dans un nouveau marché, attirer une nouvelle clientèle ;
- soutenir la force de vente ;
- obtenir le référencement des produits.

Le choix des médias et supports suppose de bien maîtriser les deux concepts en jeu : un média est un ensemble de supports de communication.

ÉTUDES DE CAS

Exercice d'entraînement

1 Maïsadour

La société Maïsadour (voir p. 118) envisage l'ouverture d'un point de vente pour l'automne. Vous êtes donc amené(e) à réfléchir sur la communication à mettre en œuvre pour l'ouverture de ce point de vente. Le budget prévu pour l'ouverture s'élève à 15 200 €, dont 40 % seront consacrés à la promotion des ventes et aux relations publiques.

TRAVAIL À FAIRE

1. Définissez les cibles et objectifs de la campagne de communication.
2. Choisissez, en les justifiant, les médias et supports susceptibles d'être utilisés. À l'aide de l'annexe, vous présenterez le détail du budget de communication publicitaire.

▶ *Corrigé* p. 164

➡ **Annexe**

TARIFS PUBLICITAIRES
Presse (en euros)

Supports	Page		1/2 page		1/4 page	
	Tarif mini	Tarif maxi	Tarif mini	Tarif maxi	Tarif mini	Tarif maxi
Le Figaro (a)	58 690 (1)	74 240 (2)	30 640 (1)	38 570 (2)	15 855 (1)	20 275 (2)
France Soir (a)	20 885 (1)	25 460 (2)	10 670 (1)	12 730 (2)	5 490 (1)	–
Le 33 arcachonnais (g)	1 220 (1)	1 540 (2)	747 (1)	–	395 (1)	–
Revue du Paysan (c)	1 220	1 950 (3)	670	1 075 (3)	–	–
L'Ami des jardins (d)	7 470	11 435 (3)	3 735	5 795 (3)	1 905	2 970 (3)
Capital (1) (e)	22 255	29 575 (3)	15 550	20 580 (3)	11 205	14 785 (3)
Télé 7 jours Gironde (f)	3 065	4 375 (3)	1 705	2 410 (3)	1 035	1 450 (3)
Sud-Ouest TV Hebdo (f)	3 370	4 765 (3)	1 768	2 485 (3)	930	1 310 (3)
Sud-Ouest Gironde (b)	10 075 (1)	12 090 (3)	5 040 (1)	6 045 (3)	2 520 (3)	3 025 (3)
Sud-Ouest Dimanche	9 450 (2)	–	5 185 (2)	–	2 590 (2)	–

(1) Pages intérieures.
(2) Dernière page sans précision ; pages intérieures : noir.
(3) Quadrichromie
tarifs mini : pages intérieures ;
tarifs maxi : pages de couverture.
(a) Presse quotidienne nationale.
(b) Presse quotidienne régionale.
(c) Journaux agricoles.
(d) Magazines jardins.
(c) et (d) Couverture nationale.
(e) Mensuel national.
(f) Hebdomadaire télé et radio.
(g) Périodiques locaux gratuits. ▶▶▶

▶▶▶

Télévision nationale

France Télévision : les 30 secondes, le lundi (en euros)

France 2		France 3	
7 h 50	3 658	7 h 43	2 286
12 h 55	5 488	12 h 35	3 506
19 h 54	18 600	19 h 55	16 312
20 h 47	29 727	20 h 55	14 025
22 h 40	7 317	22 h 35	6 555

Radio locales

Les 30 secondes (en euros)

NRJ Arcachon	de 23 à 53
Radio France Bordeaux Gironde	de 53 à 106

Les tarifs sont fonction des horaires d'écoute.

Cinéma

Médiavision : 4 semaines consécutives (diffusion) : de 8 250 € (agglomérations de 50 000 à 100 000 habitants) à 89 975 € (ensemble des agglomérations).

Affichage

Giraudy : Panneaux 4 m par 3 m : 102 900 € pour 7 jours. 98 agglomérations de 15 000 à 35 000 habitants

Casanova : Panneaux 2,40 m par 1,60 m : 8 895 € pour 10 jours et pour 265 faces sur la région Aquitaine.

Prospectus

Coût au mille : 97,50 € environ, distribution comprise.

Remarque :

Ces tarifs ne comprennent pas les frais de conception et d'élaboration des messages pour le cinéma et la télévision.

Il s'agit de tarifs indicatifs, variables en fonction des jours et avant négociation.

Sujets de type BTS

2 Le fumet des Dombes

Afin de développer les ventes pendant les périodes assez creuses de l'année, M. Rolland envisage, pour toutes les gammes de produits de l'entreprise, de mettre en place des actions promotionnelles.

Il désire agir dans un premier temps sur les ventes en libre-service, mais hésite encore entre plusieurs possibilités (voir annexes).

Il vous demande de préparer les éléments qui permettront de prendre la meilleure décision.

Travail à faire

1. Présentez les avantages et les inconvénients pour l'entreprise des trois actions promotionnelles envisagées.

2. Évaluez la rentabilité de chacune des actions promotionnelles :

a) calculez le résultat dégagé habituellement (hors promotion) par les ventes d'assiettes du pêcheur ;

b) calculez le résultat dégagé par chacune des promotions.

Les calculs seront arrondis au centime le plus proche.

3. Laquelle de ces trois actions préconisez-vous ?
Quelles autres propositions pouvez-vous faire ?

▶ *Corrigé* p. 165

➡ **Annexe 1**

Offres promotionnelles

Proposition 1. – Création d'une assiette dégustation « les 3 saveurs »
Assiette créée uniquement pour cette promotion :
– composée de 30 g de saumon, 30 g de carpe et 30 g d'espadon,
– coût de production de la matière (tranches prêtes pour conditionnement) : 1,42 €,
– présentée comme correspondant à un plat pour une personne,
– prix « exceptionnel » public conseillé : 4,42 € TTC,
– coût sur-emballage spécial mettant en évidence la promotion : 0,08 € / assiette,
– volume des ventes prévu pour « série limitée » : 600 assiettes.

Proposition 2. – Offre d'achats groupés « 3 pour le prix de 2 » pendant 1 mois
Pack assiette du pêcheur :
– regroupement de 3 « assiettes du pêcheur » avec un ruban adhésif qui seront vendues pour le prix de 2,
– coût d'emballage et d'étiquetage supplémentaire : 0,05 € par lot,
– volume de vente prévu : + 35 % par rapport aux ventes habituelles.
Remarque :
Par simplification, on considère que toutes les assiettes seront vendues en pack de 3 pendant la durée de la promotion.

Proposition 3. – Cadeau sur demande écrite pendant 1 mois
Offre d'envoi d'un livret sur « La région de la Dombes » sur simple demande, par courrier avec une preuve d'achat d'une « assiette du pêcheur » :
– coût d'étiquetage complémentaire sur l'emballage pour informer les clients de la proposition : 0,02 € (étiquette présente sur toutes les « assiettes du pêcheur » disponibles en magasin pendant la période),
– coût du livret : 0,93 € (y compris les frais d'expédition),
– taux de retour pour ce type de promotion : 5 % des achats effectifs,
– volume de vente prévu : + 10 % par rapport aux ventes habituelles sur la période.

➡ **Annexe 2**

ÉLÉMENTS DE COÛTS ASSOCIÉS AUX OFFRES PROMOTIONNELLES

Pour 1 « assiette »
– Coût du conditionnement (matériaux et manutention) : 0,20 €.
– Coût du transport et de la livraison (emballage isolant, transport réfrigéré) : 0,05 €.

Le taux de marque habituellement pratiqué par les distributeurs sur ce type de produit est de 25 %.

Le produit « Assiette du pêcheur » est composé de 30 g de carpe, 30 g de truite.
– Coût de production de la matière (tranches prêtes pour le conditionnement) : 1,66 €.
– Prix de vente habituel aux distributeurs : 3,57 € HT.
– En dehors de toute promotion, le volume moyen des ventes de l'« assiette du pêcheur » est de 1 000 unités par mois.

Rappel : le taux de TVA pour ce type de produit est de 5,50 %.

CORRIGÉS

1 Maïsadour

1. Cibles et objectifs de la campagne

Cibles :

Ménages de la zone de chalandise :
- agriculteurs de la zone,
- amoureux de la terre : retraités, jardiniers amateurs.

Objectifs :

Annoncer l'ouverture et présenter le concept du magasin, c'est-à-dire :
- créer du trafic pour l'ouverture,
- déclencher des achats,
- créer une image de choix, de professionnalisme.

2. Choix des médias et supports : budget de communication

Le budget de communication (15 200 €) sera réparti ainsi :
- communication publicitaire : 9 160 €,
- communication promotionnelle : 6 040 €.

Détail du budget de communication publicitaire

Médias et supports	Quantités	Budget (en €)	Justification des choix
La presse • Presse quotidienne régionale : *Sud-Ouest Gironde*	2 × 1/4 de page	5 040	• Support local incontournable.
• Presse gratuite : *Le 33 arcachonnais*	1/2 page	747	• Forte pénétration + sélectivité géographique.
• Presse spécialisée : *La Revue du Paysan*	1/2 page	670	• Atteindre les paysans.
• Presse magazine : *Sud-Ouest TV hebdo*	1/4 de page	930	• Elle est regardée plusieurs fois dans la semaine.
La radio • NRJ Arcachon	Heures de grande écoute : 50 × 16 spots	800	• Adaptée au secteur.
Hors médias • Prospectus	Zone de chalandise 10 000 foyers : 97,50 € × 10	975	• Plus informatif. • Sélectivité géographique.
	Total	9 162	

2 Le Fumet des Dombes

1. Comparaison des actions promotionnelles

	Avantages	Inconvénients
« Assiette dégustation » **Produit promotionnel**	– L'attractivité joue sur le produit, donc augmente la notoriété de l'entreprise et de la gamme. – Augmentation de la gamme, donc visibilité de la marque. – L'image de « spécialiste poisson » plutôt que « terroir » prédomine. – CA et marge additionnels.	– Produit spécifique (le client ne le trouvera pas lors du réachat – le transfert se fera-t-il sur un autre produit de la marque ?). – Risque de cannibalisation des autres produits (surtout Assiettes). – Fabrication spécifique.
3 pour le prix de 2 **Réduction de prix**	– Attractivité sur le prix qui est souvent perçu comme élevé pour ce type de produit. – Plus de produits crée des habitudes de consommation. – Les GMS aiment ce type de promotion.	– L'impact peut être négatif sur l'image (pas cher = bas de gamme). – Risque d'achat de prévoyance (stockage possible par congélation). – Promotion coûteuse.
Livret gratuit **Prime différée**	– Impact sur l'image « terroir » liée à qualité, donc plutôt positif. – Le cadeau reste après consommation (rappel de la marque). – Certains clients font l'achat en pensant profiter de l'offre mais n'y répondront pas (économie).	– Prime différée peu attractive en général. – Pas de lien automatique avec le produit (le client peut « oublier » le produit). – Perte d'un « potentiel » de notoriété pour les clients qui ne demanderont pas le livret. – Lourd à gérer.

2. a) Résultat dégagé par l'« assiette du pêcheur » (hors promotion)

Prix de vente HT aux distributeurs		3,57
Coût de production matière première	1,66	
Coût de conditionnement	0,20	
Coût de transport	0,05	
Coût de revient d'une assiette	1,91	1,91
Résultat unitaire		1,66
Résultat pour 1 000 assiettes		1 660,00

b) Résultats dégagés par chacune des promotions

• Rentabilité de la promotion 1 : assiette dégustation

Prix public TTC		4,42	
Prix public HT	4,42 × 100/105,5	4,19	
Marge distributeur	4,19 × 25%	1,05	
Prix de vente HT aux distributeurs			3,14
Coût de production matière première		1,42	
Coût de conditionnement		0,20	
Coût de transport		0,05	
Coût de suremballage		0,08	
Coût de revient d'une assiette		1,75	1,75
Résultat unitaire			1,39
Résultat pour 600 assiettes			834

• Rentabilité de la promotion 2 : offre « 3 pour le prix de 2 »

Prix de vente unitaire HT aux distributeurs		3,57	
Prix de vente du pack	3,57 × 2		7,14
Coût de revient de 1 assiette	1,91		
Coût de revient de 3 assiettes	1,91 × 3	5,73	
Coût emballage-étiquetage supp.		0,05	
Coût de revient de 1 pack		5,78	5,78
Résultat pour 1 pack			1,36
Volume des ventes avec l'offre	1000 × 135%	1350	
Résultat pour l'ensemble des ventes	1350 / 3 × 1,36		612

• Rentabilité de la promotion 3 : cadeau sur demande écrite

Volume des ventes avec promotion	1000 × 110% = 1100		
Résultat brut dégagé par les ventes supp.	100 × 1,66	1,66	166
Coût de l'étiquetage supplémentaire	1100 × 0,02	22	
Coût des livrets envoyés	1100 × 5% × 0,93	51,15	
Coût de la promotion		74,81	74,81
Résultat de la promotion			91,19

3. Conseils justifiés et propositions. Si l'on prend en compte les éléments qualitatifs et quantitatifs, il apparaît que la promotion 1 est la plus intéressante.

Autres actions possibles :

– actions en direction du consommateur final : autres offres de réduction de prix, autres offres de produit en plus, les jeux et concours ;

– actions en direction des distributeurs (elles seront liées essentiellement aux volumes de référencement) : réduction de prix (ristournes), aide au marchandisage, animations.

9

Le management commercial

1 Les principes du management commercial

Le management est l'art, la manière de diriger rationnellement une organisation (entreprise, point de vente, équipe) afin de parvenir à une maximisation de ses performances.

1. Les fonctions du management commercial

- D'après P. Drucker, théoricien du management, la société qui se concentre systématiquement sur sa productivité est sûre de bénéficier d'une avance concurrentielle.

- Appliqué à une organisation à vocation économique, le **management** répond aux **fonctions** suivantes :

• **définir des objectifs à atteindre** :
– pour une entreprise : devenir leader sur son marché, pénétrer sur un marché, augmenter le chiffre d'affaires de x %, fidéliser la clientèle…
– pour un point de vente : augmenter les ventes de x %, ouvrir et développer un nouveau rayon, accroître la zone de chalandise…
– pour une équipe de vente : atteindre x milliers d'euros de chiffre d'affaires ou x % de marge ou vendre tant de produits de telle gamme, diminuer le nombre de réclamations sources de litiges avec les clients…

• **choisir une stratégie** (moyens à mettre en œuvre pour parvenir aux objectifs).
Cette stratégie est décidée au **sommet de la hiérarchie** et déclinée ensuite au **niveau local**, puis au **niveau de l'équipe**.
Le choix de cette stratégie dépend du secteur d'activité, de la nature du produit commercialisé, de la taille et de l'historique de l'entreprise et aussi des résultats de l'analyse du marché permettant de caractériser **l'état de la demande** (les clients) **et de l'offre** (les concurrents).

• **organiser le travail des équipes** et des individus pour parvenir aux objectifs fixés ;

• **contrôler les résultats** obtenus et éventuellement **réviser les objectifs** et corriger les actions afin d'optimiser la performance.

2. Les méthodes

- Le management s'appuie sur des méthodes liées aux sciences de l'économie et de l'organisation d'entreprise, mais aussi aux sciences sociales. On parle souvent de « l'art du manager ».

- Les **missions** de management existent à différents niveaux de l'entreprise, depuis la direction générale qui décide des orientations globales jusqu'au manager d'équipe, responsable des résultats demandés à celle-ci. Les **méthodes** utilisées par les managers dépendent donc de leur place dans la hiérarchie et de leur mission. Très généralement, appliquées à l'activité commerciale, elles regroupent :

• **l'étude de l'organisation commerciale** sous deux approches :
– externe : environnement juridique, économique, technologique, sociologique ;
– interne : structure hiérarchique, mode de fonctionnement, études des processus…

• **la mise en œuvre des orientations stratégiques choisies** : il s'agit alors de dynamiser l'activité humaine au sein de l'organisation grâce à la mise en place d'un système de pilotage incluant la notion d'habileté à obtenir le meilleur résultat possible.

3. Les outils

- La réussite du management dépend en grande partie de la capacité personnelle du manager à **dynamiser son équipe**. Le manager est à la fois un élément moteur, une ressource, un animateur et un contrôleur.

- Son travail s'appuie donc sur les **techniques de communication** et les **outils** associés susceptibles de rendre la relation aisée et permanente entre lui et son équipe :
– outils d'information : bases de données, Internet ;
– outils de communication : réunions, entretiens individuels, contacts téléphoniques, Intranet ;
– outils de suivi d'activité : comptes rendus, tableaux de bord, reporting…

Les mots-clés

management, équipe commerciale, unité commerciale, Intranet, reporting.

► *lexique* p. 281

2 Le manager commercial

Le manager commercial est une personne responsable d'une organisation commerciale ou d'une équipe. Il pilote, c'est-à-dire dirige, organise, coordonne et contrôle soit une unité commerciale (direction des ventes d'un produit, point de vente) soit une équipe de commerciaux « terrain ».

1. Les rôles du manager

– rôle de **contact** à la fois à l'intérieur de l'organisation (il est l'interface entre son équipe et la hiérarchie) et à l'extérieur (il représente l'entreprise vis-à-vis des partenaires, en particulier clients, distributeurs et fournisseurs);
– rôle de **décision** : il organise le travail de son équipe, dirige, alloue les ressources et les moyens, contrôle quantitativement et qualitativement l'activité, fait respecter les règles en vigueur;
– rôle de **motivation** : il doit obtenir de ses collaborateurs le meilleur d'eux-mêmes en leur fournissant formation et motivation (rôle de *coach*), en leur faisant confiance (délégation) et en conciliant objectifs de l'entreprise et objectifs individuels de ses collaborateurs;
– rôle de **médiateur** : il gère les dysfonctionnements, les conflits et le changement. Il doit insuffler l'esprit d'équipe.

2. Le profil du manager

● **Les styles de management**

En fonction de l'histoire de l'entreprise, de la stratégie, de l'image à donner, du contexte concurrentiel, mais aussi et surtout de sa personnalité et de ses compétences, le manager possède un style plus ou moins orienté vers :
– **l'autorité** : il décide, transmet ses directives qui ne sont soumises à aucune discussion;
– **le paternalisme** : l'équipe est alors assimilée à une famille où le manager joue de rôle du père et distribue récompenses et blâmes; l'affectif tient une place importante;
– **la participation** : le manager développe alors un véritable esprit d'équipe où chacun est amené à s'exprimer et à participer aux décisions.

- **Les qualités du manager**

Le manager est avant tout un meneur d'hommes. Il doit combiner, outre un charisme important, des qualités :
– **professionnelles** dans les domaines de la mercatique, des sciences de la gestion et de la relation client ;
– **personnelles** : combativité, autorité, pragmatisme, maîtrise de soi, empathie, sens des responsabilités ;
– **de communication** : aptitude à l'écoute, au dialogue, à la négociation, à l'expression orale et écrite, à la conviction.

3. Synthèse

Niveau hiérarchique	Missions	Rôles
Direction générale = niveau européen ou national	Définition des objectifs européens ou nationaux et de la stratégie à mettre en œuvre ; affectation de ces objectifs aux régions de vente	Associer les managers régionaux aux directions choisies par l'entreprise, convaincre ; donner les moyens
Directions commerciales responsables d'une région, d'une catégorie de produits ou de clientèle = niveau régional par exemple	Réalisation des objectifs affectés à chaque région, en fonction du potentiel du secteur ; la somme des objectifs régionaux correspond à l'objectif national ; affectation de l'objectif régional aux différents secteurs de vente	Informer les managers d'équipes sur la stratégie décidée au niveau national ; donner des directives de travail pour atteindre les objectifs fixés ; donner les moyens
Secteurs = unités commerciales ou équipes commerciales	Réalisation des objectifs affectés à chaque secteur de vente ; la somme des objectifs par équipe de vente en charge d'un secteur de clientèle ou par unité commerciale correspond à l'objectif régional	Informer sur l'objectif collectif affecté au secteur ; associer les membres de l'équipe au découpage de l'objectif collectif en objectifs individuels ; convaincre ; motiver ; former ; donner les moyens

Les mots-clés

manager, délégation, *coach*, charisme, empathie ▶ *lexique* p. 281

savoir-faire

Analyser une situation de type managérial

Ce qu'il faut faire

1 - Rechercher le contexte de la situation décrite

Il vous faut rechercher le type de mission confiée au manager : à priori, il s'agit du manager d'une unité ou d'une équipe commerciale dont la mission consiste à réaliser les objectifs affectés à son équipe et qui va devoir mettre en œuvre méthodes, outils, style de management adaptés.

2 - Caractériser le rôle du manager

Le contexte le place-t-il dans un rôle de décideur, de formateur, de ressource, de médiateur, d'animateur ? Pour cela, identifier son activité :
– veille concurrentielle dans le cadre d'une unité commerciale ;
– constitution d'une équipe (besoin de recrutement) ;
– pilotage, animation d'une équipe afin de mener à bien une action commerciale déterminée ou la réalisation d'un objectif ;
– animation d'un réseau de distributeurs ;
– animation d'une équipe de vente ;
– développement du potentiel d'une équipe ;
– évaluation des performances de l'unité ou de l'équipe (rentabilité commerciale) ;
– règlement d'une situation liée au changement ou à un conflit.

3 - Identifier la nature du problème à résoudre

Il faut pour cela comparer les objectifs de l'organisation et les objectifs personnels des membres de l'équipe.

4 - Proposer des solutions possibles

Il faut vous appuyer sur vos connaissances de cours, puis choisir la solution qui vous paraît la mieux adaptée en justifiant votre choix.

Vous pouvez utiliser un tableau du type :

Contexte : Unité commerciale – Équipe commerciale		
Nature du problème :		
Mission du manager :		
Rôle du manager :		
Solutions possibles (aspects organisationnels financiers, humains)	**Avantages** ou **Opportunités** ou **Aspects positifs**	**Inconvénients** ou **Contraintes** ou **Aspects négatifs**
–		
–		
–		
–		
–		

Puis exprimez votre choix d'après des critères de faisabilité, réactivité, rentabilité, productivité, adéquation des objectifs de l'organisation avec ceux des hommes…

Il est important d'adopter cette démarche de **recherche de plusieurs solutions possibles** afin de démontrer que vous avez mis en œuvre la démarche managériale :
- étude du contexte ;
- identification du problème ;
- recherche des solutions possibles ;
- optimisation du choix à la fois pour l'organisation et les hommes.

ÉTUDES DE CAS

Exercice d'entraînement

1 Rémi

La société Rémi, basée à Montpellier, reconnue sur le marché des équipements de jardin écologiques, fabrique des éléments en bois, non traités par des produits toxiques ou polluants, tels que claustras, panneaux écrans, palissade etc. Elle est réputée pour sa capacité d'innovation et la qualité de ses produits. Elle emploie 30 personnes et réalise un chiffre d'affaires de 6,5 M€.

Jusqu'à présent, elle n'est présente que sur la région Sud-Ouest. Une étude de marché menée dans le grand Ouest (Pays-de-la-Loire + Bretagne) a donné des résultats prometteurs, en liaison avec le développement du marché de l'équipement de la maison et du bricolage.

L'entreprise étant de taille modeste, il n'existe pas de direction mercatique. Cette fonction est assurée par M. Rémi lui-même qui encadre les 10 commerciaux actuels.

Pour mener à bien son projet d'extension de son marché, il envisage de recruter un manager commercial et 4 vendeurs sur la région Ouest, chargés de créer une clientèle d'artisans paysagistes et de visiter les grandes surfaces référençant les produits à travers leur centrale d'achats.

Travail à faire

1. Expliquez quelles sont les fonctions de manager assurées par M. Rémi dans ce contexte.

2. Rédigez l'annonce qui paraîtra dans la presse spécialisée pour le recrutement des vendeurs.

3. Établissez le profil de poste et la fiche de description de fonction du manager.

▶ *Corrigé* p. 177

Sujet de type BTS

2 Royal Canin (présentation p. 137)

Royal Canin fabrique et commercialise des aliments pour chiens et chats. Elle distribue ses produits à travers 2 circuits (annexe 1) :
– les GMS alimentaires et spécialisées dont la fonction de gros est assurée par des centrales d'achat ;
– le circuit traditionnel : libres-services agricoles, animaleries, coopératives agricoles, jardineries, qui s'approvisionnent auprès de grossistes agréés.

Les consommateurs finals sont les ménages d'une part, les éleveurs et les vétérinaires d'autre part (ces derniers sont à la fois prescripteurs et consommateurs).

Royal Canin attache une importance particulière aux éleveurs. Ceux-ci ne représentent pas un tonnage très important, mais ils ont un rôle de prescripteur et de conseil essentiel.

L'un des moyens de promotion de Royal Canin auprès de ces éleveurs est le *Guide gratuit des garderies et pensions pour chiens et chats*.

Royal Canin édite et diffuse ce guide gratuitement tous les ans auprès de tous les propriétaires d'animaux de compagnie qui en font la demande. Ce guide très détaillé est remis à jour tous les ans selon les informations transmises par les vendeurs du distributeur. À l'occasion de leurs visites, les vendeurs relèvent, par l'observation et la communication avec l'éleveur, les services proposés par le client visité. Le guide récapitule, pour chaque éleveur, outre l'adresse et les coordonnées téléphoniques, les services offerts grâce à un pictogramme.

Pour les éleveurs comme pour les propriétaires d'animaux de compagnie, c'est un ouvrage de référence auquel ils accordent un grand crédit.

Royal Canin emploie 3 attachés commerciaux qui travaillent « en appui » auprès des grossistes agréés. Leur rôle est de former, animer, encadrer les vendeurs des grossistes agréés afin que l'image de Royal Canin soit respectée.

L'attaché commercial auprès du grossiste Rhône-Loire accompagne en tournée l'un des vendeurs de ce grossiste (B. Herge). La première visite des 2 commerciaux se déroule chez un éleveur de Huskies (chiens de traîneau) à Clochemerle en Beaujolais. Lors de cette visite, l'attaché commercial Royal Canin écoute le dialogue suivant :

Éleveur – « Oui, je fais aussi la garderie maintenant. Cela fait une activité complémentaire. Alors, vous allez enfin pouvoir me faire figurer dans votre fameux guide ! »

Vendeur – « Aurez-vous le temps d'assurer la promenade individuelle aux chiens que vous prendrez en pension compte tenu du temps important que vous consacrez à l'entraînement des Huskies ? »

Éleveur – « Oh, sûrement pas ! Ils se contenteront de leur box. Pour quelques jours, ce n'est pas bien grave ! »

Vendeur – « Oui, c'est vrai. Mais je vais quand même indiquer sur le guide que vous faites cette promenade individuelle. Certains propriétaires sont obsédés par cela. »

Éleveur – « Vous mentionnez également : régime spécial suivant prescription du maître ? »

Vendeur – « Bien sûr ! Dans la mesure où vous prenez notre nouvelle gamme Cynotechnique International. Vous verrez, il n'y a rien de mieux et il y a des produits adaptés à tous les chiens. C'est bien la même chose que le "régime spécial". »

TRAVAIL À FAIRE

1. Quelles difficultés particulières présente cette situation pour l'attaché commercial de Royal Canin ?

2. Quand et comment doit-il réagir ?

▶ *Corrigé* p. 181

➡ **Annexe 1**

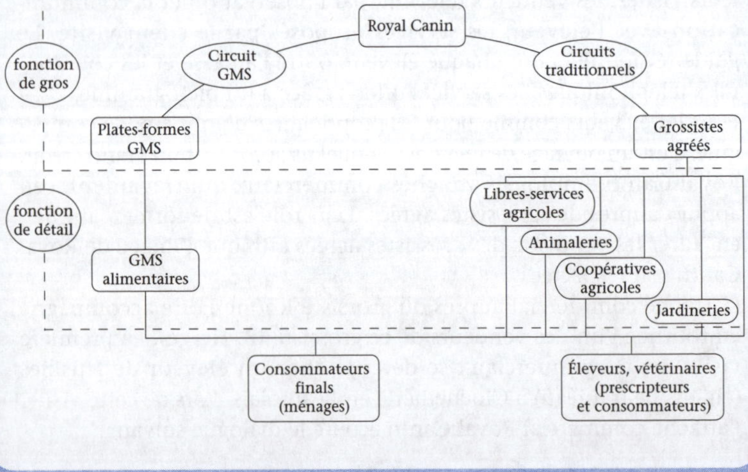

CORRIGÉS

1 Société Rémi

1. Fonctions de manager assurées par M. Rémi

• **Identification du contexte économique :** croissance. La société se situe sur un marché porteur, et grâce à ses produits innovants, elle développe son chiffre d'affaires.

– Stratégie mercatique : développement géographique du marché ; introduction des produits sur le marché de la région Ouest.

– Stratégie de distribution : 2 circuits : vente directe aux artisans (circuit direct) – vente en GMS (circuit long).

– Objectif à atteindre : créer une nouvelle clientèle dans la région Ouest – assurer un rôle de conseil et de soutien auprès des chefs de rayons de grandes surfaces.

– Contexte de management : constitution d'une équipe.

• **Identification de la situation à résoudre :** M. Rémi doit recruter un manager et une équipe en conciliant optimisation des objectifs de l'entreprise (développer le chiffre d'affaires), prise en compte des contraintes financières et des objectifs personnels des personnes recrutées (ambitions professionnelles – contraintes de vie privée).

2. Annonce de recrutement des vendeurs

SOCIÉTÉ RÉMI

Créée en 1995, certifiée ISO 9000, reconnue sur le marché des équipements de jardin pour la qualité de ses produits et sa capacité d'innovation, la SOCIÉTÉ RÉMI (30 collaborateurs, CA de 6,5 M€) est en plein développement.

Dans le cadre de notre croissance nous recherchons :

4 COMMERCIAUX POUR LA RÉGION OUEST
(BRETAGNE – PAYS-DE-LA-LOIRE – AXE RENNES/NANTES) h/f

Rattaché au manager de votre région, vous prenez en charge votre secteur sur lequel vous commercialisez nos produits auprès d'une clientèle d'artisans paysagistes, en cherchant à connaître motivations et habitudes d'achats de la clientèle finale.
De plus, vous assurez le contact avec les responsables des GMS commercialisant nos produits et vous effectuez un suivi.

Structuré, vous organisez vos rendez-vous, visitez vos clients et les GMS et rendez compte régulièrement de votre activité. Vous êtes responsable de la réalisation des objectifs qui vous sont fixés.

Âgé de 25/30 ans, vous possédez une formation commerciale de type Bac + 2 et une première expérience de la vente.

Dynamique et doté d'un bon relationnel, vous êtes précis, rigoureux et évoluez dans une logique de fidélisation.

Nous vous proposons une rémunération attractive et évolutive, une voiture de fonction, et une formation à nos produits.

Merci d'adresser votre candidature à SOCIÉTÉ RÉMI… Ou par e-mail :

www.remi.com.

3. Profil de poste du manager

POSTE : MANAGER COMMERCIAL RÉGIONAL				
QUALITÉS REQUISES	**1***	**2**	**3**	**4**
Formation générale		■		
Formation professionnelle			■	
Expérience				
• 2 ans au moins dans le domaine de la vente		■		
• animation d'une équipe de vente		■		
Mobilité			■	
Compétences professionnelles				
• management d'une équipe			■	
• organisation			■	
• autonomie			■	
• gestion		■		
Qualités personnelles				
• autorité			■	
• empathie			■	
• ténacité			■	
• enthousiasme			■	

* Niveau de qualité requis : 1 = faible ; 2 = assez bon ; 3 = bon ; 4 = excellent.

Fiche de description de fonction

FONCTION : MANAGER RÉGIONAL

MISSIONS
- analyser le marché
- contribuer au développement de l'entreprise sur la région qui lui est confiée
- créer une clientèle et la fidéliser

ACTIVITÉS
- évaluer le potentiel de marché dans la région
- prospecter la clientèle « artisans paysagistes »
- implanter les produits chez cette clientèle, en adéquation avec les motivations des consommateurs finals
- organiser la relation client avec les responsables des GMS référençant les produits
- mettre en place des techniques de fidélisation
- former, stimuler, encadrer, contrôler la force de vente sur le secteur
- analyser les résultats
- faire remonter les informations à la direction générale

AUTONOMIE
- il est placé sous la responsabilité de la direction générale
- il est responsable de la réalisation des objectifs régionaux
- il participe à la fixation de ces objectifs collectifs qu'il décline en objectifs personnels pour chaque membre de l'équipe

RELATIONS
- internes : il rend compte à la direction générale et manage son équipe
- externes : il représente l'entreprise auprès des clients et est responsable de l'image

2 Royal Canin

1. Difficultés rencontrées par l'attaché commercial

– **Identification du contexte** : le contexte de management est celui de l'évaluation des performances d'un vendeur appartenant au réseau de distribution. Le contexte mercatique est celui du respect de l'image de qualité que Royal Canin recherche afin de devenir leader sur le marché.
La situation va conduire sans doute au règlement d'un conflit.

– **Rôle du manager** : l'attaché commercial Royal Canin observe un vendeur et un client du distributeur.
L'objectif de l'organisation est de créer et de conserver une excellente image ; celui du manager est d'obtenir du vendeur et de son distributeur le respect de cette image, sans prendre le risque de mécontenter le grossiste.

– **Identification de la situation à résoudre** : le vendeur est malhonnête puisqu'il propose à l'éleveur qui ne le lui demande pas d'être présenté favorablement dans le guide qui sera distribué aux propriétaires de chiens. Il risque de jeter le discrédit sur ce guide puisque le client sera trompé : les prestations prévues n'existent pas. Il entache l'image de Royal Canin.
La situation n'est pas facile à gérer pour lui puisque :
– il ne possède pas d'autorité hiérarchique sur le vendeur ;
– l'éleveur n'est pas son client mais celui du grossiste ;
– il ne connaît rien des antécédents de la relation client entre le grossiste et l'éleveur.

2. Quand et comment doit-il réagir ?

Quand ? Il doit choisir entre :
- réagir devant l'éleveur
– avantages : respect de l'image de Royal Canin
– inconvénients : mise en porte à faux du vendeur – mauvaise image de la relation fabricant/grossiste
- réagir après, seul avec le vendeur
– avantage : l'éleveur ignore la source de conflit entre fabricant et grossiste – l'image du vendeur reste intacte
– inconvénients : l'image du guide des pensions sera ternie – il sera difficile de rétablir la situation face à l'éleveur.

Comment ?
Probablement en mettant en œuvre des capacités d'autorité tout en recherchant l'adhésion du vendeur. Si la réaction se fait face à l'éleveur, il faut habilement reprendre le questionnement de l'éleveur sur les prestations qu'il offre réellement et lui suggérer de s'en tenir à celles-ci dans le guide dans le but de ne pas décevoir les propriétaires et de conserver ses clients ; la difficulté, dans ce cas, est d'empêcher les réactions du vendeur désavoué.

Si la réaction se fait en face à face avec le vendeur, il faut lui faire prendre conscience des conséquences de ses actes :
– risque de détériorer l'image de Royal Canin et de faire baisser les ventes ;
– risque de faire perdre à l'entreprise tout le bénéfice qu'elle espère obtenir de la réussite de ce guide à usage des propriétaires, qui lui sert d'outil de promotion ;
– non-respect de la déontologie du métier ;
– attitude non rentable sur le long terme.

10

La stratégie

1 La stratégie par rapport au marché

La stratégie mercatique est l'ensemble des décisions prises par une entreprise pour atteindre des objectifs sur un marché donné.
Elle se découpe en :
– choix du couple produit / marché,
– choix de la taille du marché.

1. Adaptation du produit au marché

● En fonction de l'hétérogénéité ou de l'homogénéité du marché, l'entreprise adoptera une stratégie :
– **globale** : un même produit pour la totalité du marché, y compris l'étranger ;
– **différenciée** : un produit différent par segment de marché (ensemble de consommation homogène) ;
– **adaptée** : un même produit pour plusieurs segments, mais un mode de distribution différent.

2. Choix de la taille du marché

● En fonction de ses capacités d'expansion, des résultats des études de marché et des positions de la concurrence, l'entreprise choisira entre :
– **une localisation régionale** : c'est le cas des PME / PMI à monoproduit et dont les capacités de financement sont limitées ;
– **une extension nationale** : c'est le cas des entreprises dont le marché local ou régional se trouve saturé et qui possèdent les capacités de production et de commercialisation nécessaires ;
– **une extension internationale** : c'est le cas des entreprises qui possèdent un produit et/ou un savoir-faire exportable, quelle que soit leur taille.

● Le contexte économique international actuel est caractérisé par :
– la globalisation des marchés,
– la délocalisation de la production, c'est-à-dire la recherche par les entreprises des coût les plus faibles,
– l'émergence des anciens pays de l'Est, de certains pays d'Asie (Corée, Thaïlande, Chine…) et d'Amérique du Sud, qui exacerbent la concurrence,
– le développement des technologies qui suppriment certaines notions de distance (télécommunications).

3. La stratégie à l'exportation

- **L'opportunité d'exporter** doit être avant tout établie.

Il y a plusieurs raisons d'exporter :
- diversification géographique qui permet une répartition des risques,
- économies d'échelle par l'accroissement de la production,
- saturation des marchés nationaux actuels de l'entreprise.

Mais pour pouvoir exporter, l'entreprise doit en avoir les moyens :
- Les produits actuels de la firme sont-ils adaptés aux marchés ciblés ?
- Le système de production pourra-t-il répondre à un accroissement de la demande ?
- L'entreprise a-t-elle les moyens financiers ?
- Les ressources humaines ont-elles la volonté d'exporter, les compétences, les structures adéquates ?
- Les méthodes de commercialisation s'adapteront-elles à la structure et aux contraintes des marchés extérieurs ?

- **L'étude des zones** doit être faite en fonction des produits ou services à exporter.

Les principaux types de zones d'échanges commerciaux sont :
- les zones de libre-échange où les marchandises circulent sans aucun obstacle (AELE : Suisse-Islande-Norvège-Liechtenstein ; Alena : États-Unis-Canada-Mexique) ;
- les unions douanières où il existe un libre-échange interne et une position commune vis-à-vis de l'extérieur (pacte andin : Bolivie-Équateur-Colombie) ;
- les marchés communs où circulent librement hommes, capitaux et marchandises (marché commun européen ; Mercosur en Amérique du Sud) ;
- les unions économiques où les pays combinent marchés communs et politiques économiques communes (Union européenne…).

- **Le type d'implantation** peut être :
- direct : l'entreprise crée son propre réseau ;
- indirect : recours à un réseau déjà existant (importateurs, agents commerciaux) ;
- de portage (ou *piggyback*) : utilisation du réseau d'une autre entreprise non concurrente.

Les mots-clés

stratégie adaptée, stratégie différenciée, stratégie globale ▶ *lexique* p. 281

2 La stratégie face à la concurrence

L'entreprise évolue sur un marché concurrentiel. Face à la concurrence, elle doit définir et appliquer une stratégie adaptée, résultat de l'analyse de ses forces et faiblesses ainsi que des opportunités et contraintes de son environnement.

1. Les sources d'information sur la concurrence

- Avant d'élaborer sa stratégie, l'entreprise s'informe. Elle dispose pour cela de différents moyens.
- **Le système d'information mercatique** (SIM) désigne l'ensemble des moyens mis en œuvre par l'entreprise pour disposer d'informations sur les consommateurs, les concurrents et l'environnement général de l'entreprise.
- **La veille concurrentielle** est plus précisément centrée sur le marché de l'entreprise et de ses concurrents dans le domaine des innovations et des stratégies. Lorsque cette veille concerne les prix, on parle de *benchmarking*.
- **Les documents internes** à l'entreprise, tels que les rapports de la force de vente ainsi que **les études spécifiques** complètent l'information de l'entreprise.

2. Les caractéristiques de la stratégie

- Face aux autres entreprises présentes sur le marché, une entreprise peut adopter une stratégie offensive ou défensive.
- **La stratégie offensive** est choisie si l'entreprise possède l'initiative de la mise en œuvre de plans mercatiques susceptibles d'attaquer les positions concurrentielles en place :
  - politique d'innovation,
  - de prix bas,
  - d'investissements lourds en communication,
  - d'image de marque forte…
- **La stratégie défensive** est appliquée dans le cas où l'entreprise se contente de riposter aux actions menées par les concurrents, pour maintenir sa position sur le marché.

3. Les stratégies possibles

● De l'analyse qui précède découlent des stratégies différentes de positionnement concurrentiel.

● **La stratégie de leader** a pour objectif d'être le premier sur le marché, et de le rester.
Les moyens à mettre en œuvre sont :
– l'innovation,
– le savoir-faire industriel et/ou commercial susceptible de forger une image de marque très forte,
– l'investissement technique et humain...
C'est en général une stratégie de grande entreprise : extension de la part de marché, guerre des prix...

● **La stratégie de challenger** sera plutôt adoptée par une entreprise qui est deuxième ou troisième et souhaite devenir leader.
Les moyens à mettre en œuvre sont les mêmes que précédemment, le souci premier étant de tenter d'égaler les performances du leader.
C'est en général la stratégie d'entreprises de grande taille également, cependant moins bien situées sur le marché.

● **La stratégie de suiveur** a pour objectif de se maintenir sur un marché, sur lequel l'entreprise ne possède pas de position forte.
Les moyens à mettre en œuvre sont ceux de la « veille » technologique et commerciale, de l'imitation. L'entreprise profite de l'expérience de ses concurrents.
C'est souvent la stratégie d'entreprises de taille plus modeste qui visent un marché à moindre pouvoir d'achat, et qui essaient de ne pas provoquer d'offensives de la part des entreprises plus puissantes.

Les mots-clés

stratégie de challenger, stratégie défensive, stratégie de leader, stratégie de suiveur, stratégie offensive

▶ *lexique* p. 281

3 Les stratégies face au produit et face au prix

Deux composantes du plan de marchéage sont essentielles pour définir une stratégie efficace : le produit et le prix.

1. Les stratégies possibles face au produit

● **L'innovation** vise à donner une image de dynamisme et de performance technologique, et à conquérir des marchés nouveaux en cas de saturation du marché actuel.
C'est une stratégie très coûteuse et qui suppose des investissements humains et techniques énormes en matière de recherche. En cas de succès, c'est en revanche celle qui donne la meilleure image de l'entreprise.

● **La spécialisation** a pour objectif d'occuper un segment étroit du marché grâce à un savoir-faire pointu.
L'avantage essentiel consiste à ne pas disperser les efforts tant techniques que mercatiques. La spécialisation conduit à une gamme de produits étroite mais profonde. Elle se justifie pour les entreprises de taille moyenne ou petite et / ou lorsque la demande est différenciée et le marché segmenté.
Le risque inhérent à cette stratégie est celui de l'étroitesse éventuelle du marché.

● **La diversification** a pour but d'occuper plusieurs segments de marché ou différents marchés afin de diminuer les risques liés à la décroissance des ventes sur certains d'entre eux.
Cette stratégie peut être celle des grandes entreprises, à savoir-faire multiples, susceptibles d'assumer les coûts liés à la dispersion des efforts.
La diversification suppose une structure de type divisionnelle de l'entreprise. Elle est essentiellement justifiée par la diversification des risques.

● **Le recentrage** permet de concentrer les efforts sur le savoir-faire premier de l'entreprise, son « métier », fondé sur la longévité de l'activité et l'expérience, en abandonnant les activités annexes.

Le recentrage résulte en général de la volonté de la direction de redonner à l'entreprise sa vocation première, par abandon d'autres activités moins rémunératrices ou sources de dilution de l'image.
L'avantage du recentrage est l'amélioration de l'image.

2. Les stratégies possibles face au prix

• En fonction des contraintes internes et externes liées à la fixation des prix pratiqués sur le marché, l'entreprise adoptera l'une des trois stratégies possibles.

• **La stratégie d'écrémage**
Principe : vendre plus cher que la concurrence.
Objectifs :
– forger une image de marque de qualité,
– sélectionner la clientèle,
– privilégier la marge.
Risques :
– guerre des prix à la hausse (rare),
– concurrence de produits à prix inférieurs mais à qualité perçue équivalente.

• **La stratégie de pénétration du marché**
Principe : vendre à bas prix.
Objectif : occuper la part de marché la plus importante possible.
Risques :
– guerre des prix,
– insuffisance de marge.

• **La stratégie de suiveur**
Principe : pratiquer le prix du marché.
Objectif : maintenir sa position sur le marché.
Risque : pas de différenciation vis-à-vis de la concurrence.

Les mots-clés

diversification, écrémage, pénétration du marché ► *lexique* p. 281

savoir-faire

Proposer une stratégie pour une entreprise

Ce qu'il faut faire

1 - Réaliser un diagnostic

Mise en évidence des forces et faiblesses respectives de l'entreprise et de ses concurrents.

2 - Caractériser le type de stratégie actuelle de l'entreprise

Stratégie mercatique

● Par rapport au marché

– Couple produit-marché :
• stratégie globale (non-segmentation),
• stratégie différenciée (segmentation),
• stratégie adaptée.

– Au niveau de la taille du marché :
• stratégie d'extension nationale,
• stratégie d'extension internationale,
• stratégie de localisation régionale.

● Par rapport au produit

– Innovation.
– Spécialisation.
– Diversification.
– Recentrage.

● Par rapport au prix

– Écrémage du marché.
– Pénétration du marché.
– Stratégie de suiveur.

● Par rapport à la concurrence

– Stratégie offensive.
– Stratégie défensive.

– Liée à une stratégie de positionnement concurrentiel :
- stratégie de leader,
- stratégie de spécialiste,
- stratégie de challenger…

Stratégie générale de l'entreprise
– Développement ou croissance interne.
– Développement ou croissance externe.
– Développement international.
– Domination par les coûts.
– Recentrage sur le métier.

3 - Définir les objectifs et les exprimer sous forme chiffrée
– Part de marché à atteindre.
– Place sur le marché à occuper.
– Ateindre un marché international.
– Atteindre un marché à une échéance datée.

4 - Définir les moyens à mettre en œuvre
Il s'agit de définir le plan d'action mercatique à travers le plan de marchéage – produit, prix, distribution, communication – et la mise en œuvre d'actions d'information, de formation et de motivation au sein de l'entreprise.

5 - Contrôler la mise en œuvre des moyens décidés et leurs effets
– Comparer prévisions et réalisations.
– Mesurer les effets des actions engagées (extension du réseau de distribution, renforcement de la force de vente, modification des prix, campagne de communication…).

ÉTUDES DE CAS

Exercice d'entraînement

1 Waterair

Waterair (voir présentation p. 142) envisage de vendre ses produits en Argentine, Turquie et Pologne.

Travail à faire

1. Appréciez l'opportunité pour Waterair d'exporter dans chacun de ces pays.
2. Quelles études complémentaires suggérez-vous pour faciliter la prise de décision ? Justifiez vos propositions.

▶ *Corrigé* p. 196

➡ **Annexe**

Les marchés argentin, turc et polonais

Caractéristiques	Argentine	Turquie	Pologne
Climat	Tempéré novembre-février, 30 °C ; avril 35 °C, min 5 °C	Méditerranéen	Continental (intérieur) et océanique (littoral de la Baltique)
Coût de transport	535 € (CIF Buenos Aires)	380 € (CIF Istanbul)	335 € (CIF Varsovie)
Convertibilité monnaie	Oui	Oui	Oui
Taxe douanière	20 %	4,57 %	9 %
TVA	25 %	20 %	15 %
Normes	Pas exigées	ISO / CE	ISO / CE
PNB / hab (en $)	7 780	2 670	2 800
Population en millions	34,4	61,8	38,5
Croissance économique en %	2,5	7,5	5
Inflation en %	0,6	90	19,9
Risque de non-paiement*	4	5	4
Risque d'instabilité politique*	6	5	5

▶▶▶

▶▶▶

* Il s'agit de la classe de risque du pays dans le classement pays de Credit Risk International. La note est exprimée sur 7. Les classes se définissent comme suit : 7 Risque assimilable à la zone OCDE, 6 Risque faible, 5 Risque modéré, 4 Risque assez élevé, 3 Risque élevé, 2 Risque très élevé, 1 Risque dangereux.

Sujet de type BTS

2 Le fumet des Dombes

L'entreprise Le fumet des Dombes produit et commercialise des produits de pisciculture fumés. Elle envisage un développement à l'international.

Le fumet des Dombes n'a pratiquement pas d'expérience à l'export. Avant d'entamer de réels efforts vers l'étranger, M. Rolland vous demande de réaliser un diagnostic de l'entreprise, ainsi qu'une étude comparative des marchés étrangers envisagés.

TRAVAIL À FAIRE

1. Vous disposez de quelques informations (annexe) sur le marché de trois pays européens qui intéressent *a priori* l'entreprise. Analysez ces données.

2. Quelles conclusions pouvez-vous tirer ?

▶ *Corrigé* p. 197

➡ **Annexe**

ANALYSE DE TROIS MARCHÉS EUROPÉENS

ALLEMAGNE

Produits de la mer : augmentation de la consommation allemande (extraits)

Les Allemands semblent reprendre goût au poisson. Les derniers chiffres communiqués par l'industrie de la pêche révèlent en effet que la consommation annuelle moyenne de produits de la mer a progressé de 2,20 % en 1997 pour s'établir à un niveau record de près de 15 kg poids brut par habitant, soit une consommation totale de 1 221 800 tonnes si l'on se base sur une population de 82 millions d'habitants.

La moyenne européenne n'est pas encore atteinte, pourtant les professionnels considèrent cette orientation de la demande comme le résultat d'importants efforts visant à promouvoir les ventes et l'image du poisson.

Une analyse de la consommation par famille de produits met en évidence la place dominante des conserves et marinades qui représentent, selon le Centre d'information sur le poisson, 32 % du total et enregistre une croissance de l'ordre de 2 %.

Les harengs détiennent plus de 1/5 de ce segment ; le thon, les sardines et maquereaux se situent loin derrière. Le surgelé est, par ordre d'importance, le deuxième segment avec une part inchangée de 21 %. La part du frais a légèrement reculé

▶▶▶

▶▶▶

l'année dernière (– 2 %) pour s'établir à 13 %.
La consommation de poisson fumé (5 % au total) et de salades (4 %) a peu évolué entre 1996 et 1997.

Commerce extérieur
Le solde du commerce allemand des produits de la mer destinés à l'alimentation humaine (c'est-à-dire sans les graisses, huiles et farines de poisson) est très nettement déficitaire : 472 625 tonnes pour une valeur de 2,5 milliards de DEM. Les volumes importés représentent environ 39 % de la consommation totale estimée en 1997.
En 1997, les exportations allemandes de produits de la pêche et de l'aquaculture se sont élevées à 551 520 tonnes en volume et 1,5 milliard de DEM en valeur. Si l'on fait abstraction des graisses, huiles et farines de poisson, ces exportations représentent 1,25 milliard de DEM.

Source : www.cfce.fr

NB. : DEM = Deutchmark.

ITALIE

Chargé de mission à Rome – CFCE Les produits de la mer.
Une offre en produits de la mer en nette diminution au niveau des captures, stable pour l'aquaculture (principalement la truite), un niveau de consommation en hausse constante (> 20 kg/an), qui présente encore une marge de progression à ne pas négliger, notamment dans la qualité et le service, un réseau de commercialisation atomisé et encore dominé par les systèmes traditionnels, mais une grande distribution en pleine structuration, et qui s'engage sur le secteur, ce sont les caractéristiques principales du secteur.
Le marché italien est de plus en plus tributaire de l'importation (750 000 tonnes en 1997, 780 000 tonnes en 1998), avec un solde négatif qui s'alourdit d'année en année, tant en volume qu'en valeur.
La France bénéficie d'une image de qualité et d'une bonne notoriété pour les produits phares : poissons frais (soles, bars de ligne, daurades d'élevage, baudroies…), mais se positionne avec succès sur le marché des crustacés et des mollusques. La grande distribution française est désormais bien implantée sur le marché italien : Auchan, Promodès, Carrefour. Il est temps d'identifier clairement le marché italien et d'y tisser des relations à long terme afin de consolider la position française sur un marché en phase de croissance et de développement.

Source : *Le Moci*, août 1999.

ESPAGNE

Le marché espagnol des produits de la mer (extrait)
Consommation annuelle : 28 kg / hab.
L'Espagne se classe en termes de consommation de produits de la mer au 2e rang européen, derrière le Danemark, avec un niveau supérieur à 28 kg / habitant / an (moyenne européenne : environ 15 kg / hab. / an). Cependant depuis le début des années 1990, la consommation connaît une baisse sensible : – 9 % de 1993 à 1997. Ce tassement ne concerne pas toutes les catégories de produits ; il touche en particulier les segments du surgelé et du frais avec des reculs proches de 16 % entre 1993 et 1997 ; la consommation de mollusques et crustacés reste stable quant à elle, tandis que celle des conserves progresse de près de 15 %.
Le poisson frais se taille la part du lion (46 % des ventes totales en 1997) ; il est suivi du poisson congelé et des conserves avec des parts respectives de 13 % environ. Les mollusques, céphalopodes et crustacés représentent quant à eux 27 % du total.
La consommation au foyer domine (plus de 76 % du total, dont 82 % de poisson frais), 20 % revenant au canal HORECA (hôtel-restaurant-cafétéria) et près de

▶▶▶

▶▶▶

3,50 % aux ventes dans les collectivités. Depuis 1990, la part des achats pour la consommation au foyer diminue régulièrement notamment en ce qui concerne le surgelé.

Distribution : le commerce traditionnel domine
En ce qui concerne la distribution de ces produits, les commerces traditionnels réalisent 53 % des ventes au détail. La part des supermarchés s'élève à 26 %, celle des hypermarchés à 15,30 %. La position dominante des points de vente traditionnels est particulièrement nette pour les produits de la mer frais, puisque leur part de marché s'élève encore à 50 %, bien qu'ayant enregistré une forte baisse en 1993 (jusqu'à cette date leur part s'élevait à 80 %). Sur ce segment, la part des supermarchés se situe autour de 20 % et celle des hypermarchés à moins de 10 %.
En ce qui concerne la politique de prix des distributeurs, on constate que les magasins traditionnels pratiquent les prix les plus élevés. Les consommateurs à la recherche des prix les plus avantageux se tournent vers les « discounters » ou s'adressent directement aux producteurs. Les supermarchés se situent exactement dans la moyenne et les hypermarchés à deux points en dessous.

Poisson fumé : du saumon avant tout
Les entreprises de fumage ont dû elles aussi faire face à des difficultés liées à l'accroissement du coût des matières premières. Le saumon représente plus de 60 % de la production de poisson fumé. L'imposition de droits de douane sur les produits originaires de pays tiers, afin de protéger le saumon écossais, a porté préjudice aux entreprises espagnoles qui s'approvisionnent majoritairement en Norvège. 60 % de leur matière première provient, en effet, de ce pays.
L'un des grands problèmes auxquels est confrontée la branche actuellement réside dans le fait que le saumon, après avoir été considéré comme une denrée de luxe, fait partie désormais des produits de consommation courante. Cela a entraîné une augmentation de la consommation et de la production : + 8 % entre 1995 et 1996 puis + 16 % entre 1996 et 1997. La chute des prix qui s'en est suivie a été telle que l'augmentation du volume des ventes se répercute à peine sur le chiffre d'affaires du secteur. En 1997, les ventes de poisson fumé se sont élevées entre 5 500 et 6 000 tonnes ; le marché espagnol du saumon fumé est arrivé à maturité et son potentiel de croissance est limité. D'autres espèces offrent encore de belles perspectives.
En 1997, la production de toutes les entreprises a augmenté. Les quatre premières réalisent ensemble 50 % du volume global ; leurs ventes enregistrent des taux de croissance supérieurs à ceux de l'ensemble de la branche.
Le caractère saisonnier de la consommation de poisson fumé est très marqué (35 % à la période de Noël), 55 % des ventes en volume sont consommées hors foyer. La grande distribution joue un rôle majeur dans leur commercialisation.

Détail par gamme de produits
La flotte espagnole de bateaux-congélateurs est la première d'Europe.
Le segment des produits de la mer congelés connaît une baisse préoccupante : 33 % entre 1990 et 1996. Ce recul traduit la baisse du poisson congelé à l'état brut ; on note en effet une tendance à la hausse des produits élaborés et notamment des plats préparés à base de poisson.
En 1996, on a pu constater un glissement de la consommation en faveur du frais avec l'arrivée sur le marché de nouveaux modes de présentation de cette gamme : poisson frais préparé, présenté en barquettes, et se caractérisant par une durée de conservation plus élevée et un prix attractif.

Source : www.cfe.fr, 1999.

CORRIGÉS

1 Waterair

1. Opportunité d'exporter

	Turquie	Pologne	Argentine
Points forts	– Population nombreuse – Taxe douanière faible – Climat – Coût du transport	– Taxes faibles	– Climat – PNB / habitant – Stabilité politique
Points faibles	– Pauvreté de la population – Inflation	– Climat – Risque de non-paiement – Faible PNB / habitant	– Coût du transport – Risque de non-paiement

Remarque
Le climat et l'existence d'une cible avec des revenus suffisants semblent des éléments essentiels.

2. Suggestions d'études complémentaires

Étude de l'offre
– Puissance et nombre de concurrents
– Produits proposés et prix.

Étude de la demande
– Habitudes, comportement d'achat
– Analyse des besoins, volume de la clientèle potentielle
– Répartition de la population par PCS et par revenu
– Nombre de propriétaires de pavillons.

Analyse des circuits de distribution.

Analyse des conditions réglementaires et politiques spécifiques (taux de change…).

Étude documentaire approfondie en France.

Étude documentaire sur place.

Enquêtes sur place
Pour récupérer des informations
– qualitatives,
– quantitatives.

2 Le Fumet des Dombes

1. Analyse des marchés étrangers

Marché du poisson			
	Allemagne	**Italie**	**Espagne**
Points forts	Consommation en hausse + 2,20 % / an (15 kg / an / hab.) grâce aux efforts de l'industrie pour améliorer l'image du poisson et la promotion des ventes.	– Consommation en hausse constante (20 kg / an / hab.) avec marge de progression. – Attentes en termes de qualité et de service. – Réseau de distribution atomisé dominé par le commerce traditionnel, mais GMS en pleine restructuration. – Très dépendant des importations (780 000 tonnes en 1998). – Déficit de la balance commerciale en augmentation.	– Consommation hors foyer en hausse. – La part des GMS est en progression.
Points faibles	Commerce extérieur très déficitaire : 39 % de la consommation totale est importée.		– Consommation en baisse avec un niveau de consommation individuelle élevé (28 kg / an / hab. en 1997). – Consommation surtout de poisson frais (46 % des ventes). – Consommation au foyer (76 % du total) en baisse. – Prédominance de la distribution traditionnelle (surtout pour le poisson frais).

Marché du poisson fumé			
	Allemagne	**Italie**	**Espagne**
Points forts		Pas d'informations spécifiques sur les poissons fumés.	– Le saumon représente une part importante de la production de poisson fumé (+ 16 % de 1996 à 1997). – Le marché du saumon est en phase de maturité mais perspectives de croissance intéressantes pour les autres poissons.
Points faibles	La consommation de poissons fumés a peu évolué ces dernières années : + 5 % du total.		– Marché oligopolistique (les quatre plus grands font 50 % du volume global). – Une saisonnalité forte (Noël = 35 % des ventes) exige une gestion rigoureuse de la trésorerie.

Synthèse

Allemagne : marché important. Beaucoup d'importations.

Italie : pour les poissons en général, bonnes perspectives sur un marché en croissance ; les enseignes GMS françaises peuvent être utiles.

Espagne : potentiel intéressant même si les entreprises espagnoles sont présentes sur le marché (mais surtout sur d'autres poissons que le saumon).

2. Conclusions

Cette première approche montre que les trois marchés étudiés présentent des perspectives intéressantes.

Le marché italien peut être développé en priorité, en s'appuyant sur le réseau de distribution des GMS.

Le fumet des Dombes est une PME qui a la volonté de se développer. Ses capacités de production lui permettent d'envisager d'être présente sur le marché italien.

Toutefois, une étude complémentaire s'impose pour chacun des trois marchés.

11

L'analyse comptable

1 L'analyse du résultat

L'établissement du compte de résultat clôture chaque exercice comptable. C'est un document qui regroupe les flux : produits et charges qui sont entrés et sortis de l'entreprise au cours de l'exercice.
Le compte de résultat présente dans un tableau les charges (classe 6 du plan comptable général) et les produits (classe 7) d'une entreprise observée pendant un exercice comptable.

1. Classement par nature des charges et des produits

Charges	Produits	Nature
Charges d'exploitation (achats, charges de personnel, loyers…)	Produits d'exploitation (chiffre d'affaires…)	Ils résultent de l'activité normale et habituelle de l'entreprise.
Charges financières (intérêts des emprunts…)	Produits financiers (intérêts provenant des placements…)	Ils proviennent des opérations financières réalisées au cours de l'exercice.
Charges exceptionnelles	Produits exceptionnels	Ils résultent des opérations non liées au fonctionnement habituel de l'entreprise.

2. Présentation du compte de résultat

- Deux présentations du compte de résultat sont possibles : en compte ou en liste.
- Dans la présentation en compte, les charges sont portées au débit et les produits au crédit du compte de résultat.

Charges	Produits
Charges d'exploitation (comptes 60 à 65 et 681)	Produits d'exploitation (comptes 70 à 75 et 781)
Charges financières (comptes 66 et 686)	Produits financiers (comptes 76 et 786)
Charges exceptionnelles (comptes 67 et 687)	Produits exceptionnels (comptes 77 et 787)
Participation des salariés et impôts sur les bénéfices (compte 69)	
Solde créditeur : Produits > Charges → Bénéfice	Solde débiteur : Charges > Produits → Perte

- Dans la présentation en liste, on calcule divers résultats partiels.

	Produits d'exploitation
–	Charges d'exploitation
=	Résultat d'exploitation (1)
	Produits financiers
–	Charges financières
=	Résultat financier (2)
	Produits exceptionnels
–	Charges exceptionnelles
=	Résultat exceptionnel (3)
	Participation des salariés et impôts sur les sociétés (4)
	Résultat de l'exercice (bénéfice ou perte) = 1 + 2 + 3 + 4.

Les mots-clés

compte de résultat, résultat d'exploitation, résultat financier, résultat exceptionnel, résultat de l'exercice

▸ *lexique* p. 281

2 Les soldes intermédiaires de gestion

L'examen du compte de résultat permet de faire apparaître des soldes d'exploitation, financier et exceptionnel. Mais, pour une analyse plus fine, il est nécessaire de calculer les soldes expliquant la formation du résultat : les soldes intermédiaires de gestion.

1. La marge commerciale

• Elle correspond à la vente de marchandises moins le coût d'achat des marchandises vendues : Achat de marchandises ± Variation des stocks. Pour les activités commerciales, la marge commerciale mesure le bénéfice réalisé sur la vente de biens antérieurement acquis.

2. La production de l'exercice

• Elle correspond à la production vendue plus ou moins la production stockée plus la production immobilisée. Pour les entreprises qui ont une activité industrielle, la production de l'exercice mesure la valeur créée à travers la production de l'exercice de l'entreprise.
Production de l'exercice = 70 + 71 + 72 (numéros de comptes du plan comptable général).

3. La valeur ajoutée

• C'est la production de l'exercice et/ou la marge commerciale moins la consommation de biens et de services en provenance des tiers (Achats de matières premières, ± Variations de stocks matières, autres charges externes). La valeur ajoutée mesure la richesse créée par l'entreprise (au niveau national, c'est le PIB).
VA = Production de l'exercice + Marge commerciale
– (601, 602, 604, 605, 606, ± 6031, 61, 62).

4. L'excédent brut d'exploitation (ou insuffisance brute d'exploitation)

• L'EBE correspond à la Valeur ajoutée moins les Charges de personnel moins les Impôts, taxes et versements assimilés plus les Subventions d'exploitation.

L'excédent brut d'exploitation représente le résultat de l'entreprise sans tenir compte du système d'amortissement, du mode de financement et des opérations à caractère exceptionnel. EBE = VA – 64 – 63 + 74.

5. Le résultat d'exploitation

● C'est l'excédent brut d'exploitation (ou insuffisance...) plus d'Autres produits, plus les Reprises sur provisions plus les Transferts de charges moins les Autres charges, moins la Dotation aux amortissements et provisions.
Le résultat d'exploitation représente la synthèse de tous les éléments d'exploitation, c'est-à-dire avant la prise en compte des produits et charges financières et exceptionnelles.
Résultat d'exploitation = EBE + (75 sauf 755) + 781 + 791 – (65 sauf 655) – 681.

6. Le résultat courant avant impôts

● Il correspond au Résultat d'exploitation plus les Produits financiers plus ou moins les Quotes-parts de résultat sur opérations faites en commun.
Le résultat courant avant impôts permet de rendre compte du résultat de l'activité de l'entreprise en dehors des opérations exceptionnelles. N'apparaissent donc que les opérations d'exploitation et de financement.
Résultat courant = Résultat d'exploitation + (76 + 786 + 796) – (66 + 686) ± (755 – 655).

7. Le résultat exceptionnel

● Il correspond aux Produits exceptionnels moins les Charges exceptionnelles. Le résultat exceptionnel correspond au résultat sur les opérations exceptionnelles. Résultat exceptionnel = 77 + 787 + 797 – 67 – 687.

8. Le résultat de l'exercice

● C'est le Résultat courant avant impôts plus ou moins le Résultat exceptionnel moins la Participation des salariés (691) aux fruits de l'expansion moins les Impôts sur les bénéfices (695 + 69). Le résultat de l'exercice est le résultat final qui figure au bilan. Il est également appelé bénéfice net comptable ou perte nette comptable selon les cas.

Les mots-clés

soldes intermédiaires de gestion, marge commerciale, valeur ajoutée, excédent brut d'exploitation

▶ *lexique* p. 281

3 L'analyse du bilan

Le bilan est un tableau de synthèse qui présente à un moment déterminé : les ressources de l'entreprise (passif) et l'emploi qui en est fait (actif).
Deux formes de présentation du bilan sont possibles : le bilan fonctionnel et le bilan financier.

1. Le bilan fonctionnel

● Le bilan fonctionnel est établi dans une optique comptable : étudier la continuité de l'entreprise. Il permet le calcul du fonds de roulement net, du besoin en fonds de roulement et du tableau de financement.

Actif	Passif
Actif immobilisé • Incorporel • Corporel • Financier	**Financement stable** • Ressources propres • Dettes financières • Amortissement provisions
Actif circulant • Stocks • Créances *Exploitation :* Avances et acomptes versés Créances clients Autres créances d'exploitation Charges constatées d'avance *Hors exploitation :* Autres créances (Valeurs mobilières de placement) • Trésorerie actif	**Passif circulant** *Exploitation :* Avances et acomptes reçus Dettes fournisseurs Dettes fiscales et sociales *Hors exploitation :* Dettes sur immobilisations Dettes fiscales (IS) Autres dettes • Trésorerie passif : concours bancaire et soldes créditeurs

● Le bilan fonctionnel est issu du bilan comptable. Cette présentation découle des principes imposés par le plan comptable général pour les calculs du fonds de roulement et du tableau de financement. Tous les éléments de l'actif sont enregistrés pour leurs valeurs brutes.

2. Le bilan financier

- Le bilan financier est établi dans une optique financière. Il permet d'étudier la solvabilité de l'entreprise. À partir du bilan financier peut être calculé le fonds de roulement permanent ou financier.

Actif	Passif
Actifs à plus d'un an	Capitaux permanents Dettes à plus d'un an
Actifs à moins d'un an	Dettes à moins d'un an

- Le bilan financier doit permettre de renseigner les actionnaires et les tiers (banque, organisme financier) quant à la solvabilité, à la liquidité financière de l'entreprise. Il est obtenu après analyse et retraitement de certains postes du bilan comptable.

Postes	Retraitement
Frais d'établissement Frais de recherche Charges à répartir	Actif fictif imputé sur les capitaux propres
Fonds commercial Immobilisations corporelles et financières Stocks Créances VMP	La valeur réelle est mieux représentée par le prix probable de cession que par la valeur comptable nette.
Provisions pour risques et charges	Ne sont inscrites en dettes à moins d'un an que si elles traduisent des risques et charges à venir. Sinon elles sont réintégrées au résultat.
Stock de sécurité	Actif à plus d'un an
Créances clients et comptes rattachés	Classés en actifs à plus d'un an ou moins d'un an suivant les informations fournies
Dettes	Reclassées en fonction des échéances

Les mots-clés

bilan, bilan fonctionnel, bilan financier

▶ *lexique* p. 281

4 Le fonds de roulement

Afin d'évaluer la situation financière de l'entreprise, il est nécessaire de calculer quelques indicateurs significatifs : le fonds de roulement net global (FRNG), le besoin en fonds de roulement (BFR) et la trésorerie nette.

1. Le fonds de roulement net global (FRNG)

- Le fonds de roulement permet de déterminer comment sont financés les actifs immobilisés et circulants.

C'est la partie des ressources stables employée au financement du cycle d'exploitation. Le FRNG se calcule à partir du bilan fonctionnel.

- Un fonds de roulement net global positif constitue un élément d'équilibre financier, car il signifie que les ressources stables de l'entreprise financent l'intégralité de ses immobilisations ainsi qu'une fraction de ses stocks, voire même de ses créances. Par exemple, disposer de capitaux remboursables dans deux ans pour financer ses stocks serait une situation confortable pour la trésorerie de l'entreprise : cela lui permettrait de renouveler ses stocks plusieurs fois avant de rembourser.

- Le fonds de roulement net global se calcule de la façon suivante :

– par le haut du bilan

FRNG = Capitaux permanents – Actif immobilisé

– par le bas du bilan

FRNG = Actif circulant – Dettes à court terme.

Actif immobilisé	Capitaux permanents	↕ FRNG
Actif circulant		
	Dettes à court terme	

2. Le besoin en fonds de roulement (BFR)

- Le BFR indique la part des actifs circulants non financés par les passifs circulants, mais aussi la nécessité de recourir à un financement par des ressources stables.

Il résulte des décalages dans le temps entre les encaissements et les décaissements.
Le besoin en fonds de roulement est couvert par le fonds de roulement, sinon l'entreprise fait appel à des aides bancaires.

- Le BFR se calcule de la façon suivante :

Besoin en fonds de roulement d'exploitation (BFRE) =
Actif circulant d'exploitation − Passif circulant d'exploitation.

Besoin en fonds de roulement hors exploitation (BFRHE) =
Actif circulant hors exploitation − Passif circulant hors exploitation.

Besoin en fonds de roulement (BFR) = BFRE + BFRHE.

3. La trésorerie

- La trésorerie est l'ensemble des moyens de financement à court terme à la disposition de l'entreprise (financement des dépenses courantes).

Elle se calcule de la façon suivante :

Trésorerie nette = Trésorerie d'actif − Trésorerie de passif

ou

Trésorerie nette = Fonds de roulement net global (FRNG) − Besoin en fonds de roulement (BFR).

- Si le fonds de roulement est égal au besoin en fonds de roulement, la trésorerie est nulle, l'équilibre financier est réalisé.
Si le fonds de roulement est supérieur au besoin en fonds de roulement, la trésorerie est positive. L'entreprise dispose de liquidités.
Si au contraire le fonds de roulement est inférieur au besoin en fonds de roulement, la trésorerie est négative. L'entreprise fait appel à des concours bancaires.

Les mots-clés

fonds de roulement net global (FRNG),
besoin en fonds de roulement (BFR), trésorerie

▶ *lexique* p. 281

5 Les ratios et la capacité d'autofinancement

Pour analyser les équilibres financiers, les gestionnaires calculent des ratios. Par ailleurs, dans le cadre de l'analyse comptable, sera déterminée la capacité d'autofinancement.

1. Étude de la structure du bilan : les ratios

- Les ratios de structure

Ratio d'autonomie financière	$\frac{\text{Capitaux propres}}{\text{Capitaux étrangers}}$	Mesure le degré d'indépendance de l'entreprise vis-à-vis des créanciers.
Immobilisation de l'actif	$\frac{\text{Valeurs immobilisées}}{\text{Actif total}}$	Caractérise la structure de l'actif (permet des comparaisons).
Financement des immobilisations	$\frac{\text{Capitaux permanents}}{\text{Valeurs immobilisées}}$	Indique comment sont financées les valeurs mobilisées.

- Les ratios de durée

Rotation des stocks	$360\text{ j} \times \frac{\text{Stock}}{\text{Coût d'achat des marchandises vendues}}$	Ce ratio permet d'évaluer la durée moyenne de stockage et aussi de calculer la vitesse de rotation. $\frac{360}{\text{Durée}}$ = nombre de mois où le stock est renouvelé dans l'année.
Durée moyenne Crédit-fournisseur	$360\text{ j} \times \frac{\text{Fournisseurs et assimilés}}{\text{Achats TTC}}$	Durée moyenne du crédit fournisseur en nombre de jours ; doit être supérieure à la durée du crédit client.
Durée moyenne Crédit-clients	$360\text{ j} \times \frac{\text{Clients et assimilés}}{\text{Ventes TTC}}$	Durée moyenne du crédit accordé aux clients, exprime le délai séparant la vente de son encaissement.

REMARQUE
Le nombre de ratios n'est pas limité.

2. La capacité d'autofinancement

• La capacité d'autofinancement permet de mesurer les ressources créées par l'entreprise elle-même.

• Elle se calcule de la façon suivante :

	Résultat net comptable
+	Dotations aux amortissements et provisions (681, 686, 687)
–	Reprise sur amortissements et provisions (781, 786, 787)
+	Valeur comptable des éléments d'actif cédés (675)
–	Produits de cession des éléments d'actif (775)
–	Quote-part des subventions d'investissement
=	Capacité d'autofinancement

	Excédent brut d'exploitation
+	Autres produits de gestion courante (75)
+	Transferts de charges (791)
–	Autres charges de gestion courante (65)
+	Produits financiers (76 sauf 786)
–	Charges financières (66 sauf 686)
+	Produits exceptionnels (771)
–	Charges exceptionnelles (671)
–	Impôts sur les bénéfices (695)
–	Participation des salariés aux fruits de l'expansion
=	Capacité d'autofinancement

• Le calcul de la capacité d'autofinancement permet de comparer des entreprises de même secteur. Elle permet de suivre l'évolution de la rentabilité de l'entreprise.

• L'entreprise ne conserve pas toujours la totalité du bénéfice réalisé : une partie est distribuée.
Autofinancement = Capacité d'autofinancement – Bénéfice distribué.

Les mots-clés

ratio, autofinancement, capacité d'autofinancement ▶ *lexique* p. 281

ÉTUDES DE CAS

Exercices d'entraînement

1 Jaclas

TRAVAIL À FAIRE

À partir du compte de résultat de la société Jaclas, calculer les soldes intermédiaires de gestion.

▶ *Corrigé* p. 215

➡ **Annexe**

COMPTE DE RÉSULTAT (SYSTÈME DÉVELOPPÉ) DE LA SOCIÉTÉ JACLAS

Charges (hors taxes)		Totaux partiels
Charges d'exploitation :		
Coût d'achat des marchandises vendues dans l'exercice .		1 803 200
• Achats de marchandises	1 811 200	
• Variation des stocks de marchandises	– 8 000	
Consommation de l'exercice en provenance de tiers		502 720
• Achats stockés d'approvisionnements :		
– matières premières	45 000	
– autres approvisionnements	32 500	
• Variation de stocks d'approvisionnements	– 80	
• Achats de sous-traitance		
• Achats non stockés de matières et fournitures	61 500	
• Services extérieurs :		
– personnel extérieur	12 000	
– loyers en crédit-bail (mobilier)	53 000	
– autres	298 800	
Impôts, taxes et versements assimilés	40 000	40 000
Sur rémunération		
Autres		
Charges de personnel		832 480
Salaires et traitements	554 000	
Charges sociales	278 480	
Dotations aux amortissements et aux provisions		147 200
Sur immobilisations : dotations aux amortissements	147 200	
Sur immobilisations : dotations aux provisions		
Sur actif circulant : dotations aux provisions		
Pour risques et charges : dotations aux provisions		
Autres charges		
Quotes-parts de résultat sur opérations faites en commun		
Charges financières		36 800
Dotations aux amortissements et aux provisions		
Intérêts et charges assimilées	36 800	

Différences négatives de change		
Charges nettes sur cessions de valeurs mobilières de placement		
Charges exceptionnelles		20 000
Sur opérations de gestion		
Sur opérations en capital :		
• Valeurs comptables et éléments immobilisés et financiers cédés	20 000	
• Autres		
Dotations aux amortissements et aux provisions		
• Dotations aux provisions réglementées		
• Dotations aux amortissements et aux autres provisions		
Participation des salariés aux fruits de l'expansion		
Impôts sur les bénéfices	73 332	73 332
Solde créditeur = bénéfice		93 268
Total général		3 549 000

Produits (hors taxes)		**Totaux partiels**
Produits d'exploitation.		
Vente de marchandises	3 498 000	3 498 000
Produit vendu		
Vente		
Travaux		
Prestations de services		
Montant du chiffre d'affaires dont à l'exportation : 0		3 498 000
Production stockée		
Encours de production de biens		
Encours de production de services		
Produits		
Production immobilisée		
Subventions d'exploitation		
Reprises sur provisions (et amortissements)		
Transferts de charges		
Autres produits		
Quotes-parts de résultat sur opérations faites en commun		
Produits financiers		19 000
De participations		
D'autres valeurs mobilières et créances de l'actif immobilisés	19 000	
Autres intérêts et produits assimilés		
Reprises sur provisions et transferts de charges financières		

▶▶▶

▶▶▶

Différences positives de change		
Produits nets sur cessions de valeurs mobilières de placement		
Produits exceptionnels		32 000
Sur opérations de gestion		
Sur opérations en capital :		
• Produits des cessions d'éléments d'actif	32 000	
• Subventions d'investissement virées au résultat de l'exercice		
• Autres		
Reprises sur provisions et transferts de charges exceptionnelles		
Solde débiteur = perte		
Total général		3 549 000

2 William Pretors

TRAVAIL À FAIRE

M. Garcia vous demande d'apprécier la situation financière de la société William Pretors ; il vous fournit le bilan de l'année N. Quelle sera votre conclusion ?

▶ *Corrigé* p. 216

➡ **Annexe**

BILAN AU 31 DÉCEMBRE ANNÉE N

ACTIF		PASSIF	
Valeurs immobilisées	8 020 813	Capitaux propres	22 363 433
Valeurs d'exploitation	17 185 342	Dettes à long terme	3 489 304
Valeurs réalisables et disponibles	24 273 673	Dettes à court terme	23 627 091
Total	49 479 828		49 479 828

Sujet de type BTS

3 Placard Plus

La Générale des placards distribue sous la marque Placard Plus des produits de rangement et d'équipement de la maison. Elle a décidé d'avoir recours à des magasins franchisés. Parmi les personnes intéressées, M. Simoni, après avoir pris connaissance des données financières prévisionnelles fournies par les franchiseurs (annexe 2), s'interroge quant à la faisabilité du projet, en vue d'une décision définitive d'ouverture du point de vente. Il vous soumet les questions suivantes.

Travail à faire

1. Quel devra être le montant de l'emprunt initial à la banque pour disposer dès le début de l'activité de 100 000 € de fonds de roulement ?

2. En année normale, l'endettement se réduira à 220 000 €. Quel sera alors le résultat prévisionnel ?

3. En prenant en compte les trois postes d'actif et de passif circulants et la TVA à 19,60 %, quels seront les besoins de fonds pour le roulement ?

4. Calculez la capacité d'autofinancement.

▶ *Corrigé* p. 216

➡ Annexe 1

Données financières

Les époux Simoni sont disposés à investir 220 000 € dans une société créée pour la circonstance et dont leur fils deviendrait gérant minoritaire.
D'autre part, la Société marseillaise de crédit, interrogée, est prête à accorder un crédit maximum de l'ordre de 500 000 € sous réserve d'une caution personnelle des parents.

➡ Annexe 2

Données financières prévisionnelles

Observations pour un magasin franchisé type 100 m²

1. Structure commerciale envisagée
Magasin de vente de 80 à 100 m² + réserve, atelier.

2. Investissement à réaliser

– Frais de constitution de société	10 000
– Droit d'entrée franchise	20 000
– Frais d'ouverture	60 000
– Droit au bail	50 000 (à adapter localement)
– Agence et matériel d'exposition	280 000
– Cautionnement versé (sur loyer)	20 000
– Publicité d'ouverture	120 000 (1)

3. Chiffre d'affaires et marges
Les recettes HT envisagées s'établissent sur une moyenne mensuelle initiale de 200 000 € sur 11 mois d'activité.
La marge commerciale ressort à 55 % du CA HT, au minimum.

4. Redevance franchiseur
Elle représente 5 % du CA HT.

5. Charges de personnel

La réalisation du chiffre d'affaires prévisionnel doit se faire uniquement par le gérant et une secrétaire commerciale, selon les modalités suivantes de rémunération :

– Gérant-vendeur : – Fixe 7 000 × 12
– Proportionnel au CA HT : 3 %.

– Secrétaire commerciale : – Fixe 4 000 × 12
– Proportionnel au CA HT : 1,5 %.

Les charges sociales représentent 35 % des rémunérations, congés payés inclus.

6. Conditions financières d'exploitation

– Délai moyen de livraison : 1 mois, tant pour les clients que pour les fournisseurs.
– Règlements clients : 30 % à la commande, le solde à la livraison.
– Règlement fournisseurs de marchandises : 30 jours fin de mois à la livraison.
– Rotation des stocks : 4 fois par an.

7. Autres charges non liées à l'activité

– Traitement informatique à façon	5 000
– Honoraires	10 000
– Publicité	200 000 (1)
– Assurances	15 000
– Loyers	72 000
– Taxe professionnelle	8 000
– Dotation aux amortissements	70 000 (2)
– Divers	20 000
	400 000

8. Charges financières

Le taux d'intérêt du prêt de la Société marseillaise de crédit est de 12 % l'an.

(1) La campagne de publicité d'ouverture prévue est considérée comme un investissement (immobilisations incorporelles amortissables linéairement sur 5 ans).

(2) Ne pas prendre en compte la fiscalité des bénéfices, l'entreprise bénéficiant de dégrèvements les premières années.

CORRIGÉS

1 Jaclas

Tableau des soldes intermédiaires gestion

Produits		Charges	
Ventes de marchandises	3 498 000	Coût d'achat des marchandises vendues	1 803 200
Production vendue .... Production stockée .... Production immobilisée Total		ou destockage de production Total	
• Production de l'exercice • Marge commerciale .... Total		Consommation de l'exercice en provenance de tiers	502 720
• Valeur ajoutée .... Subventions d'exploitation Total	1 192 080	Impôts, taxes et versement assimilé .... Charges de personnel .... Total	40 000 832 480 872 480
• Excédent brut d'exploitation .... Reprise sur charges et transferts de charges .... Autres produits .... Total	319 600 319 600	• ou insuffisance brute d'exploitation Dotations aux amortissements et aux provisions .... Autres charges Total	 147 200
• Résultat d'exploitation ...... Quotes-parts de résultat sur opérations faites en commun .... Produits financiers .... Total	172 400 19 000 191 400	• ou Résultat d'exploitation Quotes-parts de résultat sur opérations faites en commun Charges financières .... Total	 36 800
Produits exceptionnels	32 000	Charges exceptionnelles 30 000	
Résultat courant avant impôts .... Résultat exceptionnel .... Total	154 600 12 000 166 600	• ou Résultat courant avant impôts • ou Résultat exceptionnel Participation des salariés Impôts sur les bénéfices .... Total	 73 332 73 332

Soldes intermédiaires des exercices

- Marge commerciale: 3 498 000 − 1 803 200 = 1 694 800.
- Valeur ajoutée: 1 694 800 − 502 720 = 1 192 080.
- Excédent brut (ou insuffisance brute) d'exploitation: 1 192 080 − 872 480 = 319 600.
- Résultat d'exploitation (bénéfice ou perte): 319 600 − 147 200 = 172 400.
- Résultat courant avant impôts (bénéfice ou perte): 191 400 − 36 800 = 154 600.
- Résultat exceptionnel: 32 000 − 20 000 = 12 000.
- Résultat de l'exercice (bénéfice ou perte): 166 600 − 73 332 = 93 268.

2 William Pretors

Appréciation d'une situation financière

• Pour pouvoir apprécier la situation financière d'une société, il est nécessaire de calculer tout d'abord un certain nombre de ratios.

$$\text{Ratio d'autonomie financière} = \frac{22\,363\,433}{23\,627\,091 + 3\,489\,304} = 0{,}83.$$

Capitaux étrangers = Dettes à LT + Dettes à CT.

$$\text{Ratio d'indépendance financière} = \frac{\text{Capitaux propres}}{\text{Capitaux permanents}}$$

$$= \frac{22\,363\,433}{22\,363\,433 + 3\,489\,304} = 0{,}86.$$

Capitaux permanents = Capitaux propres + Dettes LT.

$$\text{Ratio de financement permanent de l'actif immobilisé} = \frac{\text{Capitaux permanents}}{\text{Actif immobilisé}} = \frac{25\,852\,737}{8\,020\,813} = 3{,}2.$$

• La société William Pretors connaît une situation financière saine puisque :
– son fonds de roulement est positif (le ratio de financement permanent de l'actif immobilisé qui le mesure est supérieur à 1) ;
– son endettement n'est pas excessif (les ratios d'autonomie financière et d'indépendance financière sont proches de 1).

3 Placard Plus

1. Montant de l'emprunt

• Bilan d'ouverture de l'entreprise de M. Simoni (en milliers d'euros).

ACTIF			PASSIF
Immobilisations	560	Capitaux propres	220
	(1)	Emprunt bancaire	X
		Capitaux permanents	220 + X

(1) 560 = 10 + 20 + 60 + 50 + 280 + 20 + 120, ensemble des investissements à réaliser (voir données financières prévisionnelles).

• Calcul de l'emprunt bancaire

Fonds de roulement = Capitaux permanents − Immobilisations
= (220 + X) − 560.

Nous voulons un fonds de roulement de 100
d'où 100 = (220 + X) − 560
X = 440

soit un emprunt de 440 000 €.

L'affaire peut se faire puisque la banque a accordé une ouverture de crédit de 500 000 €.

2. Résultat prévisionnel (en milliers d'euros)

Charges		Produits	
Coût d'achat des marchandises (2 200 × 45 %)	990,00	Ventes (200 × 11)	2 200,00
Redevance franchiseur (2 200 × 5 %)	110,00		
Charges de personnel (1)	311,85		
Frais financiers (220 × 12 %) (2)	26,40		
Charges de structure (3)	400,00		
	1 838,35		2 200,00

Résultat prévisionnel = Bénéfice de 361 750 €.
(1) Charges de personnel = salaires + charges sociales
Salaires = (7 × 12) + (2 200 × 3 %) + (4 × 12) + (2 200 × 1,5 %) = 231.
Charges sociales = 231 × 35 % = 80,85.
Charges de personnel = 231 + 80,85 = 311,85.
(2) L'endettement moyen est de 220 000 €.
(3) Autres charges non liées à l'activité :
5 + 10 + 200 + 15 + 72 + 8 + 70 + 20 = 400.

3. Besoins en fonds de roulement

BFR = Stocks (1) + Crédit clients (2) + Crédit fournisseurs (3).

(1) Stock moyen $= \dfrac{\text{Coût d'achat des marchandises}}{\text{Rotation des stocks}}$

$= \dfrac{990}{4} = 247{,}50$ milliers d'euros.

(2) Crédit client $= \dfrac{70\ \%\ \text{du CA TTC}}{\text{Rotation crédit client}}$.

Les clients versent 30 % à la commande. Le crédit client accordé est de 70 % du CA TTC sur une durée de 1 mois.

Crédit client $= \dfrac{0{,}7 \times 2\,200 \times 1{,}196}{11} = 167{,}44$ milliers d'euros.

(3) Crédit fournisseur $= \dfrac{1{,}5\ \%\ \text{du coût d'achat des marchandises}}{\text{Rotation Crédit fournisseur}}$.

Il s'écoule en moyenne 1,5 mois entre la livraison et le paiement.

$$\text{Crédit fournisseur} = \frac{1{,}5 \times 990 \times 1{,}196}{11} = 161{,}46.$$

Besoins en fonds de roulement = 247,50 + 167,44 + 161,46 = 576,40 €.

4. Calcul de la capacité d'autofinancement

CAF = Résultat net + Dotations aux amortissements
= 361 750 + 70 000 = 431 750 €.

12

L'analyse des coûts et de la rentabilité

1 Les principes de détermination des coûts

La connaissance de la formation des coûts est indispensable à la bonne gestion d'une entreprise. Elle permet de prendre les décisions productives et commerciales adéquates.
La comptabilité analytique retraite des éléments de comptabilité générale afin de faire apparaître les différents coûts. Un coût est une somme de charges concernant un produit ou un stade d'élaboration du produit.

1. Les types de charges

- **Les charges incorporables** sont les charges qui sont prises en considération pour le calcul des coûts.

Les charges directes concernent le coût d'un produit. Elles sont affectées sans ambiguïté (matières premières, charges du personnel appelées main-d'œuvre directe affectée à la fabrication et/ou la commercialisation d'un seul produit…).
Les charges indirectes sont communes à plusieurs produits, services ou centres d'activité de l'entreprise (salaires du personnel administratif et d'encadrement, loyer des locaux, frais d'assurance…).

- **Les charges non incorporables** sont des charges exceptionnelles (comptes 67 de la comptabilité générale) ou des charges se rapportant à des exercices antérieurs.

- **Les éléments supplétifs** : la comptabilité analytique prend en compte des charges non enregistrées en comptabilité générale (par exemple : rémunération des capitaux propres, rémunération du travail de l'exploitant).

2. Le traitement des charges indirectes

- Les charges indirectes sont réparties dans des centres d'analyse qui correspondent à une division de l'entreprise. Il s'agit de centres de travail principaux ou auxiliaires. Les centres principaux correspondent à une fonction de l'entreprise (approvisionnement, distribution…). Les centres auxiliaires ont des activités qui viennent en support des centres principaux (gestion du personnel, gestion du matériel…).

- **Première étape : répartition primaire**

Les charges indirectes sont imputées dans les coûts en fonction des unités d'œuvre de chaque centre principal et auxiliaire. Les unités d'œuvre sont des indicateurs de mesure de l'activité du centre.

- **Deuxième étape : répartition secondaire**

Transfert des œuvres des centres auxiliaires vers les centres principaux.

- **Troisième étape : calcul du coût de l'unité d'œuvre** (dans le cas d'unité physique) ou calcul du taux de frais (dans le cas d'unité monétaire)

Division du total des charges réparties dans le centre d'analyse par le nombre d'unités de centre.

3. Synthèse

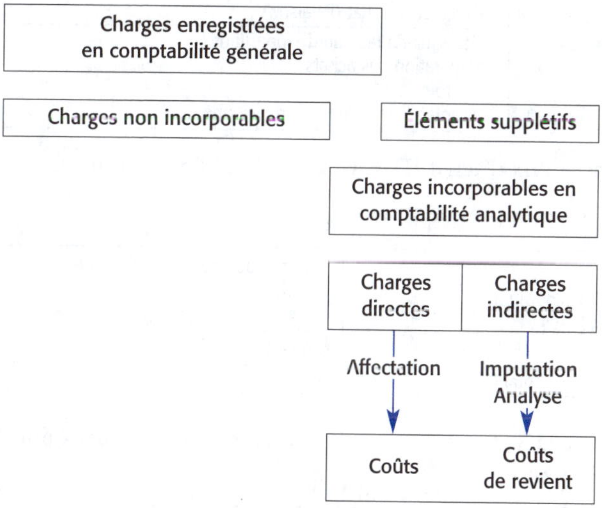

Les mots-clés

charges incorporables, charges non incorporables, charges directes, charges indirectes

▶ *lexique* p. 281

2 Les différents coûts

Le calcul des coûts peut se faire aux différents stades d'élaboration du produit (coût d'achat, de production, de distribution et au niveau final (coût de revient). Les coûts sont calculés après l'affectation des charges directes, la répartition des charges indirectes et en valorisant les sorties de stock. Chaque coût comporte des charges directes et indirectes.

1. Le coût d'achat et les stocks d'approvisionnement

• Le coût d'achat

Charges directes	Achats nets Frais directs d'achat (livraison)
Charges indirectes	Coûts issus du tableau de répartition : préparation des achats contrôle comptabilisation des approvisionnements

Coût d'achat = Prix d'achat HT + Frais d'achat (directs et indirects).

• La tenue des comptes de stocks

Stock initial Entrée au coût d'acquisition Différence d'inventaire (2) (boni)		Sorties au coût de sortie (1) Stock final Différence d'inventaire (2) (mali)
Total I	=	Total II

(1) Les sorties peuvent être évaluées de plusieurs façons. Les deux principales méthodes sont les suivantes :

• Coût moyen pondéré = $\dfrac{\text{Stock initial + Entrées en valeur}}{\text{Stock initial + Entrées en quantités}}$.

• Méthode du premier entré, premier sorti (PEPS ou FIFO). Les sorties sont considérées comme s'effectuant dans l'ordre des entrées.

(2) Différence d'inventaire :

• Stock réel < Stock théorique : c'est un mali d'inventaire considéré comme une entrée omise.

• Stock réel > Stock théorique : c'est un boni d'inventaire considéré comme une entrée omise.

Il faut corriger le stock théorique, mais non les calculs des coûts.

2. Le coût de production et les stocks de produits

• Le coût de production

Charges directes	Matières, produits et emballages évalués au coût de sortie du stock Frais directs de production Main-d'œuvre
Charges indirectes	Coûts des centres de production Coûts issus du tableau de répartition

Coût de production = Coût d'achat des matières utilisées
+ charges directes et indirectes de produits.

• Les stocks de produits

Stock initial Entrée au coût de production Différence d'inventaire (boni)		Sorties au coût de sortie (1) Stock final Différence d'inventaire (mali)
Total I	=	Total II

(1) Mêmes méthodes que précédemment.

3. Le coût de distribution des produits vendus

Charges directes	Frais directs de distribution (frais de personnel) Frais de publicité consacrés à ce produit
Charges indirectes	Coûts issus du tableau de répartition : analyse de marché emballage, livraison

4. Le coût de revient des produits vendus

	Coût de production
+	Coût de distribution
+	Autres coûts hors distribution
=	Coût de revient

Les mots-clés

coût d'achat, coût de distribution, coût de production, coût de revient

▶ *lexique* p. 281

3 La variabilité des charges et le seuil de rentabilité

Dans une entreprise commerciale ou industrielle, il existe un lien entre les charges et le niveau d'activité. Ce lien découle de la variabilité des charges qui peuvent être fixes (ou de structure) ou variables.

1. La variabilité des charges

- **Les charges fixes ou de structure** sont des charges indépendantes du niveau d'activité de l'entreprise. Cependant, elles ne restent vraiment fixes que pour une structure donnée de l'entreprise. C'est la raison pour laquelle on les appelle charges de structure (*ex.:* assurances, loyers, amortissement des équipements).

- **Les charges variables ou opérationnelles**: certaines charges varient en fonction de l'activité mais ne lui sont pas toujours proportionnelles (si l'activité double, les charges ne sont pas systématiquement doublées). De ce fait, on préfère les appeler charges opérationnelles (*ex.:* transports, achats).

- **Les charges mixtes ou semi-variables** comportent une partie fixe et une partie variable.

2. Résultat différentiel

- C'est le compte partiel du résultat dans lequel les charges sont classées d'après le critère de variabilité. Il est présenté dans un tableau:

		Coûts	Marge	%
	Chiffres d'affaires HT			
	Achats nets HT			
+	Charges variables			
+	Variation de stock			
=	Coût variable			
	Marge sur coût variable			
–	Charges fixes nettes (Charges fixes – Produits fixes)			
=	Résultat			

- Le taux de marge se calcule de la façon suivante :

$$\text{Taux de marge} = \frac{\text{Marge sur coût variable}}{\text{Chiffre d'affaires}} \times 100.$$

3. Le seuil de rentabilité

- Le seuil de rentabilité d'une entreprise est le chiffre d'affaires pour lequel elle couvre la totalité de ses charges, sans bénéfice ni perte. On parle aussi de chiffre d'affaires critique ou point mort.
Il s'agit donc du chiffre d'affaires pour lequel le résultat est nul.

En conséquence :

$$\text{Marge sur coût variable} = \text{Charges fixes}.$$

- L'expression mathématique du seuil de rentabilité se fait de la façon suivante :

Chiffre d'affaires = x
Marge sur coût variable = ax (a étant exprimé en % du CA)
Charges fixes = b
Résultat = R
R = $ax - b$.

Si R = 0, on cherche un chiffre d'affaires x, tel que $ax - b = 0$.

Donc, au seuil de rentabilité $x = \dfrac{b}{a}$.

$$\text{SR} = \frac{\text{Charges fixes ou de structure}}{\text{Taux de marge sur coût variable}}.$$

Les mots-clés

charges fixes, charges variables, marge sur coût variable, seuil de rentabilité

▶ *lexique* p. 281

ÉTUDES DE CAS

Exercice d'entraînement

1 David

L'unité B de production de la SA David est spécialisée dans la fabrication de sièges avant de voitures vendues aux fabricants d'automobiles. Elle fabrique deux catégories de sièges, des sièges velours et des sièges tweed, à partir de tube de métal, de blocs de mousse et de tissu velours ou tweed. Le processus est le suivant :

– le tube de métal est mis en forme et assemblé dans l'atelier 1 pour constituer l'armature complète des sièges ;

– les blocs de mousse sont découpés et pressés dans l'atelier 2 pour constituer la garniture complète d'un siège ;

– les armatures et les garnitures ainsi obtenues passent, sans stockage intermédiaire, dans l'atelier 3 où les sièges sont montés puis recouverts, soit de tweed, soit de velours.

Pour le mois de mai, on dispose des informations suivantes :

• Stocks au 1er mai
– tube de métal : 20 000 m d'une valeur de 489 500 €
– tweed : 10 000 m à 77,96 € le mètre
– sièges tweed : 2 000 sièges à 348,50 € l'unité
– sièges velours : 5 000 sièges à 283,07 € l'unité
– encours à l'atelier 2 : 2 640 €.

• Achats du mois
– tube de métal : 250 000 m à 25 € le mètre
– blocs de mousse : 12 100 m^3 à 40 € le m^3
– tweed : 80 000 m à 80 € le mètre
– velours : 150 000 m à 55 € le mètre.

• Consommations pour un siège
– 4 m de tube de métal
– 0,20 m^3 de mousse
– 3 m de tissu velours ou tweed.

• Main-d'œuvre directe
– atelier 1 : 2,5 min par armature complète à 31,20 € l'heure
– atelier 2 : 1 min par garniture complète à 32 € de l'heure
– atelier 3 : 7 800 h à 30 € de l'heure, pour les deux catégories de sièges, réparties proportionnellement aux quantités produites.

• Production du mois
– 35 000 sièges velours
– 25 000 sièges tweed.

- Charges indirectes : elles figurent dans le tableau de répartition fourni en annexe 1.
- Ventes du mois
– 30 000 sièges velours
– 20 000 sièges tweed.
- Stock au 31 mai
– tube de métal : 20 000 m
– blocs de mousse : 100 m³
– tweed : 15 000 m
– velours : 45 000 m
– sièges tweed : 7 000 unités
– sièges velours : 9 998 unités
– encours à l'atelier 2 : 4 520 €.

TRAVAIL À FAIRE

1. Présenter la répartition secondaire des charges indirectes et le calcul des unités d'œuvre.

2. Le comptable de l'entreprise a déjà commencé le calcul des coûts complets de comptabilité analytique (voir annexes 2 et 3). Il vous demande de terminer ce travail en calculant sous forme de tableaux :
a) le coût de production global et unitaire des armatures complètes,
b) le coût de production global et unitaire des garnitures complètes,
c) le coût de production global et unitaire des deux catégories de produits,
d) le coût de revient global et unitaire des sièges tweed.

▶ *Corrigé* p. 230

➡ Annexe 1

TABLEAU DE RÉPARTITION DES CHARGES INDIRECTES

	Appro.	Atelier 1	Atelier 2	Atelier 3	Distrib.	Admi.
Total répartition secondaire	128 304	144 000	135 000	156 000	75 000	63 302
Nature d'unité d'œuvre	100 € d'achat	m traité	m³ traité	heure de MDO	nombre de sièges vendus	coût de production des sièges vendus
Nombre d'unités d'œuvre	213 840	....	....	....	....	....
Coût de l'unité d'œuvre	0,6	....	....	....	....	....

➡ **Annexe 2**

COÛT D'ACHAT DU TUBE DE MÉTAL ET DES BLOCS DE MOUSSE

Éléments	Tubes de métal			Blocs de mousse		
	Quantité	PU	Montant	Quantité	PU	Montant
Charges directes Achats	250 000	25	6 250 000	12 000	40	484 000
Charges directes Approvisionnement	62 500	0,6	37 500	4 840	0,6	2 904
Coût d'achat	250 000	25,15	6 287 500	12 100	40,24	486 904

COÛT D'ACHAT DU TWEED ET DU VELOURS

Éléments	Tissu tweed			Tissu velours		
	Quantité	PU	Montant	Quantité	PU	Montant
Charges directes Achats	80 000	80	6 400 000	150 000	55	8 250 000
Charges directes Approvisionnement	64 000	0,6	38 400	82 500	0,6	49 500
Coût d'achat	80 000	80,48	6 438 400	150 000	55,33	8 299 500

➡ **Annexe 3**

INVENTAIRE PERMANENT DE TUBE DE MÉTAL

Libellé	Quantité	PU	Montant	Libellé	Quantité	PU	Montant
Stock I	20 000		489 500	Sorties	240 000	25,10	6 024 000
Entrées	250 000	25,15	6 287 500	Stock II	30 000	25,10	753 000
CUMP	270 000	25,10	6 777 000		270 000		6 777 000

COÛT D'ACHAT DU TWEED ET DU VELOURS

Libellé	Quantité	PU	Montant	Libellé	Quantité	PU	Montant
Stock I	10 000		779 600	Sorties	75 000	80,20	6 015 000
Entrées	80 000	80,48	6 438 400	Stock II	15 000	80,20	1 203 000
CUMP	90 000	80,20	7 218 000		90 000		7 218 000

Sujet de type BTS

2 Placard Plus

Reprendre les données Placard Plus (p. 196).
Le résultat prévisionnel était de 361 750 €.

TRAVAIL À FAIRE

1. Peut-on retrouver ce résultat par un tableau différentiel ?

2. À partir de ce tableau, quel sera le seuil de rentabilité de l'affaire ?

3. Pensez-vous que M. Simoni dispose d'une sécurité suffisante ? En particulier, de combien peut-il se tromper dans les prévisions de vente sans remettre en cause la rentabilité de l'opération ?

▶ ***Corrigé*** p. 232

CORRIGÉS

1 David

1. Tableau de répartition des charges indirectes

	Appro.	Atelier 1	Atelier 2	Atelier 3	Distrib.	Admi.
Total répartition secondaire	128 304	144 000	135 000	156 000	75 000	63 302
Nature d'unité d'œuvre	100 € d'achat	m traité	m³ traité	heure de MDO	nombre de sièges vendus	coût de production des sièges vendus
Nombre d'unités d'œuvre	213 840 (a)	240 000 (b)	12 000 (c)	7 800 (d)	50 000 (e)	15 861 700 (f)
Coût de l'unité d'œuvre	0,6	0,6	11,25	20	1,5	0,004

(a) [(250 000) × 25) + (12 100 × 40) + (80 000 × 80) + (150 000 × 55)] : 100.
(b) 4 m × (35 000 + 25 000).
(c) 0,20 m² × (35 000 + 25 000).
(d) Voir énoncé.
(e) 30 000 + 20 000.
(f) Ce calcul ne pourra être réalisé que lorsque le coût de production des sièges vendus sera calculé (voir ci-après [287,39 × 30 000 + 362 × 20 000]).

2. Coûts

a) Coût de production des armatures

Éléments	Quantité	PU	Total
Matières : tube métal	240 000 (a)	25,10	= 6 024 000
Charges directes de main-d'œuvre (atelier 1)	2 500 (b)	31,20	= 78 000
Charges indirectes (centre atelier 1)	24 000	0,60	= 144 000
Coût de production pour 60 000 armatures			6 246 000
Coût de production de 1 armature			104,10

(a) 4 m × (35 000 + 25 000) ; le prix unitaire est donné par le tableau de l'énoncé « Inventaire permanent de tube de métal ».
(b) 2,5 min × 60 000 = 150 000 min, soit 2 500 heures.

b) Coût de production des garnitures

Éléments	Quantité	PU	Total
Matières : blocs de mousse	12 000 (a)	40,24	= 482 880
Charges directes de main-d'œuvre (atelier 2)	1 000 (b)	32,00	= 32 000
Charges indirectes (centre atelier 2)	12 000	11,25	= 135 000
Total			649 880
Encours initial			+ 2 640
Encours final			− 4 520
Coût de production pour 60 000 garnitures			648 000
Coût de production de 1 garniture			10,80

(a) 0,20 × (35 000 + 25 000).
(b) 1 min × 60 000 = 60 000 min, soit 1 000 heures.

c) Coût de production des sièges velours et tweed

	Sièges velours
Charges directes : matières	
Armatures	35 000 × 104,10 = 3 643 500
Garnitures	35 000 × 10,80 = 378 000
Velours (a)	105 000 × 55,33 = 5 809 650
Charges directes : main-d'œuvre (atelier 3) (b)	4 550 × 30 = 136 500
Charges indirectes (centre atelier 3) (b)	4 550 × 20 = 91 000
Coût de production	35 000 × 287,39 = 10 058 650

(a) 3 m par siège, soit 3 × 35 000 = 105 000.
(b) $\frac{7800 \times 35000}{60000} = 4550$.

	Sièges tweed
Charges directes : matières	
Armatures	25 000 × 104,10 = 2 602 500
Garnitures	25 000 × 10,80 = 270 000
Tweed (a)	75 000 × 80,20 = 6 015 000
Charges directes : main-d'œuvre (atelier 3) (b)	3 250 × 30 = 97 500
Charges indirectes (centre atelier 3) (b)	3 250 × 20 = 65 000
Coût de production	25 000 × 362 = 9 050 000

(a) 3 m par siège, soit 3 × 25 000 = 75 000.
(b) $\frac{7800 \times 25000}{60000} = 3250$.

d) Coût de revient des sièges tweed

Libellé	Quantité	PU	Montant	Libellé	Quantité	PU	Montant
Stock I (a)	2 000	348,5	697 000	Sorties (c)	20 000	361	7 220 000
Entrées (b)	25 000	362,0	9 050 000	Stock II (a)	7 000	361	2 527 000
	27 000	361,0	9 747 000		27 000		9 747 000

(a) Voir énoncé.
(b) Voir coût de production sièges tweed.
(c) Ventes.

Éléments	Quantité	PU	Montant
Coût de production des sièges tweed vendus (a)	20 000	361	7 220 000
Coût de distribution	20 000	1,5	30 000
Coût de revient total			7 250 000
Coût de revient unitaire		362,5	

2 Placard Plus

1. Tableau différentiel

	Coût (en milliers d'euros)	Marge	%
• CA HT (1)		2 200,00	100,00
Coût d'achat des marchandises	990,00		
Redevance franchiseur	110,00		
Charges de personnel variables (a)	133,65		
• Coût variable des ventes (2)	1 233,65	233,65	56,075
• Marge sur coût variable (1) – (2)		966,35	43,925
Charges de personnel fixes (b)	178,20		
Charges financières fixes	26,40		
Charges diverses	400,00		
Charges fixes	604,60	604,60	27,48
Bénéfice		361,75	16,44

(a) Salaires = 2 200 × (3 % + 1,5 %) = 99.
Charges sociales = 35 % des salaires = 99 × 0,35 = 34,65.
Charges de personnel variables = 99 + 34,65
= 133,65.
(b) Salaires = [(7 × 12) + (4 × 12)] × 1,35.

2. Seuil de rentabilité

$$\text{Seuil de rentabilité} = \frac{\text{Charges fixes}}{\text{Taux de marge / Coût variable}}$$

$$= \frac{604{,}60}{0{,}439\,25} = 1\,376 \text{ milliers d'euros.}$$

3. Marge de sécurité

Marge de sécurité = CA − SR

= 2 200 − 1 376 = 824 milliers d'euros.

$$\text{Indice de sécurité} = \frac{824}{2\,200} = 37{,}5\ \%.$$

Le chiffre d'affaires peut baisser de 37,5 % sans que l'entreprise perde de l'argent.

13

La gestion prévisionnelle

1 La gestion budgétaire

L'entreprise ne doit pas subir les événements ; aussi s'efforce-t-elle de les prévoir en élaborant des budgets qui entrent dans le cadre de la gestion budgétaire.
La gestion budgétaire consiste à établir une prévision chiffrée de tous les éléments correspondant à un programme déterminé.
Les informations contenues dans les différents budgets ne seront pertinentes que si elles sont relativement précises et présentent de fortes chances de ne pas trop s'éloigner de la réalité.
L'horizon du budget est fixé à un an ; il est généralement découpé selon une périodicité mensuelle qui permet un meilleur suivi des réalisations.

1. Les différents budgets

- **Le budget des ventes** conditionne les autres : c'est de ses prévisions que dépendront la production, les investissements… Les objectifs peuvent être ventilés par produits, par région, par type de clients.

- **Le budget des frais commerciaux** regroupe les frais et les charges de distribution liés aux ventes. Ceux-ci se composent des frais de publicité, de la promotion des ventes, des frais relatifs à la force de vente, au transport et au conditionnement des produits vendus.

- **Le budget de production** définit les objectifs de production résultant des objectifs fixés par le budget des ventes, des limites imposées par la capacité de production, de la nécessité de régulariser le rythme de production.

- **Le budget des investissements** prévoit pour les nouveaux équipements :
  – le choix entre les diverses acquisitions possibles,
  – le choix du financement.

- **Le budget des approvisionnements** définit la date et le montant des achats d'approvisionnements nécessaires pour réaliser la production.

- **Le budget de trésorerie** est l'aboutissement de tous les budgets de l'entreprise. Il retrace la date et le montant des encaissements et des décaissements futurs sur la période considérée.

2. Le budget de trésorerie

- Le budget de trésorerie se construit ainsi :

Budget de la TVA à décaisser

Budget des encaissements	Budget des décaissements
Encaissements – des créances matérialisées ou non par des effets – des recettes sur budget des ventes (TTC) – divers : cession d'immobilisations, dividendes perçus…	Décaissements – en vue du règlement des dettes matérialisées ou non par des effets – des charges budgétées : approvisionnements et autres charges, TVA comprise – divers : prêts, achat de titres, remboursement d'emprunts…

Budget de trésorerie
Flux net mensuel = Encaissements du mois – Décaissements du mois
Trésorerie fin de mois = Trésorerie début du mois + Flux net mensuel

- Le mécanisme de TVA est le suivant :

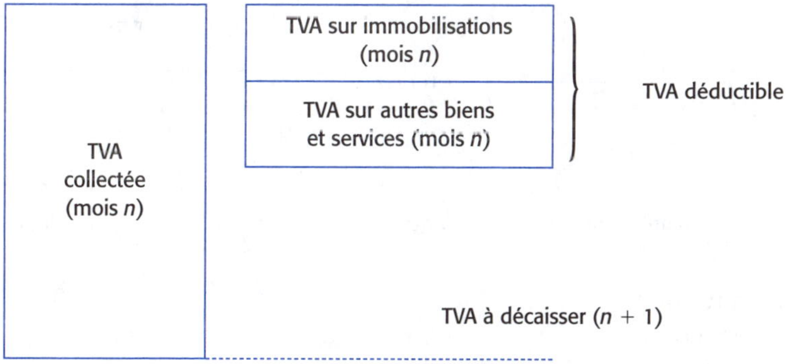

Les mots-clés

budget des ventes, budget de trésorerie ▶ *lexique* p. 281

2 La corrélation et l'ajustement linéaire

Les études commerciales portent souvent sur l'évolution des différentes variables commerciales, dont les ventes.
Les variables étudiées peuvent être plus ou moins liées : on étudie leur degré de dépendance.
Les ventes évoluent au cours du temps : les différentes valeurs constituent une série chronologique. Afin de prévoir les ventes, on ajuste la série des ventes réalisées par une droite.

1. Corrélation linéaire

● Quand il existe une relation de dépendance entre deux variables, on parle de corrélation. La corrélation est mesurée par un coefficient dit « coefficient de corrélation ».
Il est, par exemple, possible de prévoir l'évolution des ventes en fonction d'un autre élément (dépenses publicitaires, activités de la force de vente…).

● Le coefficient de corrélation se calcule de la façon suivante :

$$r = \frac{\sum_{i=1}^{n}(x_i - \overline{x})(y_i - \overline{y})}{\sqrt{\sum_{i=1}^{n}(x_i - \overline{x})^2 \sum_{i=1}(y_i - \overline{y})^2}} \quad \text{ou (1)} \quad r = \frac{\sum_{i=1}^{n} x_i y_i - \overline{x}\,\overline{y}}{\sqrt{\sum_{i=1}^{n}(x_i^2 - n\overline{x}^2) \sum_{i=1}(y_i^2 - \overline{y}^2)}}.$$

(1) La deuxième formule est plus adaptée a un calcul fait à l'aide d'une calculatrice électronique.

● Interprétation :

- Si r est proche de 1 → forte corrélation positive, les deux variables évoluent dans le même sens.
- Si r est proche de 0 → absence de corrélation, les deux variables sont indépendantes.
- Si r est proche de -1 → forte corrélation négative, les deux variables évoluent en sens inverse.

2. Ajustement linéaire

• L'ajustement manuel

Cette méthode empirique consiste à tracer une courbe passant au travers du nuage de points. Elle présente l'avantage de faire apparaître une tendance.

• L'ajustement par la méthode des moindres carrés

Il s'agit de déterminer l'équation de la droite la plus représentative d'un nuage de points réels.

Cette équation est du type : $y = ax + b$.

$$a = \frac{\sum_{i=1}^{n} X_i Y_i}{\sum_{i=1}^{n} X_i^2} \quad \text{ou (1)} \quad a = \frac{\sum_{i=1}^{n} x_i y_i - n\,\overline{x}\,\overline{y}}{\sum_{i=1}^{n} x_i^2 - n\overline{x}^2} \qquad \text{avec } X_i = x_i - x,\; Y_i = y_i - y$$

(1) Méthode plus adaptée à l'utilisation d'une calculatrice.

La droite de régression d'équation $b = y - ax$ sert à faire des prévisions à court terme.

• L'ajustement par la méthode des points extrêmes

Cette méthode consiste à :
- retenir le premier et le dernier point de la série ;
- déterminer l'équation de la droite de tendance ($y = ax + b$) ;
- calculer les prévisions.

• L'ajustement par la méthode de Mayer ou double moyenne

Cette méthode consiste à :
- scinder la série en deux demi-séries sensiblement égales ;
- calculer l'équation de chacun des deux segments ;
- résoudre le système ainsi obtenu ;
- calculer les prévisions.

Les mots-clés

corrélation, méthode des moindres carrés, méthode des points extrêmes, méthode de Mayer

▶ *lexique* p. 281

3 Le PERT

Le PERT (Program Evaluation and Review Technic) a pour objet d'améliorer la productivité dans le domaine de la gestion du temps. L'élaboration d'un PERT comporte deux étapes : la décomposition du problème en tâches, puis la construction du graphe.

1. La décomposition du problème en tâches

- Elle consiste à :

– rechercher la liste des différentes tâches ; chaque tâche sera définie par une lettre ;
– déterminer l'ordre des tâches ;
– fixer la durée de chacune des tâches ;
– déterminer l'antériorité des tâches.

Exemple : Décomposition en tâches d'une campagne publicitaire

Tâches	Désignation	Durée en jours	Tâches antérieures
A	Conception de la campagne de publicité	30	–
B	Création de l'affiche	30	A
C	Création de l'annonce dans la presse	8	A
D	Réalisation de l'affiche	60	B
E	Location des emplacements	70	A
F	Campagne d'affichage	21	D, E, J
G	Campagne presse	21	C, F
H	Réalisation de l'argumentaire	8	A
I	Formation des commerciaux	15	H
J	Présentation de l'argumentaire	25	I

2. La construction du graphe

- Chaque tâche sera représentée par un vecteur, affecté d'une lettre d'identification et de la durée d'exécution. Le sommet de chaque vecteur constitue une étape et est symbolisé par un numéro.

- Sur le graphe sera mis en évidence le chemin critique. Celui-ci correspond à la durée maximale nécessaire pour exécuter le projet. Il rejoint les tâches où les dates au plus tard et les dates au plus tôt sont égales.

Date au plus tôt d'une étape = Date au plus tôt de l'étape précédente
+ Durée de la tâche qui vient de se finir.

Date au plus tard d'une étape = Date au plus tard de l'étape suivante
− Duré de la tâche qui suit.

Le long du chemin critique, il n'existe aucune marge, donc aucun retard possible dans l'exécution de la tâche.

Exemple : Construction du graphe d'une campagne publicitaire

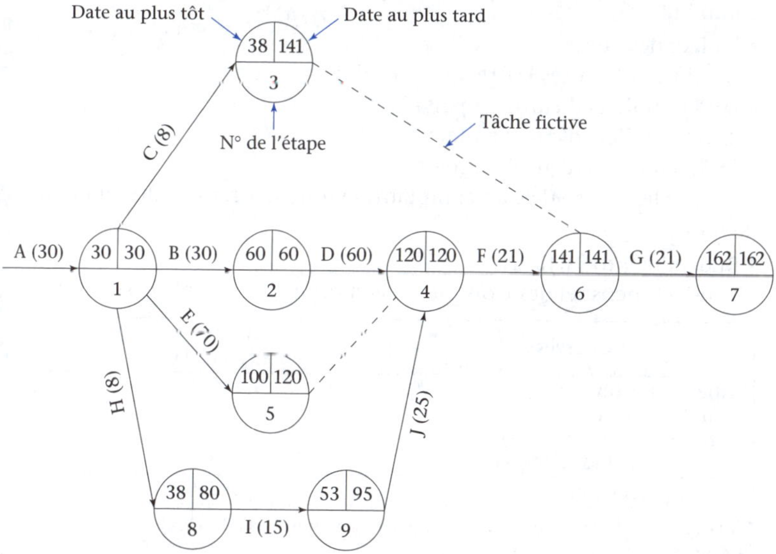

Le chemin critique est : 1 – 2 – 4 – 6 – 7.

Les mots-clés

PERT, chemin critique ▶ *lexique* p. 281

ÉTUDES DE CAS

Exercices d'entraînement

1 Famauda

La société Famauda vous donne les prévisions pour l'année N.

La TVA applicable aux ventes, aux achats, et aux autres charges est de 19,6 %.

• L'ensemble des créances clients sera encaissé au mois de janvier. Les créances diverses seront encaissées moitié en janvier, moitié en février.

• Les dettes fournisseurs seront réglées courant janvier.

• Budget des approvisionnements : les achats mensuels de matières premières et de fournitures prévus sont de 24 000 milliers d'euros HT en janvier et février, 25 000 milliers d'euros HT en mars, payables au comptant.

• Budget des ventes

Les chiffres d'affaires HT prévus sont de :

– 29 000 milliers d'euros en janvier,

– 32 000 milliers d'euros en février,

– 25 500 milliers d'euros en mars,

encaissables pour 90 % au comptant, le reste par traite à 30 jours fin de mois.

• Budget de production

Le budget mensuel des trois premiers mois de l'année est le suivant :

Charges	Montant (en milliers d'euros)
Matières utilisées	18 000
Main-d'œuvre directe (charges sociales incluses)	400
Autres charges indirectes (1)	800
Coût de production	19 200

(1) Les autres charges comprennent des charges soumises à la TVA et des amortissements pour 200 milliers d'euros.

Les charges de personnel sont décaissées en fin de mois d'engagement. Les autres charges sont payées pour moitié le mois de leur engagement et pour moitié le mois suivant.

• Divers

Le premier acompte de l'impôt sur les bénéfices, 100 milliers d'euros, sera réglé à la date limite.

Les autres charges de gestion (c'est-à-dire des services autres que de production) seront de 1 500 milliers d'euros par mois :

– 750 milliers d'euros de charges de personnel,

– 750 milliers d'euros de charges soumises à la TVA.

Les charges de personnel seront payées le mois de leur engagement, 2/3 des autres charges seront payées au comptant, 1/3 le mois suivant.

• Annuité d'un emprunt : 240 000 euros.

Remboursement en avril à partir de l'année N.

TRAVAIL À FAIRE

Présenter les budgets de TVA, des encaissements et des décaissements pour les trois premiers mois de l'année N, ainsi que le budget de trésorerie.

▶ *Corrigé* p. 246

➡ **Annexe 1**

EXTRAIT DU BILAN DE FAMAUDA
(au 31 décembre N – 1)

(en milliers d'euros)

Actif		Passif	
Créances d'exploitation		Dettes d'exploitation	
Créances clients et comptes rattachés	524	Dettes fournisseurs et comptes rattachés	290
Créances diverses	626	Dettes fiscales et sociales (1)	465
Disponibilités	157	Dettes diverses	
		Dettes fiscales (IS)	320

(1) Dont TVA à décaisser : 465.

2 Fabien

La société Fabien consacre au début de chaque mois une somme à des opérations publicitaires.

Dans le tableau ci-après apparaissent pour chaque mois les ventes et les dépenses publicitaires (chiffres exprimés en milliers d'euros).

Mois (année N)	Ventes	Dépenses publicitaires
Janvier	3 800	240
Février	4 200	300
Mars	4 200	300
Avril	3 900	250
Mai	4 000	320
Juin	4 500	350
Juillet	3 500	200
Août	2 400	180
Septembre	3 800	300
Octobre	4 000	320
Novembre	4 400	380
Décembre	5 300	460

TRAVAIL À FAIRE

1. Existe-t-il une corrélation entre ventes et dépenses publicitaires ?
2. Sachant que pour le mois de janvier de l'année N + 1 la société Fabien entend consacrer 500 000 € aux dépenses publicitaires, quel sera le montant des ventes pour ce mois ?

▶ *Corrigé* p. 247

3 Préparation d'un séminaire

TRAVAIL À FAIRE

Établir le réseau PERT correspondant à la préparation du séminaire décrit dans le tableau suivant.

Tâches	Description des tâches	Tâches antérieures	Durée en jours
A	Taper la lettre de convocation	D	1
B	Élaborer le programme de la journée	–	2
C	Envoyer la lettre de convocation	A	1
D	Concevoir la lettre de convocation	B	1
E	Rechercher les animateurs	B	8
F	Réaliser les badges	O	3
G	Réception des coupons-réponses	C	30
H	Concevoir et imprimer l'argumentaire	B	18

Tâches	Description des tâches	Tâches antérieures	Durée en jours
I	Constituer le dossier remis à chaque participant, avec mention de son nom	H-P-O	1
J	Louer les chaises	O	2
K	Réserver les hôtels	M-P	1
L	Prévenir les animateurs	E-B	1
M	Rechercher les hôtels	B	5
N	Réserver le restaurant	Q	1
O	Établir la liste des participants	G	1
P	Concevoir et imprimer le dépliant	B	30
Q	Choisir un restaurant	O-B	2
R	Installer la salle (chaises, tableau, projecteur…)	J	1

▶ *Corrigé* p. 248

Sujet de type BTS

4 BRPM

Vous débutez votre action à la Banque régionale Provence-Méditerranée (BRPM).

Vous disposez des principales données jusqu'en N + 5.

Données statistiques sur les dépôts à vue (DAV)
Évolution du marché des DAV dans le département
des Bouches-du-Rhône (en millions d'euros)

Années	N	N + 1	N + 2	N + 3	N + 4	N + 5
Total des encours	13 318,6	14 916,0	16 977,0	19 522,0	21 656,0	23 450,0
Taux de progression annuel	14,3 %	12,0 %	13,8 %	15,0 %	10,9 %	8,2 %

Travail à faire

Déterminez par la méthode des moindres carrés le montant prévisionnel pour N + 6 des encours.

▶ *Corrigé* p. 249

CORRIGÉS

1 Famauda

Budget de TVA du 1er trimestre N (en milliers d'euros)

Éléments	Janvier	Février	Mars
TVA collectée			
Ventes janvier	5 684 (a)		
Ventes février		6 272	
Ventes mars			4 998
TVA déductible sur :			
Achats janvier	4 704 (b)		
Charges de production janvier	117,6 (c)		
Autres charges janvier	147 (d)		
Achats février		4 704 (b)	
Charges de production février		117,6 (c)	
Autres charges février		147 (d)	
Achats mars			4 900 (b)
Charges de production mars			117,6 (c)
Autres charges mars			147 (d)
TVA à décaisser			
+ TVA collectée		5 684	6 272
– TVA déductible		– 4 968,6 (f)	– 4 968,6
= TVA à décaisser du mois	465 (e)	715,4	1 303,4

(a) Janvier = 29 000 × 0,196.
(b) Janvier = 24 000 × 0,196.
(c) (800 – 200) × 19,6 %.
(d) = 750 × 0,196.
(e) Voir Bilan, annexe 1.
(f) 4 704 + 117,60 + 147.

Budget des encaissements (en milliers d'euros)

Éléments	Janvier	Février	Mars
– Clients	524 (a)		
– Créances diverses	313 (b)	313 (b)	
Ventes TTC			
Ventes janvier	31 215,6 (c)	3 468,4 (d)	
Ventes février		34 444,8	3 827,2
Ventes mars			27 448,2
Total	32 052,6	38 226,2	31 275,4

(a) Règlement en janvier. Voir énoncé.
(b) 626 × 50 % = 313.
(c) = 29 000 × 1,196 × 0,9.
(d) = 29 000 × 1,196 × 0,1.

Budget des décaissements (en milliers d'euros)

Éléments	Janvier	Février	Mars
Dettes fournisseurs	290		
Emprunt			240
Achats	28 704 (a)	28 704	29 900
Main-d'œuvre (production)	400 (b)	400	400
Autres charges			
comptant (1/2)	358,8 (c)	358,8	358,8
à un mois (1/2)		358,8	358,8
1er acompte IS			100
Autres charges de gestion			
personnel	750 (e)	750	750
diverses			
comptant (2/3)	598 (f)	598	598
à un mois (1/3)		299	299
TVA (g)	465	715,4	1 303,4
Total décaissements	31 565,8	32 184	34 308

(a) 24 000 × 1,196.
(b) Voir budget de production.
(c) (800 − 200) × 1,196 × 50 %.
(e) Voir énoncés divers.
(f) 750 × 2/3 × 1,196
750 × 1/3 × 1,196.
(g) Repris du budget TVA.

Budget de trésorerie (en milliers d'euros)

Éléments	Janvier	Février	Mars
Trésorerie en début de mois	157 (a)	403,8 (c)	6 206 (c)
Encaissements (b)	32 052,6	38 226,2	31 275,4
	32 209,6	38 630	37 481,4
Décaissements (b)	31 565,8	32 184	34 308
Trésorerie en fin de mois	634,8	6 446	3 173,4

(a) Bilan au 31/12/N − 1.
(b) Budgets.
(c) Trésorerie en fin de mois précédent.

2 Fabien

1. Corrélation entre ventes et dépenses publicitaires

$$r = \frac{\Sigma XY}{\sqrt{\Sigma X^2 \, \Sigma Y^2}} = \frac{524\,000}{5\,080\,000 \times 65\,800} = 0,90.$$

Le coefficient de corrélation est très proche de 1 ; il existe donc un rapport très étroit entre ventes mensuelles et dépenses publicitaires.

2. Montant des ventes au mois de janvier N + 1

Il s'agit tout d'abord de calculer l'équation de la droite de régression :

$$a = \frac{\Sigma XY}{\Sigma X^2} = \frac{524\,000}{5\,080\,000} = 0{,}103.$$

La droite passe par le point moyen, d'où

$\bar{y} = a\bar{x} + b$, soit $300 = 0{,}103 \times 4\,000 + b$ $\quad b = -112$.

$y = 0{,}103x - 112$.

Si y = 500 (dépenses publicitaires janvier N + 1) :

$500 = 0{,}103x - 112$, d'où $x = 5\,971{,}75$ (milliers d'euros).

Montant des ventes janvier N + 1 : 5 941 750 €.

Mois (Année N)	Ventes x_i	Dépenses pub. y_i	$X = x_i - \bar{x}$	$Y = y_i - \bar{y}$	XY	X^2	Y^2
Janvier	3 800	240	− 200	− 60	12 000	40 000	3 600
Février	4 200	300	+ 200	0	0	40 000	0
Mars	4 200	300	− 200	0	0	40 000	0
Avril	3 900	250	− 100	− 50	5 000	10 000	2 500
Mai	4 000	320	0	+ 20	0	0	400
Juin	4 500	350	+ 500	+ 50	25 000	250 000	2 500
Juillet	3 500	200	− 500	− 100	50 000	250 000	10 000
Août	2 400	180	− 1 600	− 120	192 000	2 560 000	14 400
Septembre	3 800	300	− 200	0	0	40 000	0
Octobre	4 000	320	0	+ 20	0	0	400
Novembre	4 400	380	+ 400	+ 80	32 000	160 000	6 400
Décembre	5 300	460	+ 1 300	+ 160	208 000	1 690 000	25 600
	48 000	3 600			524 000	5 080 000	65 800
	$\bar{x} = 4\,000$	$\bar{y} = 300$					

3 Préparation d'un séminaire

Préparation du schéma : étape intermédiaire

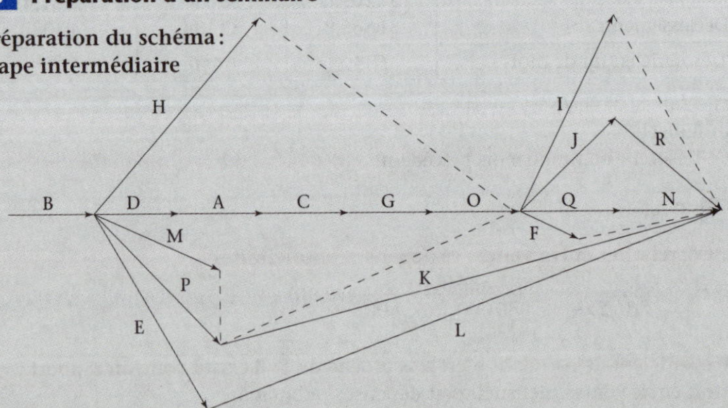

Réalisation du graphe PERT

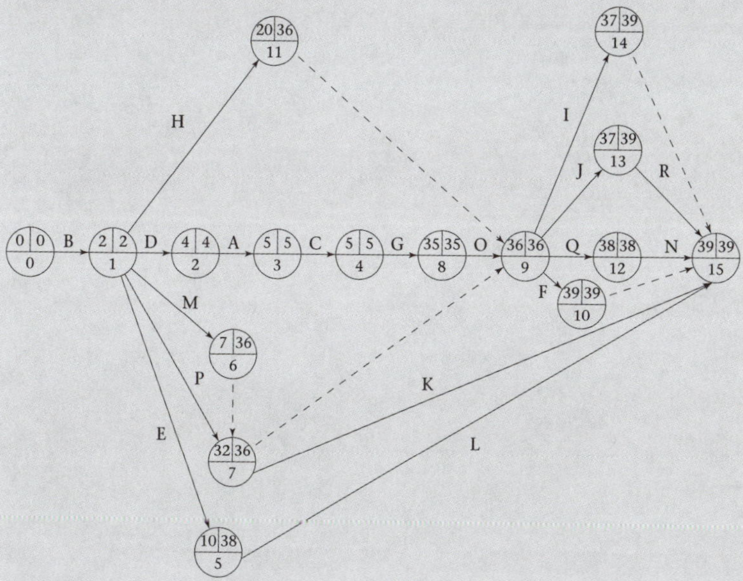

4 BRPM

x_i (année)	y_i (encours DAV)	$X_i = x_i - \bar{x}$	$Y_i = y_i - \bar{y}$	X_iY_i	X_i^2
1	13 318,60	− 2,5	4 988	12 470,00	6,25
2	14 916,00	− 1,5	− 3 390,6	5 085,90	2,25
3	16 977,00	− 0,5	− 1 329,6	664,80	0,25
4	19 522,00	+ 0,5	+ 1 215,5	607,70	0,25
5	21 656,00	+ 1,5	+ 3 349,4	5 024,10	2,25
6	23 450,00	+ 2,5	+ 5 143,4	12 858,50	6,25
Total = 21	109 839,60			36 711,00	17,50

$\bar{x} = \dfrac{21}{6} = 3{,}5 \qquad \bar{y} = \dfrac{109\,839{,}6}{6} = 18\,306{,}60.$

$a = \dfrac{\Sigma X_i\,Y_i}{\Sigma X_i^2} = \dfrac{36\,711}{17{,}5} = 2\,097{,}77.$

$\bar{y} = ax + b \qquad 18\,306{,}6 = (2\,097{,}77 \times 3{,}5) + b$

d'où $b = 10\,964{,}44$.

Donc $y = 2\,097{,}77\,x - 10\,964{,}44$.

Prévisions pour N + 6

$x = 7 \qquad y = (2\,097{,}77 \times 7) + 10\,964{,}44 = 25\,648{,}83$ millions d'euros.

14

Les calculs financiers

1 Les intérêts

L'intérêt constitue la rémunération du prêteur. Il est fonction du capital, de la durée du prêt et du taux d'intérêt.

1. Intérêts simples et intérêts composés

● Le calcul des intérêts peut se faire selon deux modalités :
– intérêts simples : les intérêts produits ne s'ajoutent pas au capital placé et ne produisent pas d'intérêts ;
– intérêts composés : les intérêts produits s'ajoutent au capital placé et produisent eux-mêmes des intérêts.

2. Valeur acquise par un capital placé à intérêts composés

● La valeur acquise correspond au capital plus les intérêts.

● Le calcul est le suivant :

$$C_n = C_0 (1 + i)^n$$

– C_n = Valeur acquise à l'époque n
– C_0 = capital initial déposé en 0
– i = durée en années du placement.

3. Valeur actuelle d'un capital placé à intérêts composés

● Par analogie avec ce qui a été vu au paragraphe précédent, on peut définir la valeur actuelle comme suit :

Valeur actuelle = Valeur acquise − Intérêts.

Calculer la valeur actuelle, c'est procéder à une actualisation.

● Le calcul est le suivant :

$$C_0 = C_n (1 + i)^{-n}$$

C_0 = Valeur actuelle du capital.

Les mots-clés

intérêts composés, intérêts simples, valeur acquise, valeur actuelle

▶ *lexique* p. 281

2 Les annuités

Les annuités sont des sommes versées périodiquement :
– soit pour constituer un capital (annuités de placement) ;
– soit pour rembourser un emprunt (annuités de remboursement).
Lorsqu'une entreprise effectue des placements ou s'il lui est nécessaire d'emprunter, elle se doit de procéder à un choix rationnel.
Elle sera amenée à calculer les annuités correspondant à ses opérations financières.

1. Valeur acquise d'une suite d'annuités constantes

Ce type de calcul sera effectué lors d'un placement.

$$V_n = a\,\frac{(1+i)^n - 1}{i}$$

V_n = Valeur acquise
a = annuité constante
i = taux d'intérêt
n = nombre d'annuités.

2. Valeur actuelle d'une suite d'annuités constantes

Ce type de calcul sera effectué lors d'un remboursement d'emprunt.

$$V_0 = a\,\frac{1-(1+i)^{-n}}{i}$$

V_0 = Valeur actuelle
a = annuité constante
i = taux d'intérêt
n = nombre d'annuités.

Les mots-clés

annuité, intérêt, valeur acquise, valeur actuelle ▶ *lexique* p. 281

3 Les emprunts indivis

Pour financer ses investissements, l'entreprise peut avoir recours à l'autofinancement (utilisation de ses fonds propres) et/ou à l'emprunt. Lorsque l'emprunt est contracté auprès d'une seule personne, généralement une banque, il s'agit d'un emprunt indivis.

1. Les modalités de remboursement des emprunts indivis

- **Remboursement par amortissements constants** : chaque année, la part du capital emprunté remboursé (appelée amortissement du capital) est identique. L'annuité de remboursement est variable.
- **Remboursement par annuités constantes** : chaque année est remboursée une partie variable du capital emprunté (amortissement du capital variable). L'annuité (amortissement du capital + intérêts) est constante.

2. Le remboursement par annuités constantes

- Le calcul de l'annuité est le suivant :

Annuité = Intérêt + amortissement

$$a = V_0 \frac{i}{1 - (1 + i)^{-n}}$$

V_0 = valeur actuelle.

- Tableau d'amortissement de l'emprunt :

Période	Calcul pour chaque période	Intérêt	Amortissement	Annuité
Calcul pour chaque période	Montant ligne précédente – amortissement	Capital restant dû en début de période × Taux d'intérêt	Annuité – intérêt	Calculée par la formule (voir ci-dessus)

Les mots-clés

amortissements constants, annuités constantes ▶ *lexique* p. 281

4 Les choix d'investissement

L'entreprise se doit d'acquérir des immobilisations pour maintenir ou augmenter sa capacité de production, pour réduire ses coûts, pour remplacer les équipements obsolètes. L'ensemble de ces dépenses constitue les investissements. Il faut que les investissements soient rentables. Par ailleurs, pour répondre à un même besoin, plusieurs investissements sont possibles. Il s'agit de choisir le meilleur.

1. La mesure de la rentabilité

- L'appréciation de la rentabilité d'un investissement se fait en terme de trésorerie. L'investissement doit dégager des recettes supplémentaires mais il occasionne aussi des dépenses nouvelles. Il donne naissance à des flux nets de trésorerie.

$$\text{Flux nets de trésorerie ou capacité d'autofinancement induite par investissement} = \text{Encaissements} - \text{Décaissements résultant de l'investissement}.$$

Si les flux nets de trésorerie sont positifs, l'investissement s'avère financièrement rentable.

2. Les critères de choix : la valeur actuelle nette (VAN)

- Il s'agit d'actualiser la totalité des flux de trésorerie générés par l'investissement à l'époque où est réalisé l'investissement.
- Le calcul est le suivant :

VAN = − Montant de l'investissement + Σ Flux actualisés + Valeur résiduelle de l'investissement actualisée

$$\text{VAN} = -\text{I} + \text{Flux}_1\,(1+i)^{-1} + \ldots + \text{Flux}_n\,(1+i)^{-n} + \text{V}\,(1+i)^{-n}.$$

V = Valeur résiduelle ou valeur de l'investissement en fin de période

I = Montant de l'investissement

i = taux d'intérêt ou taux d'actualisation.

Les mots-clés

emprunt indivis, investissement, rentabilité d'un investissement

▶ *lexique* p. 281

ÉTUDES DE CAS

Exercices d'entraînement

1 Valeur acquise

Un capital de 100 000 € est placé à compter du 1/1/N au taux annuel de 10 %.

TRAVAIL À FAIRE

1. Quelle sera sa valeur acquise au 31/12/N + 3 ?
2. Quelle sera sa valeur acquise au 30/4/N + 4 ?

▶ *Corrigé* p. 258

2 Valeur actuelle

TRAVAIL À FAIRE

Calculer la valeur actuelle d'un capital qui aura une valeur de 100 000 € dans 3 ans (taux d'intérêt composé ou taux d'actualisation : 9 %).

▶ *Corrigé* p. 258

3 Nauga

La société Nauga place 50 000 € tous les ans du 1/1/N au 31/12/N + 3.

Le taux d'intérêt composé est de 10 %.

TRAVAIL À FAIRE

Calculer la valeur acquise.

▶ *Corrigé* p. 258

4 Dafa

L'entreprise Dafa veut contracter un emprunt. Le taux d'intérêt est de 9 %. Elle souhaite rembourser 20 000 € par an pendant 4 ans.

TRAVAIL À FAIRE

Quel sera le montant du capital emprunté ?

▶ *Corrigé* p. 259

5 David

L'entreprise David a contracté un emprunt de 250 000 € au taux d'intérêt de 9 %. Durée de l'emprunt : 5 ans.

TRAVAIL À FAIRE

Quelle sera l'annuité de remboursement ?

▶ *Corrigé* p. 259

6 Tableau d'amortissement

TRAVAIL À FAIRE

Présenter le tableau d'amortissement d'un emprunt de 1 000 000 € au taux de 10 % remboursé en 5 ans.

▶ *Corrigé* p. 259

Sujet de type BTS

7 Penthièvre

La société Penthièvre, qui fabrique des voiles pour bateaux, souhaite se diversifier dans le secteur du vêtement. Pour réaliser cette diversification, un investissement de 1 500 000 € est nécessaire.
Différentes possibilités sont offertes à l'entreprise Penthièvre :

- 1re solution : financement uniquement sur fonds propres.
- 2e solution : 500 000 € sur fonds propres et le reste par emprunt à 6 % l'an remboursable en 5 annuités constantes, la première échéance venant à la fin de la première période.
- 3e solution : location (crédit-bail) avec versement de 5 loyers annuels de 500 000 € chacun, à terme échu.

La valeur résiduelle nette (après impôt) sera de 70 000 €. Le matériel est amortissable linéairement sur cinq ans. Le taux d'impôt sur les sociétés est de 33 $\frac{1}{3}$ %.

TRAVAIL À FAIRE

En calculant pour chaque possibilité les flux nets de trésorerie actualisés au taux de 6 %, vous déterminerez le mode de financement le plus avantageux pour l'entreprise Penthièvre.

▶ *Corrigé* p. 260

CORRIGÉS

1 Valeur acquise

1. Valeur acquise au 31/12/N + 3

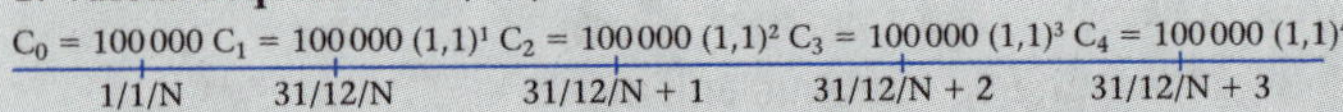

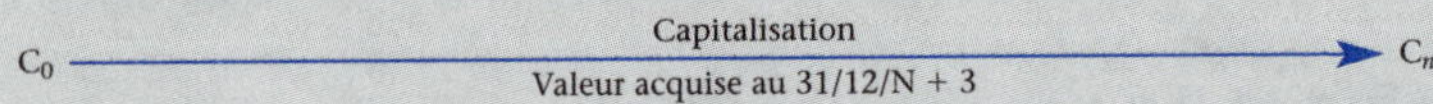

$C_n = C_0(1 + i)^n$ $\quad C_0 = 100\,000$

$i = 0,10$

$n = 4$

$C_4 = 100\,000\,(1,1)^4 = 146\,410.$

Valeur acquise au 31/12/N + 3 = 146 410 €.
Montant des intérêts = 146 410 − 100 000 = 46 410 €.

2. Valeur acquise au 31/12/N + 4

Intérêts des 4 mois en N + 4 = 146 410 × 0,1 × 4/12
= 4 880,33 €.

Valeur acquise au 30/4/N + 4 = 146 410 + 4 880,33 = 151 290,33 €.

2 Valeur actuelle

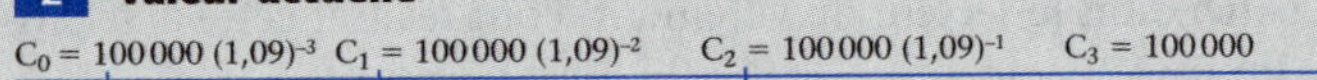

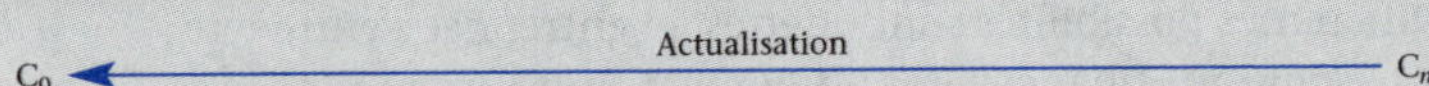

Valeur actuelle :
$C_0 = 100\,000\,(1,09)^{-3} = 77\,218,35$ €.

3 Nauga

- **Position du problème**

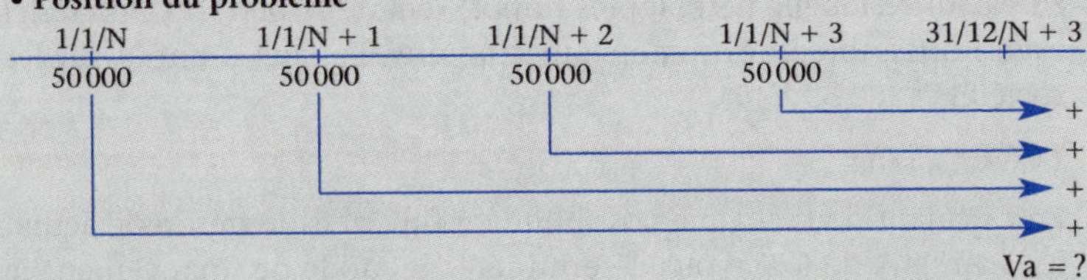

• Calcul de la valeur acquise

Valeur acquise $= V_n = 50\,000 \dfrac{(1+0{,}1)^4 - 1}{0{,}1} = 232\,050$ €.

Remarque :

Si vous ne vous souvenez pas de la formule de calcul et si le nombre d'annuités n'est pas trop important, il est possible de calculer la valeur acquise année par année en vous inspirant du schéma ci-dessus :

$U_n = 50\,000\,(1{,}1) + 50\,000\,(1{,}1)^2 + 50\,000\,(1{,}1)^3 + 50\,000\,(1{,}1)^4$.

4 Dafa

• Position du problème

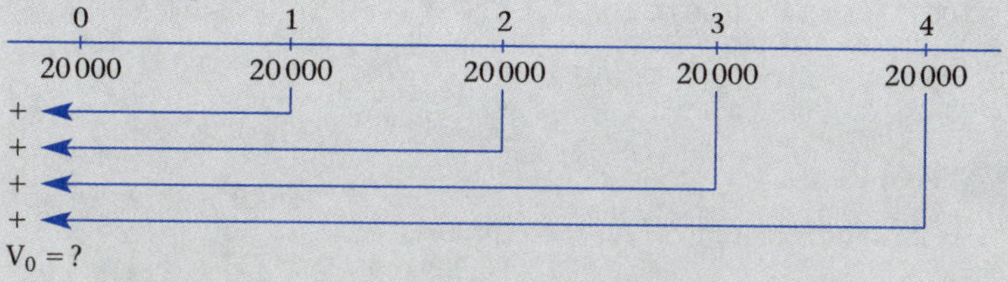

• Montant de l'emprunt

$V_0 = 20\,000 \dfrac{1-(1{,}09)^{-4}}{0{,}09} = 64\,794$ €.

Remarque :

Si vous ne vous souvenez pas de la formule, il vous est possible de calculer la valeur actuelle année par année en vous inspirant du schéma ci-dessus.

$V_0 = 20\,000\,(1{,}09)^{-1} + 20\,000\,(1{,}09)^{-2} + 20\,000\,(1{,}09)^{-3} + 20\,000\,(1{,}09)^{-4}$.

5 David

Reprenons la formule : $V_0 = a \dfrac{1-(1+i)^{-n}}{i}$

d'où $\quad a = V_0 \dfrac{i}{1-(1+i)^{-n}}$

Annuité $a = 250\,000 \times \dfrac{0{,}09}{1-(1{,}09)^{-5}}$

$a = 64\,273{,}11$.

6 Tableau d'amortissement

• Calcul de l'annuité

$1\,000\,000 \times \dfrac{0{,}10}{1-1{,}10^{-5}} = 263\,797{,}48$.

• **Tableau d'amortissement**

Période	Capital restant dû en début de période	Intérêt	Amortissement	Annuité
1	1 000 000	100 000 (1)	163 797,48 (2)	263 797,48
2	836 202,52 (3)	83 620,25 (4)	180 177,23	263 797,48
3	656 025,29	65 602,53	198 194,95	263 797,48
4	457 830,34	45 783,03	218 014,45	263 797,48
5	239 815,89	23 981,59	239 815,89	
			1 000 000	

(1) 1 000 000 × 0,10 = 100 000.
(2) 263 797,48 − 100 000 = 163 797,48.
(3) 1 000 000 − 163 797,48 = 836 202,52.
(4) 836 202,52 × 0,1 = 83 620,25.

7 Penthièvre

• **1re solution : financement sur fonds propres**

Flux nets de trésorerie

Flux de trés. \ Périodes	0	1	2	3	4	5
Décaissements	− 1 500 000					
Économie d'impôt (1)		+ 100 000	+ 100 000	+ 100 000	+ 100 000	+ 100 000
Encaissements						+ 70 000
Flux nets	− 1 500 000	+ 100 000	+ 100 000	+ 100 000	+ 100 000	+ 170 000
Flux nets actualisés	− 1 500 000	+ 94 340 (2)	+ 89 000 (3)	+ 83 962	+ 79 209	+ 74 726

(1) Amortissement du matériel : 1 500 000 : 5 = 300 000.
Économie d'impôt : 300 000 × 33 $^1/_3$ % = 100 000.
(2) 100 000 $(1,06)^{-1}$ = 94 340.
(3) 100 000 $(1,06)^{-2}$ = 89 000.
Total des flux nets actualisés : − 1 078 763 €.

• **2e solution : financement mixte**

Fonds propres = 500 000 €
Emprunt = 1 000 000 €

Calcul de l'annuité de l'emprunt $a = \frac{0,06}{1 - (1,06)^{-5}} = 237\,396$ €.

Tableau d'amortissement de l'emprunt

Année	Capital début de période	Intérêts	Amortissement	Annuité	Capital fin de période
1	1 000 000	60 000	177 396	237 396	822 604
2	822 604	49 356	188 040	237 396	634 564
3	634 564	38 074	199 322	237 396	435 242
4	435 242	26 115	211 281	237 396	223 961
5	223 961	13 438	223 958	237 396	≃ 0

Flux nets de trésorerie

Flux de trés. \ Périodes	0	1	2	3	4	5
Décaissements						
Fonds propres	– 500 000					
Emprunt		– 237 396	– 237 396	– 237 396	– 237 396	– 237 396
Économie d'impôt		120 000 (1)	116 452	112 691	108 705	104 479
Encaissements						70 000
Flux nets	– 500 000	– 117 396	– 120 944	– 124 705	– 128 691	– 62 917
Flux nets actualisés	– 500 000	– 110 751 (2)	– 107 764	– 104 705	– 101 935	– 47 015

(1) Économie d'impôt sur investissement : 100 000 (voir 1re solution). Économie d'impôt sur intérêts de l'emprunt : 60 000 × 33 $1/3$ % = 20 000, soit une réduction totale de l'impôt de 100 000 + 20 000 = 120 000.
(2) 117 396 $(1{,}06)^{-1}$ = 110 751.

Total des flux actualisés = 972 046 €.

- **3e solution : location**

Flux nets de trésorerie

Flux de trés. \ Périodes	1	2	3	4	5
Décaissements	– 500 000	– 500 000	– 500 000	– 500 000	– 500 000
Économie d'impôt	166 667	166 667	166 667	166 667	166 667
Encaissements					70 000
Flux nets	– 333 333	– 333 333	– 333 333	– 333 333	– 263 333
Flux nets actualisés	– 314 465	– 296 665	– 279 873	– 264 031	– 196 777

Total des flux nets actualisés = – 1 351 811 €.

Conclusion : Le financement mixte (fonds propres et emprunt) sera choisi car c'est la solution qui minimise les charges.

15

L'analyse statistique

1 La représentation graphique

Pour l'analyse de séries statistiques, il est nécessaire de procéder à une représentation graphique de la répartition des données, différente selon que la variable est discrète ou continue.

1. Les graphiques de répartition

● Une **variable** est **discrète ou discontinue** si elle ne peut prendre que des valeurs entières (1, 2, 3…). La représentation d'une variable discrète se fait sous la forme d'un diagramme en bâtons.

Nombre de commandes	Nombre de clients
1	12
2	20
3	15
4	8
5	6
6	2

Diagramme en bâtons ▶

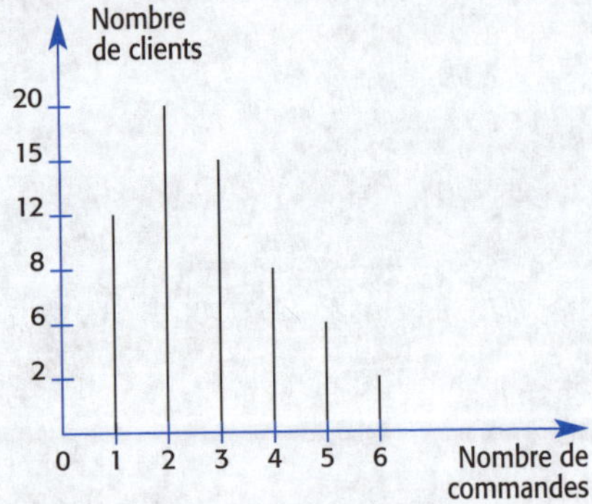

● Une **variable** est **continue** si elle peut prendre toutes les valeurs possibles (et pas seulement entières) dans un intervalle. Les différentes valeurs d'une variable continue sont regroupées en classes ([100, 200[: cette classe va de 100, compris, jusqu'à 200, non compris). La représentation d'une variable continue se fait sous la forme d'un histogramme ou d'un diagramme circulaire (« camembert »).

Montant des commandes	Nombre de clients
[100, 200[	20
[200, 300[	40
[300, 400[	30
[400, 500[	10

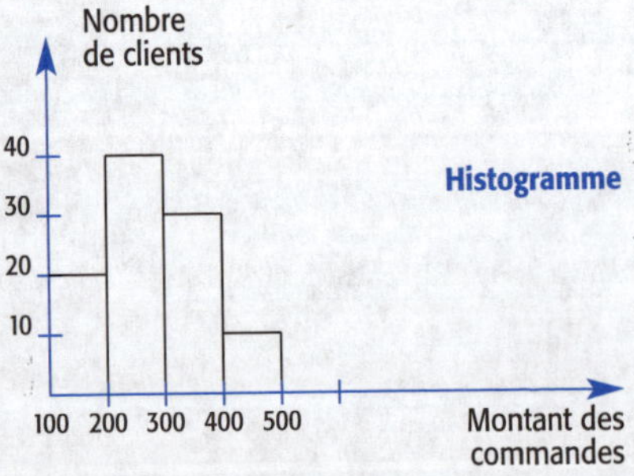

Histogramme

Diagramme circulaire

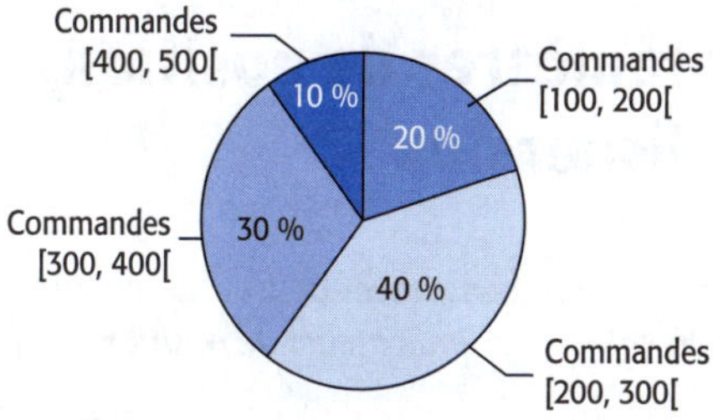

Le diagramme circulaire est surtout utilisé pour représenter des pourcentages.

2. Les graphiques d'évolution

- **La courbe d'évolution** (ou **graphique cartésien**) fait apparaître l'évolution du caractère observé.

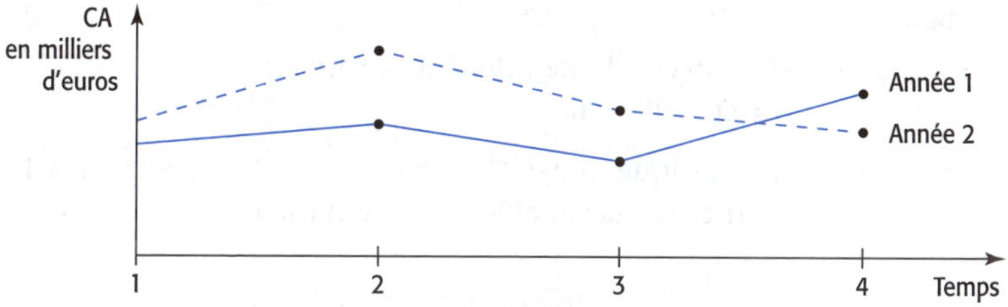

- **Le graphique polaire** permet de représenter le temps de manière circulaire.

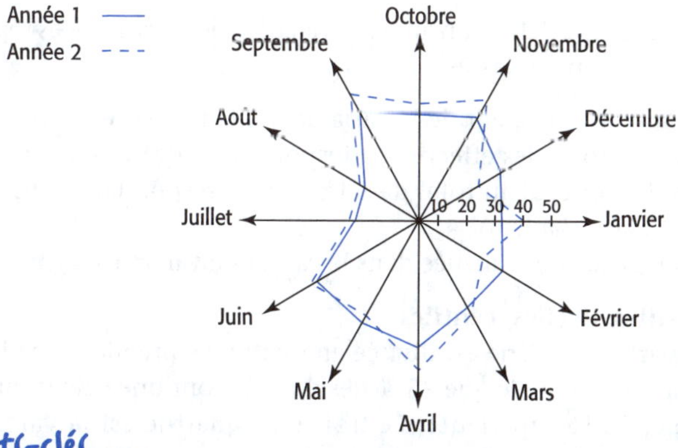

Les mots-clés

diagramme circulaire, histogramme, variable discrète, variable continue

▶ *lexique* p. 281

2 Les paramètres de position et de dispersion

Les séries statistiques sont constituées de très nombreuses données. Pour les interpréter, on calcule des indicateurs de position et de dispersion.

1. Les paramètres de position

- Pour analyser une série statistique, le calcul de valeurs centrales constitue une étape importante.

- **La fréquence** permet de mesurer l'importance d'une valeur de la variable par rapport à l'effectif total.

$f_1 = \frac{n_i}{n} \times 100$ n_i = effectif d'une valeur de la variable
n = effectif total.

- **La moyenne arithmétique**, notée $\overline{x}$ (« *x* barre »), est le rapport entre la somme des valeurs prises par la variable et l'effectif total.

$$\overline{x} = \frac{\sum_{i=1}^{p} n_i x_i}{\sum_{i=1}^{p} n_i} = \frac{n_1 x_1 + n_2 x_2 + \ldots + n_p x_p}{n_1 + n_2 + \ldots + n_p}.$$

Dans le cas d'une variable continue, la valeur x_i de la variable est égale aux centres des différentes classes.

- **La médiane** est la valeur de la variable qui coupe la série en 2 de telle manière que le total des effectifs correspondant à des valeurs inférieures de la variable soit égal au total des effectifs correspondant à des valeurs supérieures à la variable.
La médiane est surtout calculée dans le cas d'une variable continue.

- **Les quartiles, déciles, centiles**
Avec les quartiles, la série est divisée en quatre. Le premier quartile est la valeur de la variable telle que 25 % des données ont une valeur qui lui est inférieure et 75 % supérieure. Le troisième quartile est la valeur de la variable telle que 75 % des données ont une valeur qui lui est inférieure et 25 % supérieure. Le deuxième quartile correspond à la médiane, il partage l'effectif en deux parties égales.

Avec les déciles, la série est divisée en dix. Le premier décile est la valeur de la variable telle que 10 % de l'effectif des valeurs lui est inférieur.
Avec les centiles, la série est divisée en cent.

- Le mode est la valeur de la variable pour laquelle l'effectif est maximum.

2. Les paramètres de dispersion

- Deux séries statistiques peuvent présenter une même moyenne alors que les différentes valeurs prises par la variable sont différemment dispersées. Il est donc nécessaire de mesurer cette dispersion en calculant les paramètres correspondants.

- L'écart inter-quartile est égal à la différence entre le quartile 3 et le quartile 1. 50 % des données de la série se situent dans cet intervalle centré autour de la moyenne. Plus cet écart est important, plus la série est dispersée.

- La variance est la moyenne arithmétique des carrés des écarts des valeurs de la variable par rapport à leur moyenne arithmétique.

$$\text{Variance} = V(x) = \frac{\Sigma n_i (x_i - x)^2}{\Sigma n_i}.$$

- L'écart type, noté σ (sigma), est la racine carrée de la variance.

$$\text{Écart type} = \sigma = \sqrt{V(x)} = \sqrt{\frac{\Sigma n_i (x_i - \overline{x})^2}{\Sigma n_i}}.$$

L'écart type est la caractéristique de dispersion la plus utilisée. Plus l'écart type est faible, plus la distribution est resserrée autour de la moyenne.
Le calcul de l'écart type permet de mieux apprécier le risque. Si l'on calcule une prévision de ventes et que l'écart type est élevé, on risque d'observer une divergence significative entre prévision et réalisation.

Les mots-clés

écart type, fréquence, médiane, moyenne, variance ▸ *lexique* p. 281

3 Indices et sondages

Pour mener à bien une analyse statistique, il peut être intéressant dans certains cas d'utiliser les indices et d'effectuer des sondages.

1. Les indices

- Un indice est un nombre qui mesure la variation relative d'une grandeur entre deux situations différentes dans le temps ou dans l'espace. L'une de ces situations est prise comme base.
- **Les indices simples** : un indice est dit simple quand il ne porte que sur une seule grandeur. Il correspond au rapport entre deux valeurs d'une variable statistique.

$$I\,(X)t_i/t_0 = \frac{\text{Valeur de X en } t_i}{\text{Valeur de X en } t_0} \times 100.$$

L'indice simple noté I correspond à l'évolution de la variable X entre la période t_i et la période t_0.

Années	N	N + 1	N + 2	N + 3
Chiffre d'affaires (CA)	14	16	17	20
Indice du CA	100	114,29	121,43	142,86

2. Échantillon et sondage

- Il est très difficile, si ce n'est impossible, d'examiner toutes les unités d'une population lorsque celle-ci est élevée. Le sondage s'avère alors nécessaire. Une fraction seulement de la population mère sera étudiée, appelée échantillon. L'échantillonnage pose le problème de la confiance à accorder aux résultats.
- **Paramètres d'un échantillon** : dans une population mère de moyenne m et d'écart type σ nous allons tirer au hasard un échantillon de taille n. La moyenne arithmétique $\bar{x}$ de l'échantillon de n unités est une variable aléatoire qui suit une loi de Laplace-Gauss de moyenne arithmétique m et d'écart type

$$\frac{\sigma}{\sqrt{n}}.$$

La loi Normale ou loi de Gauss ou loi de Laplace-Gauss s'applique à une variable aléatoire continue dépendant de nombreux paramètres indépendants dont les effets s'additionnent et dont aucun n'est prépondérant.
Les paramètres nécessaires pour définir la loi Normale sont la moyenne $\bar{x}$ et l'écart type σ de cette variable aléatoire.
La loi Normale sera désignée par $\mathcal{N}(x, \sigma)$.
Cette loi est tabulée. La table utilisée correspond à la variable aléatoire T, **variable centrée réduite** qui suit une loi Normale de paramètres $\bar{x} = 0$ et $\sigma = 1$.
Toute variable X qui suit une loi Normale de paramètres $\bar{x}$ et σ peut être transformée en une variable T :

$$T = \frac{X - \bar{x}}{\sigma}.$$

- **Taille d'un échantillon :** plus la taille de l'échantillon est élevée, plus les résultats de l'étude seront précis. Si l'on se fixe un seuil de confiance de 95 % et un intervalle de confiance de *x* % (c'est-à-dire qu'il y a 95 chances sur 100 que l'estimation du sondage ne s'écarte pas de ± *x* % de la réalité), la taille *n* de l'échantillon sera :

$$n \geqslant \frac{4pq}{\varepsilon^2}.$$

p = proportion observée dans l'échantillon
q = 1 − p
ε = erreur acceptée.

Exemples :

- Dans une population où le pourcentage de garçons est de 40 %, l'erreur acceptée est de 5 %.

$$n \geqslant \frac{4 \times 0,4 \times 0,6}{0,05^2} = 384.$$

- Dans un échantillon de 384 personnes, l'erreur acceptée sera de :

$$\varepsilon = \pm 2\sqrt{\frac{pq}{n}} \qquad \varepsilon = \pm 2\sqrt{\frac{0,4 \times 0,6}{384}} \qquad \varepsilon = \pm 0,05, \text{ soit } 5\ \%.$$

Une formule plus générale vous est proposée :

$$n = \frac{t^2 p\,(1 - p)}{\varepsilon^2}.$$

Les mots-clés

échantillon, indice, sondage ▶ *lexique* p. 281

ÉTUDES DE CAS

Exercices d'entraînement

1 Série à variables discrètes

L'entreprise Dafa a établi une liste de 50 clients selon le nombre de commandes :

x_i	Nombre de commandes	1	2	3	4	5	6	7	8	9	11
n_i	Effectifs	2	5	5	7	11	9	4	3	2	2

TRAVAIL À FAIRE

Faire la représentation graphique et calculer les fréquences, le mode, la médiane, la moyenne, la variance et l'écart type.

▶ *Corrigé* p. 274

2 Série à variables continues

Les factures d'une supérette se répartissent de la manière suivante :

Montant en euros	[0, 200]	[200, 300]	[300, 400]	[400, 500]	[500, 600]
Nombre de factures	3	5	9	12	18

Montant en euros	[600, 700]	[700, 800]	[800, 1 000]	[+ de 1 000]
Nombre de factures	15	10	8	3

TRAVAIL À FAIRE

1. Tracer l'histogramme et le polygone des effectifs.

2. Dresser le tableau des effectifs et des fréquences cumulés croissants et décroissants. Tracer sur une même figure les polygones des effectifs cumulés. Déterminer graphiquement la médiane.

3. Indiquer le mode. Effectuer le calcul de la médiane et de deux quartiles : Q1 et Q3. Donner l'intervalle interquartile I.

4. Dresser le tableau de calcul de la moyenne, de la variance et de l'écart type. Donner ensuite les valeurs calculées (on prendra comme variable réduite la variable X telle que : $x = 550 - 100\ X$).

▶ *Corrigé* p. 275

3 Calcul de probabilités

Une variable X suit la loi $\mathcal{N}$ (0,1).

Travail à faire

En utilisant la table ci-après :

1. Calculer $P_1 = \Pr\{X < 2\}$.
Quelle est la probabilité pour que X soit inférieur à 2 ?

2. Calculer $P_2 = \Pr\{X > 1\}$.
Quelle est la probabilité que X soit supérieur à 1 ?

3. Calculer $P_3 = \Pr\{X < -2\}$.
Quelle est la probabilité que X soit inférieur à 2 ?

4. Calculer $P_4 = \Pr\{-0{,}5 < X < 2\}$.
Quelle est la probabilité que X soit compris entre – 0,5 et + 2 ?

▶ *Corrigé* p. 278

➡ **Annexe**

Extraits de la table de la fonction intégrale de la loi normale centrée, réduite $\mathcal{N}$ (0,1)

$\pi(t) = \Pr\{T < t\}$

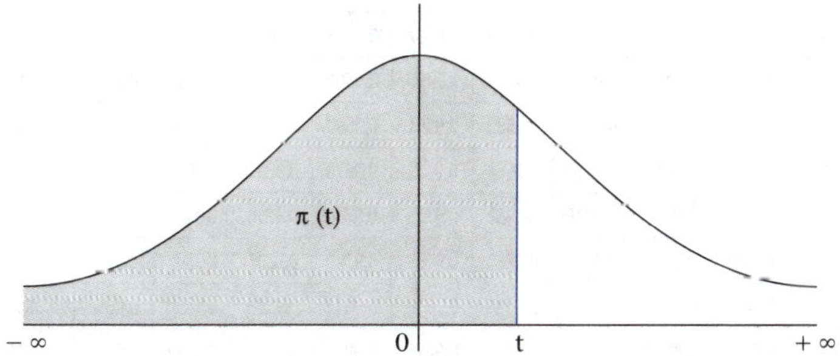

Table pour les grandes valeurs de *t*

t	3,0	3,1	3,2	3,3	3,4
π(t)	0,998 65	0,999 04	0,999 31	0,999 52	0,999 66

t	3,5	3,6	3,8	4,0	4,5
π(t)	0,999 76	0,999 841	0,999 928	0,999 968	0,999 997

t	0,00	0,01	0,02	0,03	0,04	0,05	0,06	0,07	0,08	0,09
0,0	0,5000	0,5040	0,5080	0,5120	0,5160	0,5199	0,5239	0,5279	0,5319	0,5359
0,1	0,5398	05438	0,5478	0,5517	0,5557	0,5596	0,5636	0,5675	0,5714	0,5753
0,2	0,5793	0,5832	0,5871	0,5910	0,5948	0,5987	0,6026	0,6064	0,6103	0,6141
0,3	0,6179	0,6217	0,6255	0,6293	0,6331	0,6368	0,6406	0,6443	0,6480	0,6517
0,4	0,6554	0,6591	0,6628	0,6664	0,6700	0,6736	0,6772	0,6808	0,6844	0,6879
0,5	0,6915	0,6950	0,6985	0,7019	0,7054	0,7088	0,7123	0,7157	0,7190	0,7224
0,6	0,7257	0,7290	0,7324	0,7357	0,7389	0,7422	0,7454	0,7486	0,7517	0,7549
0,7	0,7580	0,7611	0,7642	0,7673	0,7704	0,7734	0,7764	0,7794	0,7823	0,7852
0,8	0,7881	0,7910	0,7939	0,7967	0,7995	0,8023	0,8051	0,8078	0,8106	0,8133
0,9	0,8159	0,8186	0,8212	0,8238	0,8254	0,8289	0,8315	0,8840	0,8365	0,8389
1,0	0,8413	0,8438	0,8461	0,8485	0,8508	0,8531	0,8554	0,8577	0,8599	0,8621
1,1	0,8643	0,8665	0,8686	0,8708	0,8729	0,8749	0,8770	0,8790	0,8810	0,8830
1,2	0,8849	0,8869	0,8888	0,8907	0,8925	0,8944	0,8962	0,8980	0,8997	0,9015
1,3	0,9032	0,9049	0,9066	0,9082	0,9099	0,9115	0,9131	0,9147	0,9162	0,9177
1,4	0,9192	0,9207	0,9222	0,9236	0,9251	0,9265	0,9279	0,9292	0,9306	0,9319
1,5	0,9332	0,9345	0,9357	0,9370	0,9382	0,9394	0,9406	0,9418	0,9429	0,9441
1,6	0,9452	0,9463	0,9474	0,9484	0,9495	0,9505	0,9515	0,9525	0,9535	0,9545
1,7	0,9554	0,9564	0,9573	0,9582	0,9591	0,9599	0,9608	0,9616	0,9625	0,9633
1,8	0,9641	0,9649	0,9656	0,9664	0,9671	0,9678	0,9686	0,9693	0,9699	0,9706
1,9	0,9713	0,9719	0,9726	0,9732	0,9738	0,9744	0,9750	0,9756	0,9761	0,9767
2,0	0,9772	0,9779	0,9783	0,9788	0,9793	0,9798	0,9803	0,9808	0,9812	0,9817
2,1	0,9821	0,9826	0,9830	0,9834	0,9838	0,9842	0,9846	0,9850	0,9654	0,9857
2,2	0,9861	0,9864	0,9868	0,9871	0,9875	0,9878	0,9881	0,9884	0,9887	0,9890
2,3	0,9893	0,9898	0,9901	0,9904	0,9904	0,9906	0,9909	0,9911	0,9913	0,9916
2,4	0,9918	0,9920	0,9922	0,9925	0,9927	0,9929	0,9931	0,9932	0,9934	0,9936
2,5	0,9938	0,9940	0,9941	0,9943	0,9945	0,9946	0,9948	0,9949	0,9951	0,9952
2,6	0,9953	0,9955	0,9956	0,9957	0,9959	0,9960	0,9961	0,9962	0,9963	0,9964
2,7	0,9965	0,9966	0,9967	0,9968	0,9969	0,9970	0,9971	0,9972	0,9973	0,9974
2,8	0,9974	0,9975	0,9976	0,9977	0,9977	0,9978	0,9979	0,9979	0,9980	0,9981
2,9	0,9981	0,9982	0,9982	0,9983	0,9984	0,9984	0,9985	0,9985	0,9986	0,9986

4 Échantillonnage

La consommation moyenne annuelle par ménage de pommes de terre est de 50 kg avec un écart type de 6 kg.

TRAVAIL À FAIRE

1. Vous faites un sondage auprès de 100 ménages. Quels sont les paramètres m' et σ' de cet échantillon ?

2. Finalement, vous avez interrogé 48 personnes et vous avez obtenu sur l'échantillon une consommation moyenne de 52 kg. L'échantillon est-il représentatif de la population ?

▶ *Corrigé* p. 278

Sujet de type BTS

5 L'imprimé sans adresse (ISA) de la Poste

Votre supérieur propose d'opter pour l'imprimé sans adresse (ISA) distribué par les agents de la Poste directement dans les boîtes aux lettres. On peut considérer que la distribution des réponses suit une loi normale de moyenne 4 ‰ et d'écart type 0,5 ‰.

TRAVAIL À FAIRE

Quelle est la probabilité d'obtenir entre 2 000 et 2 800 réponses dans le cas où la totalité des boîtes aux lettres du département des Bouches-du-Rhône seraient touchées ?

▶ *Corrigé* p. 279

➡ **Annexe**

NOMBRE DE FOYERS DES BOUCHES-DU-RHÔNE
DESSERVIS EN IMPRIMÉS SANS ADRESSE

Localités	Nombre de foyers desservis			Boîtes postales
	T1	T2	T3	
Marseille	364 300			
Autres localités	93 000	72 125	61 725	5 148
Total Bouches-du-Rhône	457 300	72 125	61 725	5 148

CORRIGÉS

1 Série à variables discrètes

• **Fréquence**

x_i	Nombre de commandes	1	2	3	4	5	6	7	8	9	11
n_i	Effectifs	2	5	5	7	11	9	4	3	2	2
f_i	Fréquence	0,04	0,10	0,10	0,14	0,22	0,18	0,08	0,06	0,04	0,04

• **Mode**

Le mode = 5 commandes.

• **Médiane**

La médiane = 5.

Effectif total = 50. La médiane correspond à la 25e valeur, soit 5 (il faut cumuler les effectifs [2 + 5 + 5 + 7 + 6] : le 6 correspond à 5 commandes).

• **Moyenne**

$$\bar{x} = \frac{(1 \times 2) + (2 \times 5) + (3 \times 5) + (4 \times 7) + \ldots + (11 \times 2)}{2 + 5 + 5 + \ldots + 2}$$

$$\bar{x} = \frac{256}{50} = 5{,}12.$$

• **Variance**

x_i	1	2	3	4	5	6	7	8	9	11	Total
n_i	2	5	5	7	11	9	4	3	2	2	50
$n_i x_i$	2	10	15	28	55	54	28	24	18	22	256
$n_i x^2$	2	20	45	112	275	324	196	192	162	242	1 570

$$\bar{x} = \frac{256}{50} = 5{,}12.$$

$$V(x) = \frac{1}{50} \times 1\,570 - 5{,}12^2 = 5{,}185\,6.$$

• **Écart type**

$\sigma = \sqrt{5{,}185\,6} = 2{,}28.$

• **Représentation graphique**

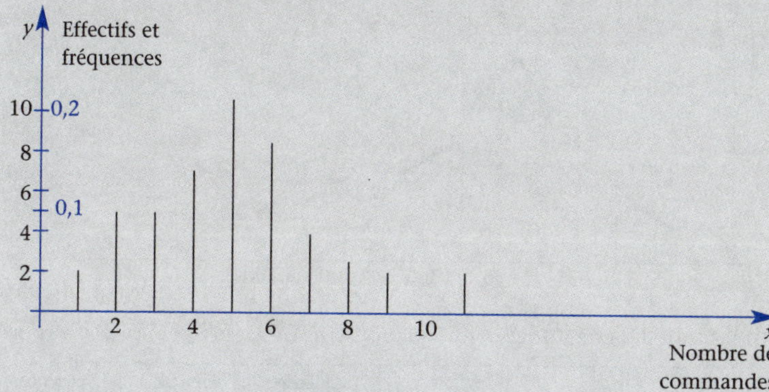

Diagramme en bâtons

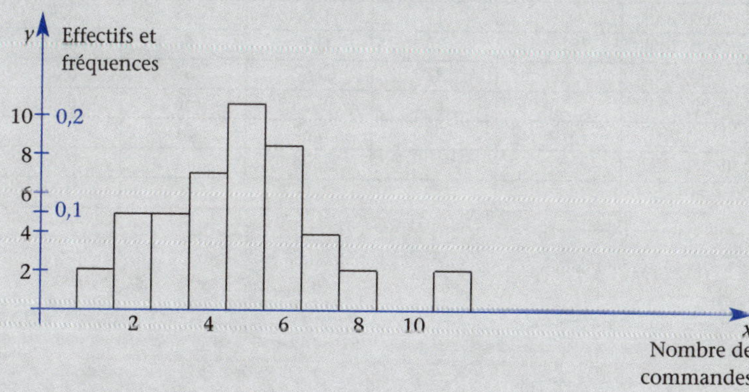

Histogramme

2 Série à variables continues

1. Histogramme et polygone des effectifs

L'histogramme et le polygone des effectifs sont représentés ci-dessous. On observe 3 classes de largeur 200 dont la dernière (+ de 1 000) sera remplacée par la classe [1 000, 1 200].

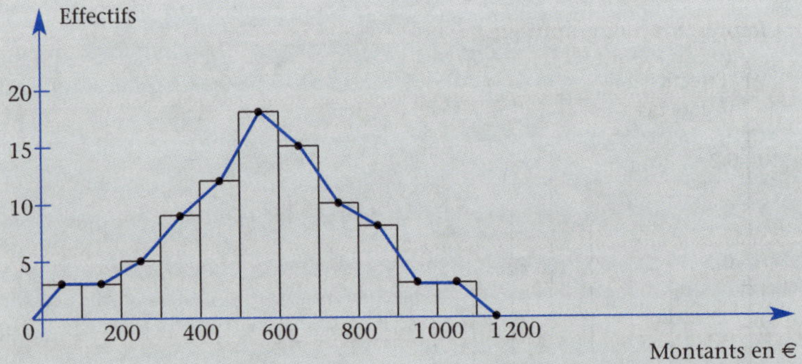

2. Tableau des effectifs et des fréquences cumulés croissants et décroissants

Classes	Effectifs	Effectifs cumulés croissants	Fréquences cumulées croissantes	Effectifs cumulés décroissants	Fréquences cumulées décroissantes
[0, 200]	3	3	0,04	83	1
[200, 300]	5	8	0,10	80	0,96
[300, 400]	9	17	0,20	75	0,90
[400, 500]	12	29	0,35	66	0,80
[500, 600]	18	47	0,57	54	0,65
[600, 700]	15	62	0,75	36	0,43
[700, 800]	10	72	0,87	21	0,25
[800, 1 000]	8	80	0,96	11	0,13
[+ de 1 000]	3	83	1	3	0,04

Les polygones des effectifs cumulés sont représentés ci-dessous :

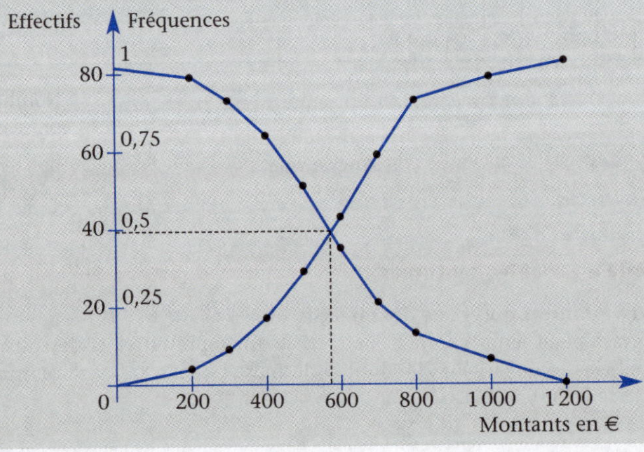

Le point d'intersection de ces polygones a comme abscisse la médiane, soit 570.

3. Mode, médiane, quartiles

La classe modale est la classe [500, 600].
Le mode est 550.

• La médiane correspond à l'effectif cumulé 41,5.
Cumul jusque 500 : 29.
Cumul jusque 600 : 47.

$$\text{Médiane} = 500 + \frac{1\,250}{18} \simeq 569{,}44\ €.$$

Cette valeur calculée est très voisine de la valeur estimée graphiquement.

• Les quartiles correspondent aux effectifs cumulés croissants 20,75 et 62,25.
On a alors (en euros) :

$$Q_1 = 400 + 100\left(\frac{20{,}75 - 17}{29 - 17}\right) = 431{,}25$$

et

$$Q_3 = 700 + 100\left(\frac{62{,}25 - 62}{72 - 62}\right) = 702{,}5.$$

I = 702,5 − 431,25 = 271,25.

4. Moyenne, variance et écart type

Centre de Classe X	– 4,5	– 3	– 2	– 1 (2)	0 (1)	1	2	3,5	5,5	Total
Effectifs n_i	3	5	9	12	18	15	10	8	3	83
n_iX_i	– 13,5	– 15	– 18	– 12	0	15	20	28	16,5	21
$n_iX_i^2$	60,75	45	36	12	0	15	40	98	90,75	397,5

(1) et (2) : Pour que les calculs ne soient pas trop « lourds », on utilise une variable réduite, soit :
(1) 550 = 550 − 100X (X = 0),
(2) 450 = 550 − 100X (X = − 1).

• $X = \frac{21}{83} = 0{,}253.$

• Moyenne = 550 + 100 × 0,253 = 575,30 €.

• $V(x) = \frac{397{,}5}{83} - \left(\frac{21}{83}\right)^2 = 4{,}725\,141\,53$ σ x = 21 737.

$V(x) = 10^4 \times 4{,}725\,148 = 47\,251{,}415\,3.$

• Écart type = 217,27 €.

3 Calcul de probabilités

1. $P_1 = Pr\{X < 2\}$
Lire la colonne 0,00 et la ligne 2,0 d'où $P_1 = 0,977\,2$, soit 97,72 %.

2. $P_2 = Pr\{X > 1\}$,
$P_2 = 1 - Pr\{X < 1\}$.
Transformation nécessaire car la table nous donne $\pi(t) = Pr\{T < t\}$.
$P_2 = 1 - 0,841\,3 = 0,158\,7$, soit 15,87 %.

3. $P_3 = Pr\{X < -2\}$,
$P_3 = Pr\{X > 2\}$.
En effet, si l'on observe la courbe, nous avons :

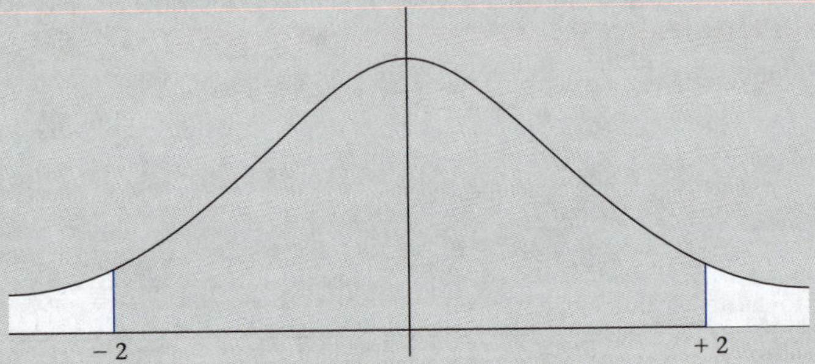

$P_3 = Pr\{X > 2\} = 1 - Pr\{X < 2\}$. $P_3 = 1 - 0,977\,2 = 0,022\,8$, soit 2,28 %.

4. $P_4 = Pr\{-0,5 < X < 2\}$
$P_4 = Pr\{X < 2\} - Pr\{X < -0,5\}$.
Probabilité que X soif inférieur à 2 moins la probabilité que X soit supérieur à $-0,5$.
$P_4 = Pr\{X < 2\} - [1 - Pr\{X < -0,5\}]$
$P_4 = 0,997\,2 - (1 - 0,691\,5)$
$P_4 = 0,687$, soit 66,87 %.

4 Échantillonnage

1. m′ = Moyenne de l'échantillon = moyenne de la population mère = 50.

σ' = écart type de l'échantillon = $\dfrac{\sigma}{n}$.

$$\sigma' = \frac{6}{100} = \frac{6}{10} = 0,6.$$

2. L'échantillon suit une loi normale de paramètres

$$m' = 52 \quad \text{et} \quad \sigma' = \frac{6}{48} = 0{,}866.$$

Quelle est la probabilité Pr $\{m' > 52\}$?

$$T = \frac{m' - \bar{x}}{\sigma} = \frac{52 - 50}{0{,}866} = 2{,}3094.$$

Pr $\{T > 2{,}309\} = 1 - \text{Pr}\ \{T < 2{,}309\} = 1 - 0{,}9898 = 0{,}01$.
La probabilité est donc très faible. On peut considérer l'échantillon comme représentatif.

5 L'imprimé sans adresse (ISA) de la Poste

• Nombre de boîtes aux lettres touchées :
457 300 + 72 125 + 61 725 + 5 238 = 596 478.

• La distribution des réponses suit une loi normale : $\mathcal{N}$ (0,004 ; 0,005).
Quels pourcentages représentent les 2 000 et 2 800 réponses ?

Pour 2 000 réponses : $\dfrac{2000}{596\,478} = 3{,}353$ ‰.

Pour 2 800 réponses : $\dfrac{2800}{596\,478} = 4{,}694$ ‰.

• Probabilité que le nombre de réponses soit compris entre 2 000 et 2 800 :
Pr $\{3{,}353 ‰ < X < 4{,}694 ‰\}$ = Pr $\{X < 4{,}694 ‰\}$ − Pr $\{X < 3{,}353 ‰\}$.
Il nous faut calculer la valeur de t correspondante dans la loi normale centrée réduite : $\mathcal{N}$ (0, 1).

$$t_1 = \frac{x_1 - m}{\sigma} = \frac{4{,}694 - 4}{0{,}5} = 1{,}39 \qquad t_2 = \frac{x \quad m}{\sigma} = \frac{3{,}353 - 4}{0{,}5} = 1{,}294.$$

Pr $\{X < 4{,}694 ‰\}$ = Pr $\{t < 1{,}39\}$ = 0,9177.
Pr $\{X < 3{,}353 ‰\}$ = Pr $\{t < -1{,}294\}$.
Pr $\{X < 3{,}353 ‰\}$ = Pr $\{t > +1{,}294\}$.
Pr $\{X < 3{,}353 ‰\}$ = 1 − Pr $\{t < 1{,}294\}$
= 1 − 0,9015
= 0,0985

d'où
Pr $\{3{,}353 ‰ < X < 4{,}694 ‰\}$ = 0,9177 − 0,0985 = 0,8192.

Il y a donc plus de 80 % de chance pour que le nombre de réponses soit compris entre 2 000 et 2 800.

Lexique

Afnor : Association française de normalisation (1926) ; 3 500 entreprises y adhèrent.

Annuités : sommes versées périodiquement soit pour constituer un capital (annuités de placement), soit pour rembourser un emprunt (annuités de remboursement).

AOC : appellation d'origine contrôlée.

AOP : appellation d'origine protégée.

Assortiment : ensemble des produits proposés à la clientèle.

Autofinancement : mode de financement réalisé par une entreprise à l'aide de ses fonds propres (amortissements, provisions, bénéfices après impôts non distribués).

Besoin : sentiment de privation éprouvé par un individu, qui le conduit à agir.

Besoin en fonds de roulement (BFR) : besoin de financement de l'exploitation.

Bilan : tableau de synthèse qui présente à un moment déterminé les ressources de l'entreprise (actif) et l'emploi qui en est fait (passif).
– *financier :* établi dans une optique financière, il permet d'étudier la solvabilité de l'entreprise.
– *fonctionnel :* établi dans une optique comptable, il permet d'étudier la continuité de l'entreprise.

Budget
– *de trésorerie :* instrument de prévision financière à court terme, il retrace les encaissements et les décaissements futurs sur la période considérée.
– *des ventes :* établi à la suite d'une étude du marché et d'autres données de l'environnement économique et social, il conditionne tous les autres budgets.

Canal de distribution : voie d'acheminement de biens de même nature entre le producteur et le consommateur.
– *court :* comprend un intermédiaire entre le producteur et le consommateur.
– *direct :* aucun intermédiaire entre le producteur et le consommateur.
– *long :* comprend deux intermédiaires ou plus entre le producteur et le consommateur.

Capacité d'autofinancement : capacité de l'entreprise à financer par ses propres ressources les investissements et le remboursement de sa dette.

CEN : Comité européen de la normalisation (1961) ; concerne dix-huit pays européens.

Chaînes volontaires : associations entre grossistes et détaillants indépendants.

Charges
– *directes :* charges qui concernent le coût d'un seul produit.
– *indirectes :* charges communes à plusieurs produits donc à plusieurs coûts.
– *fixes (ou de structure) :* charges indépendantes du niveau d'activité de l'entreprise.
– *incorporables :* charges qui sont prises en considération pour le calcul des coûts.
– *non incorporables :* charges exceptionnelles non prises en compte pour le calcul des coûts.
– *variables (ou opérationnelles) :* charges qui varient en fonction de l'activité.

Charisme : autorité d'une chef, reposant sur l'éloquence, la mise en scène, la fascination, etc. (notion développée par Max Weber).

Chef des ventes : il est responsable d'un secteur commercial. Il assume le réseau, forme et contrôle les commerciaux.

Circuit de distribution : ensemble des chemins utilisés par un produit pour aller du producteur à l'utilisateur final.

***Coach* :** personne qui entraîne une équipe ou un sportif de haut niveau ; dans une entreprise, professionnel qui cherche à développer les performances d'un ou plusieurs salariés.

Coefficient

– *multiplicateur :* coefficient permettant de passer directement du coût d'achat HT au prix de vente TTC.

– *saisonnier :* rapport entre les ventes d'une période (mois, trimestre, semestre) et le total annuel des ventes.

Commerce

– *associé :* forme de commerce où les distributeurs sont liés entre eux, à un même niveau.

– *intégré :* forme de commerce où les fonctions de gros et de détail sont réunies.

Commercial : il est chargé de la prospection, de la négociation, de la prise de commandes et du suivi des commandes.

Comportement d'achat : processus de prise de décision qui conduit à se procurer le produit susceptible de satisfaire les besoins.

Compte de résultat : document qui présente dans un tableau les charges et les produits d'une entreprise pendant un exercice comptable afin de déterminer le résultat.

Consommateur : personne qui utilise les produits dans le but de satisfaire ses besoins.

Copie stratégie : consignes données par l'entreprise à son annonceur publicitaire pour qu'il respecte l'esprit de la stratégie souhaitée.

Corrélation : lien de dépendance entre deux phénomènes.

Coût

– *d'achat :* Prix d'achat + Frais d'achat.

– *de distribution :* ensemble des charges liées à la distribution (frais de personnel, frais de publicité, frais de livraison…).

– *de production :* Coût d'achat des matières utilisées + Charges directes et indirectes de production.

– *de revient :* Coût de production + Coût de distribution + autres Coûts hors distribution.

Délégation : acte par lequel une personne transmet, confie ses responsabilités à un subordonné.

Délégué ou attaché commercial : il informe les clients potentiels, visite les prescripteurs, effectue des démonstrations dans les points de vente, foires et salons.

Demande globale : intention d'achats concernant un produit.

Diagramme : représentation graphique dont il existe une variété de formes (diagramme en bâtons ou histogramme, diagramme circulaire…).

– *circulaire :* représentation circulaire d'une variable continue sous forme de secteurs. Chaque angle d'un secteur est déterminé par l'effectif de la classe représentée.

Directeur des ventes ou directeur commercial : il est chargé de définir et de mettre en œuvre la politique commerciale.

Diversification : stratégie qui consiste à être présent sur des marchés différents les uns des autres afin de réduire et / ou de répartir les risques.

Écart type : paramètre de dispersion égal à la racine carrée de la variance.

Échantillon : fraction de la population dont les caractéristiques sont censées correspondre à celles de la population entière.

Écrémage du marché : stratégie consistant à maximiser le profit de l'entreprise, en visant le segment du marché susceptible de payer le produit le plus cher possible.

Empathie : faculté de se mettre à la place d'autrui, à percevoir ce qu'il ressent.

Emprunt indivis : emprunt contracté auprès d'une seule personne (en général une banque).

Équipe commerciale : ensemble de collaborateurs liés par une mission et des objectifs communs, structurés en général avec un leader et des équipiers.

Étendue de gamme : mesure, taille de la gamme, nombre d'articles qu'elle comporte.

Étude
– *de marché :* analyse de son environnement menée par l'entreprise afin de préparer sa stratégie.
– *d'image :* analyse de la perception, par le public, d'une marque, d'un produit.
– *documentaire :* analyse du marché qui utilise les informations déjà existantes.

Euros
– *courants :* prix exprimés en euros non corrigés de l'inflation.
– *constants :* prix exprimés en euros corrigés de l'inflation (déflatés).

Excédent brut d'exploitation : part de la valeur ajoutée qui revient à l'entreprise.

Fonds de roulement net global (FRNG) : excédent des ressources durables sur les emplois durables.

Force de vente : ensemble des collaborateurs itinérants d'une entreprise qui sont chargés de l'action commerciale auprès des prospects et des clients avec lesquels ils sont en contact direct.

Formes de commerce : description des circuits de distribution en fonction du degré d'association des intervenants et / ou de l'intégration des fonction gros et détail.
– *de détail :* commerce indépendant isolé et associé, commerce intégré.

Formes de vente : ensemble des techniques de vente, associant ou non vendeur(s) et outil(s) technique(s).

Franchise : contrat entre une entreprise industrielle ou commerciale (le franchiseur) et plusieurs autres (les franchisés) dans le but de fabriquer et / ou distribuer des biens ou des services.

Fréquence : rapport entre l'effectif d'une valeur d'une variable statistique et l'effectif total.

Frontale ou *facing* : espace vertical occupé par un produit sur un rayon et qui est visible par le client.

Gamme : ensemble des produits proposés par une entreprise.

Gondole : support de présentation des produits qui comporte plusieurs niveaux.

Groupements d'achat : associations entre détaillants ou grossistes afin de regrouper les commandes pour obtenir de meilleurs prix et bénéficier d'une assistance en matière de gestion, promotion, publicité.

Histogramme : représentation sous forme de rectangles de l'effectif des différentes classes d'une variable continue.

IGP : indication géographique protégée.

Indice : nombre qui mesure la variation relative d'une grandeur entre deux situations différentes dans le temps ou dans l'espace.
– *simple :* indice qui ne porte que sur une seule grandeur.

Inspecteur des ventes : il est chargé de contrôler et d'animer l'activité des commerciaux de sa zone ; par ailleurs, il négocie avec les clients importants.

Intérêts : rémunération du prêteur ; c'est le loyer de l'argent.
– *composés :* les intérêts produits s'ajoutent au capital et produisent eux-mêmes des intérêts.
– *simples :* les intérêts produits ne s'ajoutent pas au capital placé et ne produisent pas d'intérêts.

Intranet : réseau informatique interne à l'entreprise qui permet aux collaborateurs de partager de l'information en temps réel.

Investissement : acquisition d'immobilisations par une entreprise en vue de maintenir ou d'augmenter sa capacité productive.

ISO : International Standardization Organization (1946). Norme attribuée, en France, par l'Association française pour l'assurance de la qualité (Afaq).

Linéaire
– *au sol :* longueur au sol de présentation des produits. Se mesure en mètres.
– *développé :* linéaire au sol × nombre de niveaux.

Management : ensemble des techniques de direction, d'organisation, de gestion et de contrôle d'une équipe ou d'une organisation.

Manager ou manageur : dirigeant d'une organisation ou d'une équipe qui est responsable de la réalisation des objectifs fixés et dont le rôle est de recruter, former, informer, animer, motiver et contrôler ses collaborateurs.

***Mapping* ou carte perceptuelle :** graphique représentant les positions perçues par les consommateurs des différentes marques d'un produit.

Marchandisage : consiste à proposer le bon produit à la place qui convient, au moment adéquat, en quantités suffisantes.

Marchandiseur : membre de la force de vente chargé d'optimiser la rentabilité d'un produit en gérant sa place dans les rayons des clients.

Marché
– *de l'entreprise :* intentions d'achats concernant une marque donnée.
– *potentiel :* ventes maximales susceptibles d'être réalisées par une entreprise ou un vendeur.

Marge
– *commerciale :* Vente de marchandises – Coût d'achat des marchandises vendues.
– *sur coût variable :* Chiffre d'affaires hors taxes – Coût variable.

Marque : signe(s) distinctif(s) permettant au consommateur de reconnaître le produit et de le différencier de ceux des concurrents.
– *de distributeur :* marque déposée et possédée par un distributeur.
– *générique :* marque qui sert à désigner un produit, quels qu'en soient le fabricant et la marque réels.
– *ombrelle :* marque désignant un ensemble de produits offrant chacun une promesse spécifique.

Matrice BCG (Boston Consuling Group) : matrice de composition du portefeuille d'activités ou de produits d'une entreprise qui sont positionnés selon la part de marché relative et le taux de croissance du secteur.

Mécénat : aide apportée par une entreprise ou une organisation à une action culturelle, humanitaire, sportive ou scientifique. Il est plus discret que le parrainage.

Média : ensemble de supports de communication.

Médiane : paramètre de position égal à la valeur de la variable qui coupe une série en deux parties aux effectifs égaux.

Mercatique directe : offre personnalisée adressée à un client, sans intermédiaire.

Méthode
– *ABC :* principe et conséquences comparables à ceux de la méthode des 20 / 80 (voir ci-dessous) mais les produits, ou les clients, sont divisés en trois catégories.
– *de Mayer :* méthode de détermination d'une tendance. On procède ainsi : la série de données est divisée par deux, on calcule

les points moyens représentatifs de chacune des moitiés, puis l'équation de la droite à partir de ces données.

– *des moindres carrés :* méthode de détermination de l'équation de la droite représentative d'une relation d'une variable Y en fonction d'une variable X.

– *des points extrêmes :* méthode de détermination d'une tendance. Il s'agit de calculer l'équation d'une droite d'ajustement en ne retenant que les coordonnées des points extrêmes.

– *des 20/80 :* 20 % des produits ou des clients représentent un chiffre d'affaires ou une valeur de 80 % du total. Cette catégorie sera l'objet d'une attention particulière.

– *qualitatives de prévision des ventes :* méthodes qui font appel à la connaissance du marché que possèdent certains intervenants sur ce marché (enquêtes auprès des clients, des vendeurs, marchés tests, opinions d'experts…).

– *quantitatives de prévision des ventes :* calculs de prévision des ventes qui supposent que les tendances dégagées dans le passé vont se prolonger dans l'avenir.

Mode : paramètre de position égal à la valeur de la variable pour laquelle l'effectif est maximum.

Moyenne arithmétique : paramètre de position égal au rapport entre la somme des valeurs prises par une variable statistique et l'effectif total.

NF : marque attestant que le produit correspond aux normes Afnor.

Non consommateur

– *relatif :* individu qui ne consomme pas un produit à un moment donné, mais qui serait susceptible de le consommer.

– *absolu :* individu qui ne consomme pas un produit et ne le consommera jamais.

Objectif : but à atteindre. Pour un vendeur, il peut être quantitatif (CA, marge, nombre de produits) ou qualitatif (image) ; individuel ou collectif.

Packaging : conditionnement.

Panel : méthode d'analyse quantitative du marché qui s'appuie sur le recueil de données fournies par un échantillon stable d'enquêtes.

Parrainage ou *sponsoring* : soutien apporté par une entreprise à une activité dans le but d'accroître notoriété et image de marque.

Pénétration du marché : stratégie qui consiste à pratiquer le prix le plus bas possible afin de maximiser les quantités vendues.

***Phoning* :** utilisation du téléphone pour administrer un questionnaire d'enquête.

Plan de marchéage ou *marketing mix* : plan d'action mercatique dans les domaines du Produit, de la Place, du Prix, de la Promotion (4 P).

Positionnement : perception du produit par le consommateur ou manière dont l'entreprise souhaiterait être perçue par le consommateur.

Preneur d'ordres : il enregistre les commandes, suite au passage d'un commercial.

Promotion des ventes : techniques mises en œuvre pour augmenter temporairement les ventes.

Prospecteur : il recherche les clients nouveaux.

Publicité : communication commerciale destinée à informer, persuader et rendre le produit, la marque, ou l'entreprise elle-même attractifs.

Pyramide de Maslow : représentation symbolique de la hiérarchie des besoins.

Questions
– *fermées :* questions pour lesquelles les réponses possibles sont pré-déterminées.
– *filtres :* questions permettant de ne poser à l'enquêté que des problèmes qui le concernent.
– *ouvertes :* questions qui ne comportent aucune suggestion de réponse.
– *pièges :* questions qui permettent, par recoupement entre elles, de vérifier la sincérité des réponses.

Questionnaire : liste de questions posées aux enquêtés dans un ordre pré-déterminé par le responsable de l'enquête.

Ratio : rapport entre deux grandeurs comptables.

Règle des 5 B : méthode de gestion du linéaire utilisée par le marchandiseur afin d'en maximiser la rentabilité : placer le Bon produit, au Bon endroit, au Bon moment, dans la Bonne quantité et au Bon prix.

Rémunération de l'équipe de vente : elle combine un salaire fixe, des commissions calculées à l'aide d'un taux appliqué au CA ou à la marge générée, des primes versées par trimestre, semestre ou annuellement.

Relations publiques : actions menées par une entreprise pour se donner une image positive auprès de l'opinion publique, des pouvoirs publics, des partenaires sociaux.

Rentabilité d'un investissement : les recettes engendrées doivent être supérieures aux dépenses liées à l'investissement.

Reporting : procédé qui consiste, dans le domaine commercial, à demander à la force de vente d'observer le terrain et de faire remonter l'information recueillie vers les décideurs de l'entreprise afin que celle-ci puisse réagir au plus près des souhaits de la clientèle.

Réseau de distribution : ensemble des personnes physiques et morales qui concourent à la vente d'un bien ou d'un service, depuis le producteur ou l'importateur jusqu'au consommateur final.

Résultat
– *d'exploitation :* différence entre produits d'exploitation et charges d'exploitation qui résultent de l'activité normale et habituelle de l'entreprise.
– *exceptionnel :* différence entre produits exceptionnels et charges exceptionnelles qui résultent d'opérations non liées au fonctionnement habituel de l'entreprise.
– *financier :* différence entre produits financiers et charges financières qui proviennent des opérations financières réalisées au cours de l'exercice.
– *de l'exercice :* différence entre tous les produits et toutes les charges.

Secteur de vente : ensemble des clients confiés à la responsabilité d'un vendeur.

Seuil de rentabilité : chiffre d'affaires qui couvre la totalité des charges (fixes et variables) sans bénéfice ni perte.

Soldes intermédiaires de gestion : différents soldes qui expliquent la formation du résultat.

Sondage : enquête menée auprès d'un échantillon seulement de la population à étudier.

Stimulation de l'équipe de vente : ensemble des opérations de courte durée qui visent à inciter l'équipe commerciale à accroître ses performances.

Stratégie
– *adaptée :* l'entreprise propose un même produit pour plusieurs segments mais avec un mode de distribution différent.
– *de challenger :* l'entreprise cherche à acquérir une position de leader sur le marché.

– *de leader :* l'entreprise cherche à maintenir une position de leader sur le marché.
– *de suiveur :* l'entreprise s'efforce de se maintenir sur un marché où elle ne dispose pas de position forte.
– *de distribution :* choix effectué par l'entreprise pour acheminer ses produits jusqu'à l'acheteur.
– *défensive :* l'entreprise riposte aux actions menées par les concurrents.
– *différenciée :* l'entreprise propose un produit différent par segment de marché.
– *face à la concurrence :* décisions prises par une entreprise pour atteindre des objectifs fixés vis-à-vis de la concurrence.
– *globale :* l'entreprise propose un même produit pour la totalité du marché national et international.
– *offensive :* l'entreprise décide d'attaquer les positions de la concurrence.
– *par rapport au marché :* décisions prises par une entreprise pour atteindre des objectifs fixés sur un marché donné.

Support : un média est composé d'un ensemble de supports de même nature. Un journal donné constitue un support du média presse.

Taux de marge : Marge commerciale / Coût d'achat.

Taux de marque : Marge commerciale / Prix de vente.

Technicien commercial : il allie à sa compétence commerciale une formation technique. Il vend des produits technologiquement complexes.

Têtes de gondole : extrémités de la gondole qui permettent de présenter des produits en promotion.

Trésorerie : différence entre les actifs et les dettes dont la liquidité et l'exigibilité sont immédiates.

Unité commerciale : sous-ensemble d'une entreprise formant un centre d'analyse auquel on rattache un chiffre d'affaires et des charges qui lui sont propres afin d'en déterminer la performance et donc la rentabilité.

Valeur acquise : Valeur d'un capital placé = Capital + intérêts.

Valeur actuelle : Valeur d'un capital actualisée = Capital – intérêts.
– *nette :* valeur actualisée de la totalité des flux de trésorerie générés par l'investissement à l'époque où est réalisé l'investissement.

Valeur ajoutée : Production et / ou Marge commerciale – Consommation de biens et services en provenance des tiers.

Variable
– *continue :* une variable statistique est continue si elle peut prendre toutes les valeurs possibles dans un intervalle.
– *discrète :* une variable statistique est discrète ou discontinue si elle ne peut prendre que des valeurs entières (1, 2, 3...).

Variance : paramètre de dispersion égal au rapport entre la somme des carrés des écarts entre les valeurs prises par une variable statistique et sa valeur moyenne.

Vente
– *en valeur :* ventes exprimées en chiffre d'affaires.
– *en volume :* ventes exprimées en nombre de produits vendus.

Zone de chalandise : zone d'attraction entourant un point de vente, et d'où viennent ses clients.

N° d'éditeur : 10133363 - Alinéa - avril 2006
Imprimé en France par I.M.E. - 25110 Baume-les-Dames